少年刑法研究序説

Einführung in die japanische Jugendstrafrechtsforschung

吉中 信人
YOSHINAKA Nobuhito

渓水社

はしがき

　少年非行が減少しているときは、社会もそれほど少年問題に敏感にならず、メディアの報道も少ない。そして、研究者も、比較的落ち着いて、少年非行や少年法、少年問題、そしてそれら相互の関係について何かを語れる時期なのではないだろうか。このような時期であるからこそ、冷静に物事を考える好機であるようにも思われる。社会が少年非行・犯罪の問題で騒がしいときは、研究者もついつい「燃えて」しまい、言い過ぎたり（書きすぎたり？）してしまうこともあるだろう。

　平成9年から29年の20年間の研究生活の初期には、ちょうど、神戸児童連続殺傷事件や佐賀バスジャック事件など、世間の注目を集める事件が相次ぎ、少年法改正論議が盛んに行われていた。学界の法的な議論も、世間の中の、いわゆる「厳罰派vs保護派」というステレオタイプの議論の渦に飲み込まれたまま、2000年の少年法改正が実現したという感もあった。その後数度の改正もあり、少年非行は減少し、現在、少年法論議は比較的小康状態のようにみえる。

　本書は、こうした時代の流れの中で、私が発表してきた少年司法に関する論文のうち、フランス少年司法に関するものや、判例評釈などを除き、書下ろし部分を加えて1冊にまとめたものである。私は、もともと、アウトプットよりインプットの方が好きなタイプであるし、論文を書くということには、いつも抵抗がある。その理由は、一つには、世界を忠実に描くために言語を使うことに、言語というものの性質上の限界と同時に、自分の能力上の限界を感じていること、もう一つは、描くべき世界を本当は知っていないのに、言葉を操ることで、読者を騙し、自分をも、あたかも分かっているかのように騙すことに、ある種の恐ろしさを感じるからである。それなのに、既に古くなった駄作群を今さら再び甦らせることには、自らの恥部をさらすようでもあり、大きな躊躇もあった。しかしながら、

i

一方ではこの間の自分の考え方の変化などがあれば、それを突き放して見ておきたい気持ちもあり、また、他方では、禄を食む者として、現在奉職する大学や社会一般に対して、一定の責任を果たすことも必要と考え、公刊を決意した次第である。といっても、初出時における不十分な点をそのまま見過ごしたままで公刊することはさすがに問題が大きいので、全体としての未熟な点はそのままだが、最低限の注釈を入れたり、また加除訂正を施したりしたところもある。その他、外国語で発表していたものは日本語に翻訳した。当時の法律やその条文などは、それはそれで資料的価値もあると考え、修正することはしなかった。その意味で、全体としては、執筆時点の法状況を念頭においたものである。

　しかし、本書を俯瞰してみると、それぞれバラバラに見えたピースが、社会における非行動向の変化にもかかわらず、私が20年間持ち続けた、ある一つの問題関心に常に関係しており、全体としてみると、一つの絵としてまとめられることに気がついた。それが、本書のタイトルともなった、「少年刑法」という概念である。このことは、最初の比較法対象となったフランスの少年司法が、「少年刑法 = droit pénal des mineurs」と呼称され、また次に比較したドイツの少年司法でも、同様に「少年刑法 = Jugendstrafrecht」概念が学問領域の呼称として確立しており、そうした欧州少年司法における発想を、大学院生の頃より、研究生活の初期に学んだことが影響しているものと思われる。わが国の少年法に関する議論は、法律名が「少年法」であることもあり、少年司法を論ずる際に「少年刑法」が使用されることはほとんどなく、少年法第3章以下、「少年の刑事事件」における特別規定を論じる際に限定的に用いられるにすぎない。しかし、「少年の保護事件」と「少年の刑事事件」は、保護優先主義にもかかわらず、全体として一体をなす手続法（さらに実体法）として「少年法」なのであり、保護手続のみを取り出してこれを「少年法」の全てであると言うことはできない。このいわゆる「保護主義」を強調しすぎると、背後にある潜在的刑罰権の問題が見えにくくなり、いわば、保護「原理主義」に至る可能性がある。独仏の少年司法は、法律名が「少年法」ではないから「少年刑法」

なのである、と批判することはたやすいが、むしろ独仏のように、刑事裁判所を通じた刑罰権処理を行える方が、かえって、少年に対する（再）教育処分の教育性は高まる素地がある、と言えなくもないのである。

　そこで、あえて本書のタイトルには、「少年刑法」を使用した。これをみて、直ちに、「少年法の理念や意義を等閑視している」と感じ、あるいは嫌悪感を持たれる場合は、本書を危険な書とみなし、これを遠ざけていただくのが正解であるだろう。しかし、ものごとの背後にあるものを読み取り、言葉の印象と世界とを直結することに疑問を持つ人であれば、おそらく本書を通じて、これまでにない「何かのもの（something, quelque chose, etwas）」を感じていただけるのではないかと思う。もっとも、本書は、浅学菲才の一研究者による未熟な中間報告に過ぎない。残された課題も多く、また、既存の学説等に対する誤解や曲解があることを懼れるが、今後の研究によって、それらを克服していきたいと思っている。

2017年2月14日　20歳になった長男の誕生日に

吉中　信人

少年刑法研究序説
目　次

はしがき ……………………………………………………………… i

プロローグ　―少年法を語ることの悩み ……………………………3

序章　本書の特徴と構成
　　1. 本書の特徴 ………………………………………………………7
　　2. 本書の構成 ………………………………………………………8
　　3. 課題 ………………………………………………………………12

第1部　少年法制の誕生

第1章　少年法の現代的意義
　　1. はじめに　―少年法は必要か ……………………………… 17
　　2. 少年に対する特別処遇論の展開 …………………………… 18
　　3. 現代における少年法の意義と社会的受容へ向けての方策 ……… 22
　　4. おわりに　―少年法は持続可能か？ ……………………… 25

第2章　わが国少年司法の史的考察
　　1. はじめに ………………………………………………………… 31
　　2. 刑法 ……………………………………………………………… 32
　　3. 準少年福祉法 ………………………………………………… 35
　　4. 準少年刑法 …………………………………………………… 36
　　5. 考察 ……………………………………………………………… 38
　　6. おわりに ……………………………………………………… 39

第3章　パレンス・パトリエ思想の淵源
　　1. はじめに ………………………………………………………… 43
　　2. パレンス・パトリエ思想の史的考察 ……………………… 44
　　3. 請願裁判所と救貧制度 ……………………………………… 51
　　4. パレンス・パトリエ思想のローマ法的起源 ……………… 56
　　5. おわりに ……………………………………………………… 57

v

第2部　非行少年処遇法としての少年法

第4章　少年非行と少年法

1. はじめに……………………………………………………………… 65
2. 少年非行の現状認識………………………………………………… 66
3. 非行現象と少年法の目的…………………………………………… 69
4. 非行抑止に対する少年法の機能…………………………………… 71
5. おわりに……………………………………………………………… 73

第5章　非行少年処遇における保護処分の意義

1. はじめに……………………………………………………………… 77
2. 非行少年の処遇と犯罪者処遇の理論……………………………… 78
3. 保護手続と保護処分………………………………………………… 87
4. 保護処分をめぐる若干の問題……………………………………… 89
5. 刑事処分に対する保護処分の意義………………………………… 92
6. おわりに……………………………………………………………… 94

第6章　少年保護観察の理論

1. はじめに……………………………………………………………… 97
2. 少年保護観察の概念………………………………………………… 98
3. ドイツの教育援助処分……………………………………………… 100
4. わが国の少年保護観察……………………………………………… 104
5. おわりに……………………………………………………………… 108

（第6章補論）　ドイツ少年保護観察制度についての小論

1. 序……………………………………………………………………… 113
2. 法的性質……………………………………………………………… 113
3. 方　策………………………………………………………………… 115
4. 結　語………………………………………………………………… 116

第3部　少年刑法の基礎理論

第7章　少年の共犯となる成人刑事事件の事物管轄

1. はじめに……………………………………………………………… 121
2. 少年保護事件と成人刑事事件との関連…………………………… 123

3. 福祉犯の併合管轄 ……………………………………………………… 126

　4. 少年保護事件と福祉犯 ………………………………………………… 129

　5. 私見—手続構造に対する実体法概念からの統制 ………………… 130

　6. おわりに ………………………………………………………………… 132

第8章　少年法の起訴強制手続

　1. はじめに ………………………………………………………………… 137

　2. 逆送決定と公訴提起の関係 …………………………………………… 138

　3. 訴訟行為の評価 ………………………………………………………… 139

　4. 逆送手続の適正性 ……………………………………………………… 146

　5. 形式裁判の効力 ………………………………………………………… 148

　6. おわりに ………………………………………………………………… 151

第9章　少年の刑事裁判

　1. はじめに ………………………………………………………………… 161

　2. 保護手続から刑事手続へ　—その連続性と断絶性 ……………… 163

　3. 少年刑事裁判の意義 …………………………………………………… 165

　4. 少年刑事裁判における当事者等 ……………………………………… 166

　5. 少年刑事裁判における少年審判化とその限界 …………………… 167

　6. 立法的課題 ……………………………………………………………… 168

　7. おわりに ………………………………………………………………… 169

第10章　少年刑法の理論

　1. はじめに ………………………………………………………………… 173

　2. 少年刑法の意義と概念 ………………………………………………… 174

　3. 少年刑法の位置づけと少年司法の構造 …………………………… 176

　4. 少年刑法の体系素描 …………………………………………………… 179

　5. おわりに ………………………………………………………………… 189

第11章　少年刑法における責任概念

　1. はじめに ………………………………………………………………… 195

　2. フランス刑法における責任概念 ……………………………………… 197

　3. フランス少年刑法における責任概念 ………………………………… 198

　4. 比較考察　—わが国少年司法の構造と責任概念 ………………… 204

　5. おわりに ………………………………………………………………… 210

第4部　少年法の展開

第12章　改正少年法と被害者の権利拡大

1. はじめに……………………………………………………………… 219
2. 改正少年法における被害者への配慮…………………………… 220
3. 手続参加に関する比較法的考察………………………………… 222
4. おわりに……………………………………………………………… 224

第13章　わが国少年法の最近の改正

1. はじめに……………………………………………………………… 229
2. 少年法改正における近年の動向　―発展と形態………………… 229
3. 被害者の関与　―キウイ司法（Kiwi Justice）へ向けて？……… 231
4. おわりに　―少年犯罪と少年司法に対する社会感情………… 233

終章　　少年処遇制度のデザイン

1. 再考　―解釈論と立法論………………………………………… 237
2. 非行現象を語ることの意味……………………………………… 238
3. 現行少年法の性質………………………………………………… 240
4. 少年処遇における立法政策……………………………………… 242
5. 処遇モデル論再考………………………………………………… 245
6. 少年処遇制度における三本の矢………………………………… 247

エピローグ－少年法を語ることの難しさ……………………………… 253

謝辞（Acknowledgements）　―思い出とともに………………………… 257

初出論文一覧…………………………………………………………… 265

索引……………………………………………………………………… 267

少年刑法研究序説
Einführung in die japanische Jugendstrafrechtsforschung

In omnibus ferē minōrī aetātī succurritur.

プロローグ　─少年法を語ることの悩み

　「先生は、ずんずんあるいていきます。どこへ行くのでしょう？
ガッチャン、ガッチャン……女の人が水をくんでいる井戸小屋へき
ました。つめたい水が、ざあざあとながれています。あたりにはひ
んやりと、つめたい空気がながれて、いい気もちです。「ヘレン！」
先生は、ヘレンの手を、いきおいよくながれているつめたい水の方
へさしだし、べつの手にいくども水、水とつづってみせました。は
じめはゆっくり、しだいにはやく、何度もくりかえして書きました。
ヘレンが、にっこりしました。「先生、わかりましたよ。このつめた
い、ながれているものが水なんですね。」ヘレンはそういっているよ
うでした。じぶんでもゆっくり、「水」と書き、ながれに手をさしだ
します。水というものがある。こう知ったヘレンは、ぱっと目の前
が、明るくひらけたようでした」（村岡花子『伝記ヘレンケラー』（偕成
社文庫、2014）81－82頁）。
　水のほとばしりを掌に感じることで、ヘレンは 'water' という言葉を
知った。それは、'water' という言葉を先に覚えたのではなく、「水とは、
水素と酸素の化合物である」と言葉で 'water' を説明し、頭で理解したの
でもない。いったい、水そのものを感じることなしに、「水」という言葉
を覚えることで、あるいは「水とは水素と酸素の化合物である」と説明す
ることで、「水」を「分かった」と言えるのであろうか。私は少年法のこ
とを語ろうとするときに、いつも同じような悩みを感じる。少年法学者
は、「少年法」という法律に何が書いてあるか、条文の意義や相互関係、
少年司法の仕組みについて語ることはできるだろう。しかし、少年法が対
象としている「少年」という存在について、いったい自分はどれほど「分
かって」いるのか。私に限らず、書物から学ぶ者は、多くの知識を蓄える
ことはできる。他人の経験から、「ああ、少年とはこういうものか」と理

3

解を積み重ねていくこともできる。あるいは、自分もかつては「少年」であったのだから、その僅かな経験から、「少年とはこういうものだ」と一応理解したつもりになることはできるだろう。偉い先生の本に、「少年には可塑性というものがあり……」と書いてあれば、質問に来た学生に（その学生にもまぎれもなく少年時代があり、むしろその学生の方がまだ「少年」であった時期から離れていないにもかかわらず）、「いいかい、少年には可塑性というものがあるんだよ。少年法とはそれを大切にしている法律なんだ」と言ってしまうこともできるだろう。

　しかし、「可塑性」という言葉を覚え、または別の言葉で言い換えることができれば、「可塑性」という言葉が表す世界に出会い、その真実を理解したことになるわけではない。少年法をめぐる言説には、「少年は……」、「少年とは……」という表現が繰り返し使用されるし、私自身も、あまり深く考えず、ずいぶんこの言葉を使ってきたのである。しかし、何てことはない、「少年」というラベルが貼られた瓶詰の中に何が入っているかも知らないで、ラベルをただ「しょうねん」と発音した上、「瓶の中の味はね、みんな最初は不味いって思うけど、本当は素晴らしい味なんだよ」などと、誰かが「本当は美味しいんだ。可能性のある味なんだ」と言っていたのを聞いて（読んで）、中身を味わいもせず、無責任にいろいろな人に伝えてきたのかもしれない。言葉用の回路で理解するのではなく、本当に自分が、「感じ」「分かった」上で言葉というものは使われるべきではないのか。いったい、少年法について美しく語る博学な研究者が、どれほどの生の「少年」達と出会い、彼らと心を通わせて、その立ち直りを体感し、「ああ、これが水なんだ」と思えるように、「ああ、これが可塑性ということだったのか」と感じているのだろう。私自身、「少年」のことをよく知りもしないで、「少年」や「少年法」を語ることに、途方もない恐れを抱いてきた。「吉中よ。おまえは偉そうに、少年は、こういうものだとか、立ち直りだなんだと言うが、その目でみたことでもあるのか。どれほど少年のことが分かって言っているのか。大学という安全な場所にいて、書物を読んで、外国語という暗号の解読ができたら、苦しんでいる子ども

達の気持ちが分かったとでもいうのか」と心の声をいつも聞いていたように思う。しかし、「少年」という抽象的な言葉又は概念を考え、「少年とは何か」といくら思考をめぐらしてみても、答えが出てくるわけではない。

　エマニュエル・トッドは、「言葉の羅列はしばしば何の意味も持っていない」と喝破し、《parler pour ne rien dire》「何も言わないために喋る」というフランス語の表現を紹介している。また、別の箇所では、「私は、概念をめぐる議論は、結局のところ不毛な堂々めぐりにしかならないと考えています。ヴィトゲンシュタインも述べているように、究極的には、「赤い色」は「赤い色」としか定義できません！トートロジー〔同語反復〕にしかならないのです。」（堀茂樹訳『問題は英国ではない、EUなのだ　21世紀の新・国家論』87、122 – 123頁（文春新書、2016））と言葉に対する警戒心を語っている。少年法に限ったことではないが、われわれは、言葉というものにあまりにも頼りすぎ、また、ほとんど警戒心など持ってこなかったのではないか。むしろ、言葉を組み立てて、事物を説明できることが、その対象を「分かった」ことだと錯覚してきたのではないか。このことは、言葉の洪水の中でもがき続ける、現今の、少し行き過ぎた感のある刑法理論にこそ当てはまるような気もするが、それをこれ以上語る資格は、もちろん私にはない。

　そのような悩みの中で、私は、幸いにも、書物を離れ、約10年間に渡り、少年野球の世界で、数100人に及ぶ、普通の子ども達と一緒に濃密な時間を過ごし、心を通わせることができた。活字としての「少年」ではない、喜び、悲しみ、時には悔しがる、生身の「少年」達のことを、野球を通じて、ヘレンが 'water' と感じたように、「感じる」ことができたように思う。中には、少年鑑別所のお世話になりながら、立派に立ち直り、エースとして甲子園で活躍した子もいた。私は、マツダスタジアムで行われた県予選で彼と再会したとき、そのきれいに輝くひとみを見て、「ああ、ひょっとすると可塑性というのはこういうことを言うのだろうか」と、ほんの少しだけ、分かったような気がした。

　言葉を操れるようになったから、分かっているわけではないということ

プロローグ　一少年法を語ることの悩み　5

を、いつも心に刻んでいたい。

序章 —本書の特徴と構成

1. 本書の特徴

　本書は、少年法学界（というものがあるのかは分からないが、研究者や実務家によるわが国の少年法に関する議論のフォーラムのようなものを想定している）における通説的な議論からはかなり距離をおいている。

　これには2つの意味がある。つまり、第1に、典型的な論点や通説的な議論などにはほとんど触れていないこと、そして、第2に、少年法の意義等に関してよく語られる、いわゆる通説的な説明（非常に簡略化していえば、例えば、「少年法は少年の立ち直りを企図する保護主義を採用しており、刑罰による威迫や威嚇では解決にならない」といった耳あたりの良い議論）に対して、それを無批判に受け入れることはせず、自分なりの分析視角で、十分ではないが、一応これを冷静に再検討してみたということである。第1の点については、読み手として想定している専門家にとっては、既によく知られた事実や議論、概念等、既知の事項についていちいち復習をされるのも面倒であろうから、研究書にとって余計な贅肉をそぎ落とすことは、むしろ当然のことであるに違いない。

　第2の点については、本書全体を通じて論じているつもりであるが、例えば上記のような典型的な言説に対しても、その美しい言葉を読んで、直ちには否定もせず、また肯定もしないし、またするべきではないと考えている。検討の結果、自分自身が、「ああ、やはりその通りだ」と実感することがあれば、通説を得心することもあるだろうし、納得がいかなければ、どんな権威ある先学の所説であろうと、それを自分は否定するであろう。

要は、「通説がこう言っているから」とか、「権威ある先生がこう言っている」というような理由で、そしてその説明の「言葉の」回路上の理解によって物事の是非を判断するのではなく、本当に自分の心が納得した上で物事を語りたいと願っているため、「距離をおく」という表現を用いた。エピゴーンの書を刊行することであえて紙の消費量を増やすのは、無駄以外のなにものでもない。

　そのような意味で、本書の特徴は、通説的見解に対する「醒めた目」を持っていることではないか、と思われる。これは、みずからの背後仮説を検証するでもなく、すぐさま肯定・否定の判断を行うのではなく、「論者がなぜそう言いたいのか」はもちろん、「自分がなぜそう思うのか」についても厳しく見つめた上で、言説の再検討を行うことでもある。はたして十分それが為されているのか、甚だ自信はないが、そのような姿勢を持つよう努めたつもりである。読者の中には、「少年刑法」といった概念を強調するのは間違いであり、時代錯誤だと感じる方もあるであろう。その意味で、本書を通説批判の書であるとみなされるかもしれない。「醒めた目」を持てば、それが批判と取られることもあるだろうが、なぜ、本書が「少年刑法」という概念の自覚化を必要と考えているのか、どこか1章分でもお読みいただければ、納得はしないまでも、その意図はお分かりいただけるのではないかと思う。

2.　本書の構成

　本書の構成は、以下概略するとおり、既に公表された論文を中心に、書下ろしを加え13章からなる。各章は、それぞれ異なる時代に発表されているが、今日それらの論考の意義を問うことの価値が再発見される。

　第1章「少年法の現代的意義」は、書下ろし部分で、少年法制発展の史的経緯を辿りながら、それが、時代思潮の中で生成された歴史的産物であったことを確認しつつ、現代という時代の中で、なお少年司法が必然性を保ち続けられるのか、その持続可能性を問うものである。世間に潜在す

る少年法への懐疑論や不要論に対し、説得力ある言説を専門家が持つためには、理念の連呼ではなく、具体的な制度論の展開、すなわち被害者支援に加え、特に成人処遇制度の改善が必要であることを主張している。

第2章「わが国少年司法の史的考察」は、1997年に公表した、'Historical Analysis of the Juvenile Justice System in Japan' の翻訳に最低限の加除修正を施したもので、本書のいわばフレームワークを構成する。そこでは、第1章の史的考察を受けて、わが国の少年法制発展の歴史を検証し、わが国の立法政策が、少年法の守備範囲を拡大しすぎており、むしろ、児童福祉法の守備範囲を広げ、両者の理念的分離と協働を模索する。そこでは、既に、刑罰権の作用が保護処分に化体し、保護処分の内容が懲罰的なものとなるとする論理の主張と、それを解消するための複線化方策が、ラディカルに主張される。

第3章「パレンス・パトリエ思想の淵源」は、2006年公表論文であり、アメリカにおける「世界で最初の」少年裁判所の発祥説に疑義を呈し、おそらく世界で初めて、パレンス・パトリエ思想の淵源におけるエクイティ起源説に対する修正説を展開した。ここでは、イングランドにおけるパレンス・パトリエ思想が、どのようにアメリカを通じわが国の議論に供されるようになっていったのかの足跡を辿った。

第4章「少年非行と少年法」は、1998年公表の小品であるが、筆者の学説の根幹部分を構成しており、少年非行のありようと少年法を結びつけて考える通説の矛盾を規範学と犯罪学の両面から指摘し、少年法は、個別の「非行少年」に対する処遇法であり、「少年非行」に責任を持つような大それた法律ではないことを確認し、少年に対する厳罰要求を収束させるためには、ドイツのTOAモデル等を参考に、被害者関与の必要性があることを指摘した。当時、少年法学界では、被害者支援等の必要性はほとんど顧慮されておらず、その後、修復的司法を含めた、被害者関与の問題が議論の俎上に上ることとなった。

第5章「非行少年処遇における保護処分の意義」は、2005年公表論文で、従来、手続論から分析されることが中心であった保護処分の賦課過程につ

いて、刑事政策的な犯罪者処遇論の立場からこれを考察し、現行実務を支える司法福祉論を基本的に支持しながらも、社会復帰において被害者等や地域社会との関係修復を人道的且つ穏健に考慮する「新しい再統合モデル」を提唱し、保護処分と刑罰の質的な差異を確認したものである。

　これを受けた、第6章「少年保護観察の理論」は1997年公表の論文であり、筆者の専門領域である社会内処遇論について、少年保護観察の立場から、ドイツの教育援助処分を参考に、その理念を追究した。そこでは、わが国の保護観察が、指導監督的側面を強めていることに対する批判的考察がなされ、わが法に対する示唆が行われた。しかし、その後わが国における少年保護観察をめぐる法制度は、処遇内容そのものの充実化を図る方向とは逆に、威嚇システムによる善行保持を図るプロベーション的方向に改悪され、実質的には、処分事後変更による施設収容まで可能となった。これについては、少なくとも少年保護観察のあり方としては問題があると現在でも考えている。

　そして、第6章補論「ドイツ少年保護観察制度についての小論」は、1996年の独語研究ノート „Eine kleine Reflexion über die Erziehungsbeistandschaft" を翻訳したもので、ここでは、逆に、フランスの少年保護観察制度に示唆を受けて、ドイツの教育援助処分の刑罰的性格の払拭のための方策を示唆している。第6章の議論と一体となって少年保護観察の理念や刑罰権の処理が模索される。

　第7章「少年の共犯となる成人刑事事件の事物管轄」は1997年公表の習作で、厳密には成人裁判であるが、共犯現象という少年に典型的ともいえる実体的な非行形態において、管轄権が異なることにより、しばしば合一的な処分賦課・科刑が阻害され、その不均衡が生じていることに対する処方箋として、チャレンジングな解釈論を展開し、福祉犯の論理を応用して、共犯における併合管轄の可能性を示唆する。古い研究ノートであるが、その後2013年に広島県呉市で発生したいわゆる「灰が峰事件」において、逆送された成人等と保護処分となった少年との処分の不均衡が著しいものとなり、解釈論の限界を押さえた上での立法的対応の必要性が現実化した。

第8章「少年法の起訴強制手続」は1998年公表論文である。調布駅前集団暴行事件を素材に、少年法における起訴強制の意味について考察する。本章は、保護手続から刑事手続に単線的に移行するわが少年司法制度において、検察官の裁量権を排除している意味を問い、整合的・統一的な少年法の理解を可能とした。当時、検察官の公訴提起を批判する言説もみられたが、起訴強制がかかっており、筋違いであること、むしろ問題性は、逆送決定を行った裁判所の方にこそあることを、訴訟行為論等の分析・検討から理論づけた。

第9章「少年の刑事裁判」は、2016年刑法学会分科会での報告原稿であり、これまでの考察を踏まえ、裁判員制度や公判前整理手続の導入以降の問題として、刑事訴追された少年の刑事裁判のあり方について再考する。従来、逆送後は、成人刑事事件と大差ない手続が念頭に置かれていたところ、検察官の役割論や実体法的な理論の再構成等から、主に手続面から、少年に相応しい刑事裁判のあり方を模索する。そこでは、現行法制度を前提にした場合、裁判員裁判対象事件として少年事件を除外せず、むしろ立法論としては裁判の公開制限を導入すること、家庭裁判所の刑事管轄権を認め、逆送後の受訴裁判所とすること、起訴後の未決拘禁場所を少年鑑別所とすること等の私見を示した。

第10章「少年刑法の理論」は、2014年公表論文である。実体法的側面から前章の問題を考察するものでもあるが、保護手続および刑事手続における実体法的理論構造を提示する。本章は、おそらく世界の少年法学界において最初の理論化へ向けた一試論であり、従来の教育的理念からする一元的構成に一石を投じるものである。ここでもまた、刑罰権消失のための理論化が少年への福祉的ないし教育的対応にとって不可欠であるとの問題意識から出発しているが、同時に福祉や教育の持つ制限なきパワーの点についての懸念も示し、責任刑法の意義も確認した。

第11章「少年刑法における責任概念」は、前章の理論化を、特に責任論に着目してフランス刑法を参考に考察したもので、2014年に公表された。本章は、フランス刑法における責任概念を確認した上で、フランス少

年刑法における責任概念を詳述し、わが国少年司法の構造と責任概念の比較法的考察を行う。フランス理論のわが国における理論化への接合について課題を残しているが、主観的帰責性論について重要な指摘を行った。

第12章「改正少年法と被害者の権利拡大」は、2001年公表の論考であり、少年法改正の一側面について、米英独仏伊の制度を比較しつつ、被害者の少年事件における訴訟参加の可能性を探り、被害者の出席権を主張した。その後、重大事件等の場合における被害者等による少年審判の傍聴権が法定された（少年法22条の4）。

第13章「わが国少年司法における最近の改正」は、2010年公表の研究ノート、'Recent Changes in Youth Justice in Japan' の翻訳である。近時の改正の背景にある事件や思考を指摘し、ポピュリズム刑事政策の動向を踏まえ、修復的司法の可能性を示唆した。

以上の論考を踏まえ、書下ろしの終章「少年処遇制度のデザイン」では、これまでの議論を俯瞰しつつ、現行法解釈論を超えた立法政策を展望した。少年法を少年刑法としてその守備範囲を画定しつつ、児童福祉法の管轄対象を拡大し、新たに非行予防を担う少年非行対策法を3番目の少年処遇立法として導入し、それぞれの法律間の連携・協働によって総合的且つ十全な少年処遇制度が達成されることを主張し、処遇モデルとしての「新しい再統合モデル」の妥当性を再確認した。

3. 課題

本書はもとより少年法学全体をカヴァーするものではなく、その意味では、不完全な書である。筆者自身の研究が、社会内処遇論から出発したこともあり、少年院を中心とした少年に対する施設内処遇論の問題は、自分自身で何かを語れるほどには、いまだ十分な研究が進んでいない。新しい少年院法・少年鑑別所法の検討も手付かずである。また、一方で、少年刑事手続ないし少年刑法への問題関心が高かったため、少年法学界全体の議論状況とは逆に、保護手続や少年審判のあり方等に対してもほとんど言及

できていない。他方では、最近の2014年改正に関する考察、特に少年刑等への検討もまた、今後の課題である。

　これらの課題に対しても、それなりに思いはあるが、能力不足、勉強不足により、まだまだものが言える段階にない。これからも引き続き研究を重ねていきたいと願っている。

第1部

少年法制の誕生

第1章　少年法の現代的意義

1.　はじめに　―少年法は必要か

　現在、少なくとも統計上、少年非行は減少の一途を辿っている。警察庁の統計や犯罪白書などによると、少年の刑法犯における検挙人員は、平成16年から毎年減少しており、26年は戦後最少の7万9,499人（前年比12.1％減）であった。人口比についても、平成16年から毎年低下し、26年は、678.4（前年比85.4pt低下）となり、最も人口比の高かった昭和56年（1,721.7）の半分以下となっている。また、少年の人口比は、昭和33年以降成人の人口比より高かったが、平成25年以降は成人の人口比を下回っている（但し、一般刑法犯についてはいぜん成人人口比よりも高い）。一般に戦後の少年非行には、少なくとも、昭和29年、39年、58年の3つの波があると言われ、平成10年頃から15年頃までの状況も、検挙人員・人口比ともに統計上は増加傾向にあり、これを第4の波と捉える立場もあるが、それをどう呼ぶかはともかくとして、今のところ少年非行が減少傾向にあることは確かなようである。

　このような時期には、社会の中で少年法が槍玉にあげられることは少ないが、再び少年非行や少年犯罪が世間の注目を集めるほどの事態になり、厳罰化傾向に振れた少年法改正論や、もっと進んで、少年法廃止論が囂しく行われることになれば、少年法という法律の存在意義そのものも問われることになるだろう。現在も、社会の中には、そうした空気は潜在しており、ただセンセーショナルな事件が頻発しないために、いったん鎮静化しているだけのように思われる。もし、再び第4、第5の波のような事態が

やってくれば、扇情的な報道等をもとに、社会は感情的に反応し、それに対して、一見理性的な衣を纏った専門家が、それを事実認識の間違いだと指摘し、あるいは少年法そのものの理念を連呼して、これを批判し、再びほとんど噛み合わない応酬が行われることになるのかもしれない。

筆者は、非行少年に対する特別処遇制度は維持すべきと考えているが、同時に少年司法制度全体のリフォームも必要であり、現行少年法の枠組みしか、少年の最善の利益と社会の利益を高度に調和させる方途がないとは考えていない。もっとも、具体的な素案は、未熟なものを、第2章以下、そして終章で提示することができるにすぎないが、本章では、少年に対する特別処遇論の史的展開を確認した後、歴史的に形成された少年司法制度が、現在でもなお、普遍性を保って存続していくために、成人処遇をも含めた処遇論としての位置づけを探り、社会に対して説明責任を果たせる少年処遇制度のあり方を考えてみたい。

なお、本章では、「処遇」を、少年問題に関わる全ての取組みや対応として、広い意味で通常は捉えつつ、保護処分や刑罰の執行段階を表す場合は、これを狭い意味での「処遇」と理解し使用する[1]。

2. 少年に対する特別処遇論の展開

(1) 少年刑法の萌芽

ところで、そもそもなぜ少年への特別手続ないし特別処遇は制度化されているのだろうか。一般的には、少年は成人に比べ可塑性が高く、刑罰よりも保護処分等によってその立ち直りを支援することが望ましい、といった類の説明が行われる[2]。しかし、同時にこうした考え方は、歴史的な脈絡の中で生成され、発展してきたものでもある。近代少年法の起源として、1899年イリノイ州シカゴの少年裁判所創設について語られることが通常であるが[3]、少年刑法の発生は、さらに古い時代にその淵源を訪ねることができる。

アリストテレスは、非故意の行為は刑罰から除外されるという理由で、

18　第1部　少年法制の誕生

未成年者は、まったく責任を負わないと述べていたという[4]。そして、ローマ法においても、十二表法（488－451B.C.）が、故意と非故意の区別を前提に、未成年者によって行われた違法行為は、この法律の非故意的な違反であることを示す格別な証拠はないが、少年犯罪の場合はそういうケースに当てはまると考えられていた[5]。つまり、十二表法は、少年犯罪者に対して絶対的な無責任（責任阻却）は認めなかったが、未成年者を「幼年者」、「幼年に最も近き者」、「成人に最も近き者」に分け、未成年者が、「悪意（doli capax）をもつ場合に」刑事責任があると考えたユリアヌスによって、その区別の理論的な基本が与えられた。そして、ウルピアヌスも、未成年者が悪しき行為を行い得た場合だけの規則として刑事責任を理解していたようである。具体的な未成年者を画する年齢は、初期の7歳から後の10歳を経て、ユスティニアヌスにおいて男子14歳、女子12歳で思春期に到達したものと考える規定に発展していくが、この頃の区別基準が、「悪意」と関係しており、「悪意を持てる年齢」を刑事責任能力の一つの基準と考えていたらしいことは、少年に対する特別処遇の淵源や、少年刑法の萌芽を考える上でも重要である[6]。今日の刑法学では、「悪意」は「故意」となり[7]、是非弁別に関する「責任能力」はこれと分化し、少年の責任能力を考える際に、いわゆる故意論とは切り離されて論じられることが多いが、元々はこれと分かちがたく結びついた観念であった。

　そして、コモンローにおいても、出生日記録制度の整備とともに、16世紀終わり頃までには基準形成がされ、7歳（後に10歳）未満の絶対的刑事責任無能力、そして7歳から12歳（後に14歳）未満までの相対的刑事責任能力の範囲が形成されてくるが、「悪意」の特別な証明があれば、それが彼の年齢の不足を補うことと考えられていた。

　このような主観的な事情、すなわち「悪意」が、実体法上少年と成人を分ける基準となっていたことは、今日の少年法の、生物学的な、又は、ある意味政策的な理念説明にとどまらず、それがもっと主観的な、行為者が「悪意」を持てる可能年齢に関わるものであったことは興味深い[8]。今日の刑法学における「故意論」も、実は少年と成人の年齢区分や、少年法に

おける責任能力論と関連する可能性があるということになる。

（2）少年非行の生成・構築と非行少年の誕生

このような、故意論や責任能力論は、確実に少年に対する特別処遇制度の素地を形成することになるが[9]、これが直ちに19世紀末の少年司法制度を導出したわけではない。P. アリエスによれば[10]、13世紀以降になって、ようやく「子ども期」の萌芽がみられ、14－15世紀イタリア・ルネサンスを経て、科学革命の時代と言われる17世紀以降、この「子ども期」が確立していくことが、子ども肖像画の増大によって確認できるとされる。17世紀後半からイギリスでは、パレンス・パトリエ思想が未成年者後見と貧者救済に関して発展していくが[11]、これは後の「子どもの発見」という時代思潮と共振していく。同時期の西欧では、多くの啓蒙思想家が活躍したが、J. J. ルソーの著した『エミール又は教育について』[12]（1762）は、多くの啓蒙家が克服すべきと考えた感情豊かな「子ども期」を、むしろ充実させることにより、理性を備えた自立と連帯の人間、そしてやがて有徳な市民を用意できるとしたのである。この本が最初の「子どもの発見」の書といわれる所以である[13]。

そして、18世紀後半から始まる産業革命は、激しい社会変動をもたらし、資本家と労働者の階級的対立を生む資本主義社会を形成し、徒弟の数は減り、機械の使用にともなって女子や子どもの低賃金労働が問題となり、社会の中で弱者化され、周辺化されていった[14]。家庭生活においても、数世紀に渡り、主に経済的なユニットであったものが、「子育て」が第1次的な機能と考えられるようになり、子どもを正しく、幸せに育てることに焦点が合わせられるようになった。このような、いわゆる「子ども中心主義」は、「子ども期」の差異化を強調し、これを特別な独自の段階に再配置した。1800年頃に生成された「少年非行」概念の登場と[15]、「子ども期」それに続く「青年期」[16]の重視は関係があり、後者は前者の概念的なルーツとなった[17]。また、19世紀初頭には、児童労働は普通に行われており、イギリスでは綿花製造工場の労働者の8割が児童であったとい

20　第1部　少年法制の誕生

う。そのため、19世紀後半になると児童労働の制限と義務教育の導入が行われた[18]。アメリカでも18世紀には徒弟等のため10−14歳の子どもは家を離れることが普通だったが、産業化と賃金労働の発展により、そのための教育に要求されるものは、伝統的な商売の学習形態とはほとんど関係が無く、若者は、10代の終わりまで親の家に長く居るようになった。19世紀末の最初の児童労働法は、若者を経済的領域から取り除こうと企図した[19]。一方で、従来の社会統制メカニズムが崩壊し、都市化と産業化の進展、人口増加が起こる中で社会は不安定化し、国家は、放任され、貧困に喘ぐ子ども達を「若年犯罪者法」によって制度に取り込んでいく[20]。貧者救済のためには、既に、16世紀宗教改革の影響もあって首長令（1534年）を発布したヘンリー8世のイギリスにおいて、修道院を廃止したことでその庇護を失った者たちへの救貧制度を必要としたため、17世紀までに2つの救貧法が制定されていたが、19世紀末以降、貧窮少年達は少年司法制度の発展の中に取り込まれていく。

このように、若者に対する特別処遇は、大きな社会的変動の文脈の中で捉えていく必要がある。教育立法は一定の期間、子ども達を学校に通わせることを強制し、労働立法は一定年齢の子ども達に仕事をさせることを禁じ、結果、親への依存期間は延長された[21]。少年非行の初期の着想は、19世紀初頭に形成された「子ども期」理念と都市環境の不一致感の上に生成され[22]、また、社会の変化や若者の無分別な行動にスポットライトを当てる刑事司法制度との収斂から誕生したが[23]、ある意味でそれは、時代の中で生成された「少年非行の発明」であるといってよい。非行概念というのは、それが少年の犯罪というだけではなく、子ども期や家庭生活の正しい規範から逸脱することにもフォーカスされており、非行のラベルはしばしば十分な大人の監督を欠く若者にあてがわれた[24]。こうして、19世紀以前の「無秩序な少年（disorderly youths）」は、19世紀以降「非行少年（juvenile delinquents）」として扱われ[25]、救貧政策の文脈の中で博愛的な理念にもとづいて、国家コントロール拡大の一要素となった。その後、20世紀の少年処遇の理念は、慈善事業的な「博愛精神」から、国家的な「福

祉主義」へと移行していくのである[26]。

3. 現代における少年法の意義と社会的受容へ向けての方策

（1）歴史的産物から普遍的制度としての少年司法へ

　以上のような史的説明にもそれなりの意義があり、産業資本主義化の進展の中で生じた貧富の格差に対処する方途の一つとして、救貧法が制定され、あるいは子どもの財産管理の必要性からパレンス・パトリエ思想が語られ、とりわけアメリカにおいてその適用領域がしだいに拡大されていったことも事実である[27]。

　けれども、歴史的な説明は、その制度の来歴を語るものであったとしても、社会的状況を異にする時代において、普遍性を保つ説明理論となりうるとは限らない。例えば、大人として扱われる年齢にしても、歴史的にみれば、社会経済構造の変化に伴って、若者がその時代の労働力として一人前になるための準備期間に過ぎなかったという見方も可能なのであり[28]、思春期特性に対する心理学的な配慮や可塑性を理由とした特別な顧慮等の必要性は、少年司法制度を正当化し、永続化するために、後から用意された普遍化を志向する論理であるように思われる。本来は欧米の思想を背景として、アメリカ経由で導入された少年司法制度を、わが国の風土に接合するために、仏教思想や東洋的智慧が持ち出され、整合的に説明しようとする試みがなされることがあるが、これもあるいはそうした事後的な合理的説明の一つであるかもしれない。

　しかしながら、問題は、今やこうした従来の美しい説明が、国民・市民のリアリティから懸け離れた感もあり、彼らの心に届きにくくなっていることである。専門家が啓蒙（？）しようとする一般人は、少年法が現代という時代にそぐわなくなってきていることを直感的に感知し、今と昔とでは少年をとりまく環境や社会の側の少年に対する見方も著しく異なっているのに、なぜ少年法制が現代社会でなおも合理性を保っていられるのか、理解できないでいるように思われる。これに対し、専門家は、こうした素

朴で直感的な見方を説得できる言葉を持たず、いぜんとして、「少年は可塑性が高い、少年は社会の被害者であり、守られなければならない」といった、虚空から舞い降りたような回答を繰り返すばかりである。ここには、皮肉なことに進歩的学者の最も保守的なプロペンシティが看取されうる。専門家同士は、ジャルゴンの交換によってお互いにその正当性を共有することが（あるいはした気になることは）可能であっても、「少年法は悪法ではないか」、「少年法など廃止するべきだ」といった、少年法世界の外部からの本質的な批判に対し、納得のいく解答を与えているようには思われない[29]。残念ながら、少年法の理念は、必ずしも社会一般に共有されてはいないであろう[30]。そこで、少年法の理念を、現代においても、もう少し分かりやすく且つ合理的に説明しうる原理はないであろうか。

（2）成人処遇制度を牽引する少年処遇制度論

　少年法に対する批判は、結局のところ、なぜ少年「だけが」特別扱いされるのだ、というところに根底の理由があるように思われる。例えば、「将来ある少年期に犯された失敗は寛大に扱いうべき」と言えば、「成人には将来けないのか」と反論され、「少年には可塑性がある」と言えば、「成人には可塑性が無いというのか」と反論される。「未熟な少年には保護主義が妥当する」と言えば、「未熟な成人は救済されないのか」と反論され、「少年というものは傷つきやすい」と言えば、「傷つきやすい成人は沢山いる」と反論される。そして、「少年には成長発達権がある」と言えば、「成人はもはや成長発達しないのか」と反論されるのである。少年法制度に批判的な言説は、成人の側からみて、不当に優遇されているかに見える少年及び少年を扱う制度に対する敵意の表れである。

　このような敵意を解消するには、直ぐに思いつく2つの方向性があるだろう。1つ目は、成人と同じように少年を扱うことにして、その優遇制度を廃止することである。これがいわゆる世間に潜在する少年法廃止論であり、学説上は、保護処分と刑罰の区別を量的なものにすぎないと考える制裁論に親和性のある思考である。2つ目は、逆に、少年とできるだけ同じ

ように成人を扱うことで、両者の懸隔を解消しようとする方向性である。実際上はもちろん限界があるが、成人処遇の水準をむしろ少年処遇のレベルに引き上げようと企図する思考である。前者が、少年処遇を成人処遇のところまで引き下げて両者の差を解消しようとするのに対し、後者は、成人処遇を少年処遇のところまで引き上げて両者の差を解消していこうとする思考である。「少年法は、明日の刑法の姿を物語る」ものだとすれば[31]、できるだけ、進んだ少年法の考え方や制度を成人処遇にも取り入れていくべきであり、後者こそが正しい方向性を示していると言わねばならない。成人処遇の内容が充実し、その処遇レベルが向上すれば、「成人はこれだけ厳しいのに少年だけが寛大に取り扱われている」という批判は起こりにくくなる。例えば具体的には、「少年は少年院で処遇され、刑務所に行かないで済む」という批判に対しては、少年処遇における少年院に対応する、「成人矯正院」のような特別処遇の制度と施設を創設することで、少年処遇、成人処遇のバランスが取れることになる。新たに特別な施設を作るのが大変であるなら、法律上の手当てをした上で、現行の刑事収容施設から適切な施設を指定し、「成人矯正院」として、少年院に類似した処遇を行う施設とする。現在、わが国の4つのPFI刑務所は、「社会復帰促進（支援）センター」と呼称されているが、実質的には「成人矯正院」へ至る素地を有しているので、更に処遇内容を向上・改善した上で、処遇選択システムに連動させるように法改正し、成人でも可塑性の高い対象者は、特別処遇を受けることが可能であると説明することができる。それが形式的には刑罰の執行であることは、保安処分制度のないわが国では動かないが、自由刑の純化論の観点から言えば、処遇内容はかなり社会復帰に傾斜したものにすることは可能である[32]。また、こうした思考からは、成人に対する刑罰として、1号観察に対応する、独立処分としての保護観察についても検討の余地があるように思われる。

　更には、少年鑑別所に対応する、「判決前調査センター」のような機関を創設し、裁判所の量刑判断に合理的根拠や指針を与え、これをサポートする制度の導入があっても良いだろう。現在のように単に「過去の」量刑

相場に基づいて「現在の」事件を判断する方法では、司法の安定性という点以外に、合理性が見い出せるとはいいがたい。過去の量刑判断が正しかったのかどうか、検証さえなされていないのであり、蓄積されてきた量刑相場とは、単に、先例踏襲的にこれまでそのような判断がなされてきたというほかはなく、むしろ被収容者の約半数が再犯に至る状況からは[33]、対象者の調査を少年鑑別なみに行って、再犯防止を含めた考慮を入れた上で、具体的制裁のあり方を導出するべきであろう。もっとも、判決前調査を導入するためには、手続二分を含め、刑事司法制度の大きな改革が必要となることは言うまでもない。

4. おわりに ―少年法は持続可能か？

　これまで、有力な専門家が、少年処遇の歴史を述べ、思春期の特性を語り、少年法の理念を説き、あるいは美しいスローガンを鼓舞しても、なお、社会の大多数の理解を得るには十分ではなかったように筆者には思われる。むしろ、少年法制度に反対する者は、上記のような一見理性的な説明を行う専門家を、世間知らずであるとか、現実の少年を知らないリアリティに欠ける理屈家とみなし、あるいは、無学な大衆を教え諭すかのような、「上から目線」の言説に嫌気がさして、ますます反感を持つ場合さえあった。そして、しばしば反対論の支柱にあるのは、「犯罪者が少年であろうと成人であろうと、被害者の立場に立てば何も変わらない」という意見ではなかったであろうか。であるとすれば、被害者支援の理論と制度を整備し、ここに応えていくことで、被害者や社会の応報感情を収束させ、行為者に対する厳罰要求に一定の歯止めを与えることもできるのではないだろうか[34]。

　この被害者に対する支援と並んで、重要と思われるのが、「なぜ少年だけが特別扱いされなければならないのか」という意見である。これを、少年を成人並みに扱うことで解決するのではなく、むしろ、成人を少年並みに取り扱う方向性で以て対応することが問題解決の糸口であるように思わ

れる。もちろん、成人には干渉・介入の根拠論としてパターナリズムを観念しにくく、限界があることは認めなくてはならないが、可能な限り、少年司法において取り入れられてきた方策を成人処遇に導入することで、社会に対する少年処遇の受容に寄与することができるのではないかと思われる。

いずれにせよ、成人処遇をより充実した方向へ駆動するエンジンとして少年処遇論を再発見することで、少年法や少年司法制度の意義を社会に対しても合理的に説明していくことが可能となるであろう。従来の説明方法が世間の賛同を必ずしも得られなかったように思われるのは、少年司法・処遇の特殊性を強調するあまり、成人司法・処遇との差異を際だたせ過ぎたところにあるように思われる。少年処遇の必要性や有意義性を説明すればするほど、成人処遇からの「特別扱い」が顕在化してしまう。少年処遇に対する一般からの理解を得るには、実は―少年処遇そのものというよりは―成人処遇への焦点化が必要なのではないであろうか。

注
1) その意味で、広義の「処遇」は、いわゆる「司法的処遇」を含むが、私見は、これよりも更に広い領域を念頭に置いている。なお、司法的処遇については、森下忠『刑事政策大綱〔新版・第2版〕』（成文堂、1996）143 – 189頁参照。
2) 「刑罰よりも」という場合に、その正当性が首肯されるとしても、なぜ刑罰を加えなくて済むのか、という問いに対して、「可塑性が高いから」だけでは、刑罰権の発生を否定する論拠としては十分ではない。
3) 世界最初であったかについては、疑義がある。本書第3章参照。
4) 以下の記述について、木村裕三『イギリスの少年司法制度』（成文堂、1997）23 – 27頁参照。なお、同書によれば、ユダヤ教の宗教指導者・律法学者の法であるラビ法が、思慮分別能力の概念を最初に意識した法律であると考えられているという。
5) 未成年者の法的地位と能力について、民事法上の規定を前提に少年犯罪者の特別対応が考慮されるようになる。ローマ法における未成熟犯罪者の取り扱いについて、渡邊一弘『少年の刑事責任―年齢と刑事責任能力の視点から』（専修大学出版局、2006）57 – 68頁参照。イスラム法を含むそれ以外の国々について、See, Don Cipriani, Children's Rights and the Minimum Age of Criminal Responsibility – A Global Perspective, Ashgate, 2009, pp.71-91.

6） Id., p.91.における史的考察によれば、考察対象となった、ローマ法を含む全ての国々で、刑事責任が生じる前に、成熟性あるいは道徳的作用の概念が認識されていたという。

7） わが国では、フランス刑法の影響から、もともとは「犯意」（intention criminelle）が好んで用いられていたが、ドイツ刑法の影響から「故意」（Vorsatz）が一般化したとされる。阿部純二編『基本法コンメンタール〔第3版〕』56頁〔森下忠〕（日本評論社、1986）参照。なお、イタリア法で対応するものは、現在も'dolo'である。

8） 木村・前掲書35頁は、「少年法制自体が、発生史的にみて刑法の責任能力との関連をもちつつ出発した経緯があり」とする。

9） 既にローマにおいて2世紀以降、今日でいう孤児院や保護収容所等として、社会的な顧慮が払われるようになっていたという。

10） P. Ariès, L'enfant et la vie familiale sous l'Ancien Régime, au premier chapitre et passim, Edition Plon, 1960. 邦題は杉山光信訳『〈子供〉の誕生 アンシャン・レジーム期の子供と家庭生活』（みすず書房、1980）であるため、「子どもの誕生」の書とも言われるが、本文中では、第1章第2節のタイトルに《La découverte de l'enfance》が見え、むしろ「子ども期の発見」と言えるが、「子ども発見の書」といわれる1762年の『エミール』が約200年も前であるので、あえて「子供の『誕生』」とされたのか否か、定かでない。

11） 本書第3章参照。

12） 今野一雄訳『エミール（上）（中）（下）』（岩波文庫、1962,1978,1978）。

13） A. Binder, G. Geis, D. D. Bruce Jr., Juvenile Delinquency : Historical, Cultural and Legal Perspectives, Anderson, 1997, pp.32-33.によれば、ピューリタンがアメリカやイングランドで最初に子どもを発見したとする歴史家もいるという。ピューリタンはもともと子どもや子育てに大きな関心を払っており、正しい子育ては魂救済運動の中心的要素とみなされていた。ピューリタンは、子どもを含む人間は、元々原罪を抱えており、子どもは誕生の時から穢され、汚染されているので、子育てを通じて救済されなければならないということであった。その子育ては、子どもの意思を挫き、両親の指示に従わせることが強調され、体罰も普通に行われていた。ところが、ピューリタンの子育てに対する新しい態度は、子どもそれじたいを大切にすることであり、それは少年犯罪に対しても新しい方法で臨むことにより、アメリカで最初の「ステイタス・オフェンス」の立法化を導いた。そして、18世紀末葉から19世紀初頭にかけて、家父長的なピューリタンの理念は新しい挑戦を受ける。それは、子どもの意思を挫くのではなく、曲げることを強調した。子どもの性質の柔軟性も強調された。子どもが最初から罪深く堕落しているという考え方は衰退し、19世紀に入ると、子どもは元々善であり、克服されるのではなく、型に入れ、勇気づけられるべき性質を持っていると考えられるようになった。

14） P. Griffiths, Juvenile Delinquency in Time, in P.Cox /H. Shore（ed.）, Becoming Delinquent: British and European Youth, 1650-1950, Ashgate, 2002, p.31.

15）ベルナードによると、'juvenile delinquency' という用語が最初に用いられたのは、1816年のロンドンの報告書においてであるという。See, C. Cunneen, R. White, Juvenile Justice –an Australian perspective, Oxford, 1995, p.9.

16）A.Binder et al., op.cit., p.37. によれば、多くの歴史家は、19世紀後半は別個の人生の段階としての「青年期」概念の発展において、鍵となる時代であるとし、これを導出した主要な要因は、「子ども期の延長」として描写されてきたものであったという。これはいわば、「青年期の誕生」とでもいうべき時代変化であったであろう。

17）Id., p.24., A.Binder et al., op.cit., pp.29-30.

18）C. Cunneen, R. White, op.cit., pp.9-10.

19）A. Binder et al., op.cit., p.37.

20）C. Cunneen, R. White, op.cit., pp.9-10.

21）Id., pp.25-26.

22）A. Binder et al., op.cit., pp.35-36. 非行は都市における貧困問題として扱われた。

23）P. Griffiths,op.cit., p.34.

24）A. Binder et al., op.cit., pp.35-36.

25）H. Shore（with P.Cox），Re-inventing the Juvenile Delinquent in Britain and Europe 1650-1950, in P.Cox /H. Shore（ed），Becoming Delinquent: British and European Youth, 1650-1950, Ashgate, 2002, p.10.

26）Ibid. 福祉主義は、特に女子に対して刑罰的側面を持っていることが指摘される。なお、三宅孝之「非行少年の福祉的処遇の源流―1964年キルブランドン・リポート（スコットランド）―」島大法学第43巻第3号（1999）参照。

27）本書3章参照。

28）いわゆる「小さな大人」観と関係している。丸山雅夫『ブリッジブック少年法入門』（信山社、2013）25頁参照。

29）われわれは、裁判員制度によって、専門的概念を伝達することの困難を感じながら、それは、実のところ相手が良く分かっていないからではなく、本当は自分達が良く分かっていなかったのではないか、実は専門用語や概念を（自分の中から必然的に紡ぎ出されたものではないにも拘わらず）、それを覚えたことで、あたかも自分で理解したかのように使ってきたのではないか、権威ある先学のエピゴーンに過ぎないのではないか、といった、見たくもない事態に直面する機会を得る。概念を別の概念で言い換え、対象は一つであるかもしれないのに、夥しい言葉や概念でそれを埋め尽くす。言葉のインフレは、トートロジーや堂々巡りを生み出し、果てしない無限ループの森に学者を誘う。「可塑性」という言葉を覚え語り、あるいは他の言葉に置き換えて、その活字を紙の上で何度踊らせてみたところで、おそらく多くの学者が、生の少年からそのリアルな感覚を得た経験は少ないのが現実であろう。

30）一流の少年法研究者でさえも、特に社会に潜在する少年法不要論者に対して、少年法の理念を伝えきれているのか疑わしい。それはなお、同好の士のあいだでの、

いわば業界内での共通理解にとどまっているようにみえる。少年法学が法律学であり、社会科学の一つであるとすると、数学や物理学が一般人に理解されないことと同じ次元の話ではなく、社会から超然としていることはできない。

31）M.Ancel, La défence Social Nouvelle, Editions Cujas, 1981, p.268. 本書第10章注45）も参照。

32）その意味で、禁錮刑の廃止には疑問もある。収容率も低下傾向にある現在、むしろ司法判断としても禁錮刑を選択した上、改善指導と教科指導を中心とした処遇プログラムを導入する等の試みを行う好機である。もちろん懲役刑受刑者に対しても、作業の内容を工夫し、就職に繋がる技能習得や作業療法的なものとして行うなど、少年院的な働きかけは可能である。

33）但し、再犯率は、刑期の長短や内容の問題だけではなく、更生保護の段階を含めた、再社会化へ向けた生活支援サポートの利用可能性にもかかっており、再犯率の問題をひとり矯正の責任とすることができないのは当然である。

34）第4、12、13章等参照。

第1章　少年法の現代的意義　29

第2章　わが国少年司法の史的考察

1.　はじめに

　わが国において、少年処遇に関する主要な立法には2つのものがある。すなわち、1947年児童福祉法と1949年少年法である。少年法は、わが国における少年司法制度の中心軸として理解されているが、児童福祉法は非行少年処遇においては重要な役割を果たしていない。少年法が少年司法を支配している理由には、これが福祉と司法の両方の機能を有していることがある。少年法のこのハイブリッドな性格は、合衆国における立法の影響にその源流をたどることができる[1]。しかしながら、この2つの機能を統合する初期のアメリカ式思考が、真に矛盾なく実現され得るものであるか否かは疑わしい。というのも、福祉機能は司法のそれと一貫することはなく、逆もまたそうであるからである[2]。

　児童福祉法は、少年法の支配により非行少年処遇の領域において意義を失ってきている。

　この不均衡を是正するために、児童福祉法は、少年福祉法としてもっと幅広く適用されるべきであると考えられる。そして同時に、少年法の適用は、少年刑法としてその本来の機能の中に制限されるべきなのである。

　この正に機能分離と、それに応じた2つの「純粋な」立法は、「福祉」と「司法」との間の真の協働をもたらすことが可能となろう。2つの機能は、別々に2つの立法に対応するべきなのである。

　そこで、少年処遇に関する立法政策について、次の質問が提示される。少年処遇の立法に関して、われわれは今日どういった政策を採用すべきな

のか？この質問に答えるためには、少年非行を取り扱うわが国の立法の歴史について調査しなければならない。もちろんわが国における少年司法制度に関する論稿は汗牛充棟であるが、欠けていると思われるのは史的考察である。この点については、これまで大きな考慮は払われてこなかったが、わが少年法の史的検討を通じて、現行立法の適切な再配置を発見することが可能となるのである。1949年少年法の「単線操業」以外にも、われわれは少年司法の立法に対して多数の配列可能性を持っている。従って、本章では、「単線操業」形態を持つ現行制度の検討については射程外とする。

　以下、次の順に少年司法の歴史について考察しよう。2. 刑法、3. 少年に対する準福祉法、4. 少年に対する準刑法、そして、5. 考察、である。

2. 刑法

　わが国の近代刑法は8世紀の初頭にまで遡ることができる。例えば、1907年刑法（現行刑法）38条2項は、錯誤に関する規定であるが、702年大宝律（刑法）の規定に由来するものである[3]。6巻からなる大宝律は、全般的に当時の中国刑法を範としており、中国立法の儀式的祭文たる特質に従ったものであった[4]。しかしながら、不幸にも条文の多くが失われているため、大宝律が少年に対する特別規定を有していたか否かは明らかでない。

　少年に対する特別処遇を規定した刑法は、718年養老律が最初であると言われている[5]。これは大宝律の修正版であり、儒教の思想や価値体系の準則によって豊富に彩られたもので、同様に基本的に中国色を残している。もっとも、日本の感覚に、より適合する日本的な発想や実践を取り入れていた。

　養老律では、少年は3つのカテゴリーに分類された。7歳未満は刑事責任を負わない[6]。反逆罪、謀殺罪、窃盗罪、身体傷害罪を除き、7歳から9歳までは何の刑罰も科せられない。少年が反逆又は謀殺を犯し、その結果

死を以て罰せられる場合は、最終的な決定を得るために上官に事件を移送しなければならない。窃盗又は身体傷害の場合は代替刑として罰金が科せられる。10歳から15歳の少年が死刑に当たる罪を犯した場合は成人と同様に扱われる。少年が流刑に当たる罪を犯した場合は、減軽事情がとりわけ厳しいときを除き、その刑は免除され、代わりに罰金が科せられる。流刑に処せられる場合であっても、少年には流刑地での強制労働は免除される。

　もちろん養老律は10世紀には既に時代遅れとなっていたが、この法典は、驚くべきことに19世紀半ばまで公式に効力を有していた。ここでは、19世紀後半に至るまでの3つの法典にも一応言及しておこう。

　最初は、1231年に鎌倉幕府によって制定された貞永式目である[7]。51条からなるこの法典は、武士の道徳原理を具体化したものである。いくつか新しい規定も付け加えられたが、これは最初に慣習法を法典化したものであった。律という刑法が強い宗教的意味を持っていたのに対し、貞永式目はもっと実践的な目的を有していた。すなわち、制度と武士の道徳習慣の維持がその目的であった。従って、財産没収が刑罰制度において重要な役割を果たしていた。

　2つ目は1742年公事方御定書であり、その下巻は御定書百箇条と言われる[8]。この法典もまた、中国儒教の影響を受けたもので、中央政府（幕府）による日本刑法の再法典化の結果であった。第1巻には様々な行為類型が集約され、第2巻では主に民事法、刑事法が規定されていた。この第2巻は、三奉行（勘定奉行、寺社奉行、江戸町奉行）と幕府の他の高級官吏（京都所司代、大坂城代）のみが閲覧できる秘密法典であったことは注目に値する。ここでは、今日の罪刑法定原則がなお未成熟であったことが看取できる。

　3つ目は1対の法典であり、基本的に同時代の明及び清王朝の中国法典を範としたものであった[9]。すなわち、1870年に新律綱領が公布され、1873年には改訂律令がこの改正法として成立した。どちらの法典も刑事司法において重要な役割を果たすことはできなかった。これらの法典は時

代遅れであり、経済力・軍事力において欧州諸国と同等の地位を得ようとする日本にとって相応しいものではなかった。

19世紀後半以降、わが国の少年司法制度は新しい段階に入った。中国法を放棄し、西洋に新しいモデルを求めたのである。しかし、このことは、伝統的な日本法が完全に消え失せてしまったことを意味しない。比喩的に言えば、日本法は、多くの部分で、着物を脱いで新しい西洋風のスーツに着替えたのであった。

西洋法を継受はしたが、伝統的価値や美徳はいぜんとして日本と日本法において優位を占めているのである。それゆえ、様々な外国の司法制度によって影響を受けてきた日本法の階層構造は、しかしその起源において日本的な側面を残していることを、われわれは見落としてはならない。この事実を無視することは近代日本法の理解を見失うこととなる。

しかしながら、西洋法の影響が始まる以前に、1872年監獄則が少年処遇に対する特別準則を規定していた。これは懲治監制度を導入したが、そこでは監獄で罪を贖う20歳以下の少年であって、為した行為に対してなお悔悛の情がない者を収監することができた。

欧州法の影響を受けた初めての刑法は1880年刑法、今日にいわゆる旧刑法であった。この法典は、グスタフ・ボアソナード教授によって起草され、ベルギーとイタリア法典の影響を受けつつも、フランス法を母法とするものであった。このように、最初に日本法に多くの影響を与えた西洋法はフランス法であった。日本帝国政府が1870年代にモデルを求め始めた際に、フランスは最も発達し法典化した司法制度を持っていると考えられていたからである。同時期には、ドイツもまたフランス法に大きな影響を受けていた。この法典では、少年は3段階に分類され、それに応じて処遇されることになっていた。12歳未満の少年については、刑法上責任を問うことができない。是非弁別能力を有しないで罪を犯した12歳から15歳の少年も、同様に刑法上責任を負わない。16歳から19歳の少年が罪を犯した場合は、一等罪を減じるものとされた。

8歳未満の少年が罪を犯した場合、彼らは刑事責任能力を有しない。代

わりに、犯罪者となれば懲治場に収容された。懲治場は、少年犯罪者を成人犯罪者から分離し、犯罪の状況に応じて彼らに教育的訓練を提供するために、1881年に改正された監獄側によって設立された。この改正は、懲治場を監獄の一種とし、旧刑法の規定に該当する少年だけでなく、両親からその行為を償うことを委託された8歳から20歳までの少年をも懲治場に収容されるべきことを規定した。懲治場制度の性格が、完全に処罰あるいは懲罰の中にとどまっていたことを銘記することは重要である。

3. 準少年福祉法

19世紀末葉に向けて、懲治場の使用は、当時欧米で行われていた少年保護についてのもっと進んだ観念から見ると、かなり不十分なものとみなされるようになってきた。そこで、1900年感化法が西洋法をモデルとして制定された。この法律によれば、8歳から15歳で両親や適切な後見人がおらず、遊蕩や乞食をなし、もしくは他の非行行為に関与した少年、懲治場に収容される言渡しを受けた幼者、または裁判所の許可を得て懲治場に委託されることとされた少年達は、彼らの保護や教育のために感化院に送致されるべきとされた[10]。

最初の感化院は、16年前に池上雪枝によって大阪に設立されていた。翌1885年には、2番目の感化院が高瀬真卿によって東京に設立され、その後、1886年には3番目が千葉に、1888年に4番目が岡山に、1897年に5番目が三重に、それぞれ設立された。そして1899年には、留岡幸助によって家庭学校と呼ばれる第6番目の感化院が設立されたが、彼は、家族寮舎制と夫婦小舎制を導入した。このように、感化院は、当初私立学校として開始されたことが理解される。感化法はこれを法制度に取り込み、公的な政策として採用したのである。しかしながら、各府県に感化院の設置は義務付けられていなかったので、困難はあった。改正法は、8歳から17歳までを対象とし、感化院に対して政府助成金が支払われ得ることとした。加えて、14歳未満で犯罪を行った少年も感化院に収容され得ることが、司

法大臣通達によって認められた。

　1933年には、少年教護法が制定され、感化法は廃止された。この法律で扱われるのは、14歳未満の少年で、犯罪者ではなく、収容保護、観察保護、委託保護が導入された。さらに、児童の人格を把握するため、元の感化院である教護院内に児童鑑別のための機関を設置すべきことも規定された。

4. 準少年刑法

　第2次大戦後、少年犯罪の数が増加し、犯罪少年だけでなく、合衆国における「ステイタス・オフェンダー」に類似する「虞犯少年」もまた、わが国における刑事政策にとって広く重要な事項となった。これは、しかしながら、少年犯罪に対処する法律ではない感化法の対象ではなかった。他方で、様々な欧州の制度が検討対象となっていた時期に、合衆国由来の児童救済運動の輸入によって影響を受けた、いわゆる少年裁判所運動が花開き始め、それゆえ犯罪少年だけでなく虞犯少年にも対処する特別法が、わが国の少年司法制度にとって必要となってきたのである。既にこの点に関し、10数年に及ぶ調査と議論の末、近代社会学の理論をもとにした1922年少年法及び1922矯正院法が公布され、1923年に施行されていた。1922年少年法は、今日「旧少年法」と言われるが、その画期的で進歩的な性格から、もともと、「愛の法律」と呼ばれていた[11]。

　旧少年法には6つの特徴がある。

　先ず、この法律は、14歳から17歳の犯罪少年だけでなく、虞犯少年をも取り扱うべきものであった。2つ目に、少年に対する刑罰や刑事手続に関して、多くの特別規定をもっていた。例えば、死刑、無期刑、勾留状の制限、成人から分離された処遇等である。

　3つ目には、社会内処遇を含む様々な保護処分を用意していたことである。これは処遇の個別化に対応したものである。これらの処分は、審判後であっても他の処分に変更したり、取り消したりすることができた。4つ

目が、少年審判所の創設である。ここでは、判事あるいは検事から任命された少年審判官が、少年問題について深い知識を有し、少年保護司の支援を得ながら、少年に最も良い処分を決定する。少年保護司は、少年の気性、環境、経歴、持ち物等を調査する。少年審判官は少年保護司の決定の執行を監督する。少年審判所は司法省所管の準司法機関であった。

　5つ目は、少年審判所の事物管轄は、少年を罰する必要が無いと判断した刑事裁判所又は検事から送致された少年に限られていたことである。特に、死刑、無期懲役・禁錮、短期3年以上の有期懲役・禁錮に当たる罪を犯した少年、16歳以上で罪を犯した少年については、少年審判所の裁定対象ではなかった。

　最後に、この法律は、少年の最善の利益を発見するために、少年の人格を調査する方法を導入したことがある。これにより処遇の個別化の要請が満たされるのである。

　以上が1922年少年法の概要である。これらのことから考えてみると、この立法は「少年に対する準刑法」であることが明らかであろう。というのも、様々な保護処分は、刑罰を科せられる少年に対しては提供され得ないからである。保護処分は、刑事裁判所や検事から送致された少年に対してのみ賦課可能なのである。「処罰そうでなければ処遇」というこの二分法的思考方法は、今では既に時代遅れなのである。

　保護の必要性は刑罰権とは関係が無いのであるから、保護処分は、処罰の必要が無い少年に対してだけでなく、処罰されなければならない少年に対しても提供されるべきである。立法者はそのような処分を導入することができたはずであった。というのも、この法律によって規定された処分は、刑罰の代替物ではないからである。刑罰の代替物とはならない処分を得て初めて、刑罰権から解放された真の保護処分を提供することができる。このような真の保護処分は、少年に対する福祉法によって提供される処分と非常に類似することになる。しかし、これらの処分はあくまでも刑事処分の一種である。なぜなら、少年にこれらの処分を適用するためには罪を犯すか、少なくとも虞犯を行う必要があるからである。われわれは、

第2章　わが国少年司法の史的考察　37

その性格を、刑事責任から解放された保安処分の一種と捉えることができるだろう。しかしながら、もし真の少年福祉法が、犯罪少年、虞犯少年に対しても様々な保護処分を提供することができるならば、「真の少年刑法」によって規定される処分が適用される余地はほとんどなくなるであろう。

これまで述べたところに従うと、「真の少年刑法」には3つの不可欠な要素がある。第1に、全ての刑罰は、成人のそれよりもさらに寛大でなければならない。第2に、刑罰の代替とはならない処分を持っていることである。第3に、その処分は刑罰が科せられるべき犯罪少年に対しても提供することができる、ということである。

5. 考察

少年に対する福祉法においても、少年非行に対する顧慮を払わない純粋な福祉法から、重大な少年犯罪まで考慮に入れる福祉法まで、その立法形態には様々なものがありうる。後者の思考に従うならば、少年犯罪者もまた、福祉による保護を必要とする少年とみなされるべきである。

反対に、前者の思考によれば、少年犯罪者は刑事裁判所の専属管轄に属することになるので、少年に対する福祉法は、犯罪者ではない少年のみを取り扱うこととなる。この観点からすると、わが国の少年に対する福祉法は、その限定的な管轄権の故に、前者のような、「準少年福祉法」と捉えられるべきである。児童福祉と非行少年保護は、それぞれ異なった次元に存する固有の領域を持つ概念であるのだから、当該少年が福祉を必要としている以上は、その少年が犯罪者であると否とを問わず、福祉法処遇が提供されるべきである。

少年に対する刑法は、成人に対する刑法の特別法と考えることができる。すなわち、この特別法は正に真の刑法であるということを意味する。原則として、少年が犯罪または前犯罪的行為を行って初めてこの特別法が適用され得るのである。なるほど、少年刑法に関わる準則は一般的な教育思想あるいは「パレンス・パトリエ」によって方向づけられていることは

疑いないが、そうした教育的反応は刑罰権と関係していることが明らかであり、その刑罰的機能は放棄され得ないのである。保護処分あるいは教育処分が刑罰の代替として提供される場合、刑罰権が方向量を持つが故に、これらは処罰的性質を含まざるを得ない。この場合、保護・教育処分は、刑罰権の影響を受けてその本来の機能を十全に発揮することができないであろう。他方で、刑罰が本質的に教育的機能を有しうるということも相当な疑問があるに違いない。合衆国に由来するこうした融合形態は、近年多くの弱点をさらけ出した。それはとりわけ社会復帰思想の終焉という事実にも明らかである。こうして、われわれはこのような融合的な法を「準少年刑法」と呼ぶことができるであろう。

6. おわりに

少年に対する特別処遇の歴史は、大要3つの段階に区分できる。

第1は、成人に対する刑法しかなく、それが少年事件も考慮に入れる段階である。それは、通常、刑罰領域において成人よりも寛大に少年を取り扱うということを意味する。

第2は、この成人刑法に加え、少年に対する福祉法が、非刑罰領域に発生する段階である。少年犯罪と児童保護は区別できるのであり、それに応じた2つの立法を持つことは合理的であろう。この段階で初めて、とりわけ少年に対する特別な管轄権を持つ場合といった、刑罰思想とは異なる教育思想の萌芽を認めることができる。しかしながら、ここでわれわれは、このような少年に対する福祉法は、原則として少年犯罪者には適用され得ないことを看過するべきではない。換言すれば、少年に対して刑法が適用されなければならない場合は、少年に対する福祉法の適用領域は無いのである。それぞれの法がそれぞれ別の管轄権を有するのである。それゆえ、これを、処罰の優越の故に、「準少年福祉法」と呼ぶことができるだろう。

第3は、少年に対する福祉法に加えて、成人及び少年に対する2つの刑法が存在する段階である。この段階では、少年犯罪者であっても、特別な

少年法によって取り扱われるべきこととなる。少年犯罪者に対して処罰よりも教育を提供すべきことは確立した理論である。保護処分は、従って、彼らに対して刑罰の代わりに賦課されることになる。しかし、処罰は完全に放棄されることはない。とりわけ、少年が重大犯罪を行った場合はそうである。われわれは、ここにきて、純粋な刑罰とは異なる、「教育的刑罰」の概念を得ることとなる。この段階の少年刑法を、その純粋でない性格から「準少年刑法」と呼ぶことが可能であろう。換言すれば、「準少年刑法」は、刑罰の代替となる処分を持つことができるだろう。

　指摘すべき重要な点は、少年刑法は、いぜん、真の刑法であるということである。しかしながら、さらに銘記すべきは、この領域で少年福祉法が大きな役割を果たす場合に、少年刑法もまた教育的機能を保持しておく必要があるのか、ということである。それは、福祉法の利用可能性にかかっているように思われる。もし、福祉法がその役割を完全に果たすならば、少年刑法—それはいぜん成人刑法とは異なるのではあるが—はその本来の役割に専念することが可能となるであろう。この「役割分担」が、双方の機能を促進することを可能にする。これが、次に来たるべき段階であるように思われる。残念ながら、わが国の少年司法制度は第3の段階に留まっている。少年福祉法としての児童福祉法の機能不全が、現行制度に対する、少年刑法としての少年法の君臨を招来してきたと考えても良いであろう。

　少年司法制度は、「真の」少年福祉法と「真の」少年刑法との、分離と協働によって改善され得るというのが、結論である。真の少年福祉法は、少年犯罪者に対しても適用され得るということを含意する。真の少年刑法は、成人刑法よりも寛大な刑罰を有し、処罰されるべき少年に対して賦課され得る刑罰の代替とはならない保護処分を有していることである。こうして、われわれは、わが国において、「複線化」した少年司法制度を持つことができるであろう。

参照文献

Hiroshi Oda, *Japanese Law*, Butterworths, 1992.

George M. Koshi, The Japanese Legal Adviser, Charles E. Tuttle Co., 1970.

Yoshiyuki Noda, *Intruduction au Droit Japonais*, Dalloz, 1966.

Paul Eubel（Hrsg.）, *Das japanische Rechtsystem*, Alfred Mezner Verlag Gmbh, 1979.

Yasuharu Hiraba, *Shonenho*, Yuhikaku, 1987.

Supreme Court of Japan, *Guide to the Family Cour of Japan*, 1991.

注

1）合衆国の少年司法について、徳岡秀雄『少年司法政策の社会学―アメリカ少年保護変遷史』（東京大学出版会、1993）、森田明『未成年者保護法と現代社会―保護と自律のあいだ（第2版）』（有斐閣、2008）等参照。

2）現行法制度を前提に、これを合理的に説明する司法福祉の観念を必ずしも否定するものではない。司法福祉論については、山口幸男『司法福祉論（増補版）』（ミネルヴァ書房、2006）、服部朗『少年法における司法福祉の展開』（成文堂、2006）等参照。

3）大塚仁『刑法概説（総論）〔改訂版〕』194頁（有斐閣、1986）。

4）王立民『唐律新探〔第4版〕』（北京大学出版社、2010）、特に少年の刑事責任について、103頁参照。

5）井上光貞他著『日本思想体系（3）律令』（岩波書店、1977）参照。

6）コモン・ローにおける伝統的な刑事責任年齢の下限と共通していることは興味深い。See, Teeters and Reinemann, The Challenge of Delinquency, PRENTICE-HALL, 1950, p.14.

7）池内義資編『中世法制史資料集・御成敗式目』（岩波書店、1978）参照。

8）最近の注目すべき研究として、服藤弘司『「公事方御定書」研究序説』（創文社、2010）がある。

9）1868年には仮刑律が編纂され、明治政府最初の刑法典であるとも言われるが、一般公布がなされず、全国的な施行をみた法典ではなく、刑事行刑方針を示した政府部内の準則にとどまるとされるため、ここでは言及されていない。

10）最近の注目すべき文献として、留岡幸助『感化事業とその管理法』（慧文社、2016）がある。

11）大正少年法について、詳しくは森田明『少年法の歴史的展開―＜鬼面仏心＞の法構造』（信山社、2006）参照。

第3章　パレンス・パトリエ思想の淵源

1. はじめに

少年法制における史的考察の起点をどこに求めるかは、一個の問題である。少年法制は、アメリカ・イリノイ州において1899年4月14日に可決された、「要扶助児童、放任児童、非行児童の処遇と監督を規制する法律」により創設された少年裁判所が、少年法制の歴史においてあまりに重大な出来事であるため、ここにその出発点を求めるとすることも考えられるだろう[1]。

しかし、この考え方は、次の二つの点において不十分である[2]。まず1点目として、少年に対して、司法上又は行政上、成人とは異なる取り扱いを行う発想は、少年裁判所以前から存在していることが挙げられる[3]。実体法的な刑事責任に関する顧慮は、古くローマ法にまで遡ることができるし[4]、また、裁判段階以前に、その執行段階において少年に対する顧慮は始まっていたからである[5]。そして、2点目として、アメリカ少年裁判所制度の法的ないし史的起源は、イングランド衡平法（equity）における、国親（Parens Patriae：以下本章では、パレンス・パトリエという）思想に由来するものであり[6][7]、ここまで遡り、その意義を確認しておく必要性があるだろう。少年裁判所制度は、その後アメリカ国内のみならず、各国なりの修正を受けながらも世界中に広まっていったが、何の脈絡もないところから突然この制度が発生したわけではない。少年裁判所制度は、少年法制における史的ストリームの一つの重要な到達点であるに違いないが、そこに至るまでの文脈を理解しておく必要がある。

43

こうして、本章では、特に第2点目の視角から、イングランドにおける
パレンス・パトリエをめぐる法思想について考察し、「パレンス・パトリ
エはエクイティ起源である」とする、英米はもとよりわが国においても通
説とされている見解について、一定の修正説を展開する。

2. パレンス・パトリエ思想の史的考察

（1）エクイティと大法官および大法官府の基本的性格

　パレンス・パトリエの意義を正確に把握するためには、これを先ずはエ
クイティという法体系の掌中に位置づけられる概念として把握することが
肝要である。そして、実際にはPater Patriaeという用語であったが、子
どもにかかわる訴訟においてパレンス・パトリエに初めて言及したのは、
1696年のソマーズ大法官であったとされる[8]。17世紀は、既に大法官府が
エクイティ裁判所として機能しており、大法官および大法官府においてエ
クイティが体現されることは明らかであったが、正にこの大法官府裁判所
においてパレンス・パトリエに言及があったことから、エクイティや大法
官および大法官府の性質について一応確認しておく必要があるだろう。

　エクイティとは、狭義のコモンローと並ぶ英米法における判例法体系で
あり、狭義のコモンローの厳格性を緩和するために、14世紀末頃から国
王裁判所とは別の機関である大法官の裁判を通して作り上げられてきた法
体系であるといわれる[9]。具体的妥当性のある判断を行うために、硬直化
しがちなコモンローの「ギャップを埋める」[10]必要があったとされる。も
ともと大法官は、国王裁判所に訴えを提起するための「訴訟開始令状」を
発布する権限があったが、コモンロー裁判所は14世紀頃から甚だしく保
守的となり、大法官が新しい型の令状を発布しても、裁判所は先例に反す
ることを理由にその効力を認めなくなった。こうしてコモンローは固定化
していくことになったが、これに対する救済方法の欠缺または国王裁判所
の裁判の不公正に不平を抱いた者が、正義の源泉である国王に対して、一
当然の権利として救済を求めることはできないとしても一恩恵又は慈悲を

44　第1部　少年法制の誕生

もって特に当該特定の場合に対して救済を与えてほしいと請願するように
なった。国王に対する請願は、一般に国王評議会が処理したが、国王評議
会は次第にこれを大法官に委ねるようになったという。その理由として、
第1に、大法官は令状を発布する大法官府の長官であったので、コモン
ロー上の救済方法の欠缺を理由とする請願に対して、果たしてその事件に
適合する令状がないか否かを明らかにするのに最も便利な地位にあり、第
2に、裁判の不公正を理由とする請願に対しては、大法官は国王の最も信
頼する官吏であったので、犯罪人を処罰するのに適した地位にあり、第3
に大法官は当時は聖職者であったので、恩恵や慈悲ということに関して国
王に助言するのに最も適していたからである、とされる[11]。ここで、パレ
ンス・パトリエついては、第2の理由との関係で、それが裁判の不公正を
理由とする、ラテン・サイドに該当するのか、あるいは救済方法の欠缺を
理由とする、イングリッシュ・サイドに該当するのか、によって、この理
由を考慮すべきかどうかが問題となる。

　パレンス・パトリエ（Parens Patriae）とは、いうまでもなくラテン語
であり、また現在、世界のほとんどの少年法制が刑事法の文脈で理解され
ていることからすると、刑事衡平法としてのラテン・サイドからこれを
捉えることが、一見すると分かり易い。しかし、ソマーズ大法官がパレ
ンス・パトリエに言及したのが1696年だとすると、その時既に、刑事衡
平法を受け継いだ星室裁判所は廃止されており（1641年）[12]、大法官がこ
こでラテン・サイドを意識していたとは考えにくい[13]。また、イングリッ
シュ・サイドといっても、大法官裁判所の記録は、1733年までラテン語
でなされたていたのであり、ただ、手続において英語の使用が認められて
いたに過ぎない[14]。そして、内容的には、すくなくともソマーズ大法官が
パレンス・パトリエに言及した事件については、後見人の不当な行為から
被後見未成年者を保護するための訴訟であり、裁判の不公正というよりむ
しろ、未成年者保護の適切な救済方法を欠く場合というべきであった。そ
して、パレンス・パトリエに関する、未成年者の財産的保護というこの傾
向は、その後も維持されていくことになる。

第3章　パレンス・パトリエ思想の淵源　45

こうして、パレンス・パトリエについては、これをイングリッシュ・サイドと考えるべきであり、第1と第3の理由が考慮されることになるが、とりわけ重要な意味を持つのは第3の理由である。大法官裁判所が宗教的性格を有することがいかなる意味をもつのかについては特にカノン法の影響という点で問題となるが、いずれにせよ、次に、当時のどのような社会全体の流れの中でパレンス・パトリエ思想が展開していったかを考察しよう。

（2）パレンス・パトリエ思想誕生の背景[15]

　ここでは、パレンス・パトリエ思想が誕生するまでの歴史的背景について考察してみたい。そして、その際無視できないのが、イングランド法の形成期から19世紀後半以降に至るまでその影響が論じられる大陸法との関係である。もしイングランド法に大陸法の影響があるとすれば、パレンス・パトリエの思想はそこから自由であり得るのか。コックの述べるごとく、イングランド法は未だかつて一度も外国法の影響を受けたことがないとする説もあるが、大方の学説は、濃淡の違いはあれどイングランド法に大陸法の影響があったことをほぼ承認しているといってよい[16]。

　まず、ノルマン・コンクウェスト以降、12、3世紀のイングランド法形成期は、アングロ・サクソン期の慣習法を自ら独自のコモンロー体系に形成・発展せしめた時代であるとされるが、この時期、グランヴィルやブラクトンらによって、ローマ法の影響が指摘されている[17]。グランヴィルは、ローマ法、カノン法上の法律概念、諸形式が、かなりの程度借用され、イングランド法自体の構成に適応されたことを指摘したし、ブラクトンは、その形式については全部、その実質については約三分の一を借用したとした。ローマ法の吸収は、ランフランクのようにパヴィアに留学する者、またウァカリウスらボローニャからオックスフォードに招聘された者達によってもたらされたと考えられる。さらに、もともと1160年代にパリ大学の教師・学生の一部が移住してオックスフォード大学の基礎が築かれたこと等からすると、フランス経由の影響もあったとみてよいだろう。

反対に14、5世紀には、ローマ法のコモンローに対する影響は殆どなかったとされる[18]。この時期以降、愛国的精神の裏付けのもと、インズ・オブ・コートで、メイトランドのいう「強靱なる法」が形成されていくこととなる[19]。時は正に百年戦争の時代であり、特にフランスを通じた大陸との法的な交流が断絶したことも考えられる。しかし、一方で、法や社会が外国の影響から隔絶されると、特に実務上踏襲されていく自己完結的な法体系が定着し、ともすれば融通の利かない法運用が招来されがちとなる。その結果国民の不満は高まることとなる。また、百年戦争は、社会の混乱を招き、当事者の一方が権力者であるとか、陪審員が買収または威嚇されるとかの理由によって、国王裁判所の裁判が必ずしも公正に行われない場合が生じたので、この点についての不平も大きくなった。こうして、14世紀末頃から、国王裁判所の裁判を求める令状発布のためにというよりも、直接大法官に対して請願が行われるようになり、大法官府は、いわゆる良心裁判所（Court of Conscience）として機能していくこととなる。そして15世紀の後半には、請願件数の増加に伴い、大法官府裁判所（Court of Chancery）として国王評議会から正式に独立したのである。このように、前述した国王裁判所の保守化傾向とコモンローの硬直化・固定化といった事情もあって、コモンローとは異なる視点からの救済策が要請されることとなっていく。16世紀に入って、大法官府裁判所のエクイティ管轄権を通じて再び大陸法の影響が強く現れることになるのは、こうした背景があった[20]。

16世紀以降のエクイティに対する大陸法の影響には、大陸でおこった宗教改革とそれに対するヘンリー8世（1509 – 1547）の対応が大きな意味をもっていた。周知のように、ヘンリー8世は、初め大陸の新教運動に反対していたが、王妃カザリンとの離婚をローマ法王が許可しないためこれと対立し、イギリスの宗教裁判所からローマ法王への上訴を廃止して離婚を強行した上、首長令（1534年）を通過させて国王をイングランド教会の首長としたのであった。ほぼ同じ時期に、それまでほぼ聖職者に限られていた大法官に聖職者以外でトーマス・モアが初めて任命されている（1529

年）。そして、1558年以降大法官の職はほとんど常にコモンロー法律家によって担われることになったのである[21]。ここには、ヘンリー8世が大法官府裁判所からローマ法王の影響を払拭しようとした意図が看取できる。そのためもあってか、16世紀から大法官府裁判所は良心裁判所（Court of Conscinece）としてよりもむしろエクイティ裁判所（Court of Equity）として認識されていく[22]。大法官はそれまで通常はカトリック聖職者であったので、当初より裁判の基礎を、神学上一定の意味をもつ個我的概念である「良心（conscience）」に置いていたが、これよりも、慈悲の発現たる「エピケイア（*epiecheia*）」ないし「クレメンシア（*clementia*）」に、さらに正義を補充する意味合いをも加えた「エクイティ（equity）」のほうが、この時代状況に適合していたのであろう。ただ、それにも拘わらず、この「良心」概念は完全に払拭されることなく、大法官が法律家となって以後もいぜんとして使われていたことには注意を要する[23]。実はこの概念は、ギリシャやローマに起源を有するものではなく、イングランド大法官府裁判所独自の概念であった[24]。ただ、そのことがこの概念の命脈を維持したというよりは、コモンローの硬直化や社会の混乱が、より柔軟で迅速な解決案を提示できる大法官府裁判所の必要性を際立たせ、そこで依拠される規範として大法官府裁判所のカノン法的側面が実際に有効であったからではないかと思われる。このように、中央集権の確立のためにいわば上から行われ、宗教的動機に乏しかったイングランドの宗教改革においては、大法官府裁判所の宗教的性格を失わせることはできなかった。

　また、一方では、君主主権の強化や大陸との外交・通商にとって、いぜんとしてローマ法の教育を受けた法律家を必要としており、それをローマ法王の力を借りずに自前で調達しなければならなくなったため、イングランドにおけるローマ法教育は宗教改革以前よりむしろ盛んに行われることになる。こうして、ヘンリー8世は、カノン法の研究を禁止する一方、ローマ法の研究を奨励し、1540年ケンブリッジ大学に、1546年にはオックスフォード大学にそれぞれローマ法の王講座を新設した。このような流れの中、大法官府裁判所において、1548年頃に、「父親としての陛下」とか「父

親としての国王」といった表現が初めて現れるようになる[25]。

(3) パレンス・パトリエ思想の誕生と展開

　では、以上のような歴史の大きな流れを把握した上で、パレンス・パトリエ思想が誕生し、展開していく経緯を、細かい視点から考察してみよう。大法官府裁判所は、もともとは封建的身分関係や王権の代行者としての大法官の権限に属する訴訟を管轄していたが、しだいにその役割を拡大し、弱者が正当な封建的支配権を持つ者以外の者からの犠牲になることを阻止するために機能するようになる。典型的なケースは、莫大な遺産相続をした未成年者などの後見人、財産管理などで、それらと王権との関連を取り扱うものであった[26]。たとえば、法定相続人が未成年者のゆえに封建的義務を履行することができない場合、国王はその被後見人が成年に達するまで、彼に代わってその土地を管理し、彼または彼女の教育に配慮することになっていた。そこで国王の代理たる大法官は、本来の土地所有者たる未成年者の資産を不当な後見人から守るために、未成年者の監護そのものにまで介入するようになった[27]。こうした大法官の権能は、「大法官府の被後見人（ward of chancery）」制度と呼ばれ、1660年以降国王に代わって大法官がパレンス・パトリエとして未成年者、精神病者などの監護について行使するようになった[28]。後見権は、封建法においては後見人たる領主の利益のために存する権利であったが、収益権などにおいて被後見人にとって大きな負担をもたらし、これを回避するための不動産の信託的譲渡がエクイティ上行われることがあった[29]。もともと信託は大法官府裁判所のイングリッシュ・サイドであり、後見権とともに管轄することは好都合でもあった。

　この頃以降の流れについては、既に徳岡秀雄により、以下のように紹介されている[30]。まず、大法官の権限は慈善の領域にも拡大され、1670年の事件で、「国父としての王」という言葉が使用される。こうして、17世紀末までに大法官は自らを、すべての慈善対象に対して父親的保護を与える者とみなすようになった。そして、1696年、ソマーズ大法官は、後

第3章　パレンス・パトリエ思想の淵源　49

見人の不当な行為から被後見未成年者を保護するための訴訟に関連して、「子どもの抗弁に関しては、いつも子ども側に有利でなければならない。大法官裁判所には、慈善・未成年者・精神遅滞者・精神障害者など、国父としての国王に属し、この裁判所の配慮と指導に帰すべきことがいくつかある」と述べた。その後、1721年の訴訟を契機に、何らかの規制をしないと被後見人が被害を受けると予想される場合には、大法官は遺言に基づく正当な後見人の意に反してでも干渉できることとなり、時には被後見人を後見人から引き離すことすら可能となった。また、1722年の訴訟においては、「国親としての国王は、全ての未成年者の最終的な守護者であり監督者である」という表現がみられ、「子どもにとっての親」としての国王という観念が確立したこの頃から大法官の管轄・権限はさらに拡大解釈されていく。そして、1756年の訴訟においては、「裁判所は親のいない子どもの後見役にはとどまらない。むしろ裁判所は自衛能力のない者を擁護するために介入する一般的な権利を、国父としての国王から委託されている」との論拠で、親が存命中の子どもにまで干渉することとなった。続いて、存命中の父と母との親権をめぐる対立にも、さらには親の不品行にすら裁判所は子どもを守る立場から介入した。そして、1772年の「エア対シャフツベリ」判決では、（大法官）裁判所が、適切な機能を遂行する意志や能力がないとみなされる親にかわりうるという原理を一層明確にした[31]。こうして、請願手続の簡略化を伴いつつ、後見人の適否から存命中の親の監護の適否へ、つまり被後見人としての子どもから子ども一般へ、また土地所有権の相続や動産管理から教育や保護監督の領域へ、さらには子どもにとって必要なら如何なる訴えでも、と（大法官）裁判所の管轄範囲は質的にも量的にも拡大していった。当時の代表的法学者チティは、1820年にパレンス・パトリエを解説して、「国王は法的観念においては臣民の守護者であり、未成年者、精神遅滞者、精神障害者といった臣民の世話をすること、彼ら自身と彼らの財産に適切な配慮をすることは、国王に与えられた権利というよりむしろ義務である」と述べた。このような流れの中、1828年のウェルズリィ判決は、大法官府裁判権が子どもの財産保

護から子どもの福祉自体が問題である場合まで拡大されることを認めた。アメリカ・ペンシルベニア州最高裁判所が、少女の不品行に関するクラウス事件判決において州の国親権限を認めパレンス・パトリエに言及したのは、この10年後の1838年のことであった。

　このように、イングランド大法官府裁判所におけるパレンス・パトリエの誕生は、端的に後見の問題であり、後述するようにここにはローマ法とカノン法の影響が推察されるが、いずれにせよ、財産管理として民事法上の救済と関連づけられていた。そして、18世紀から徐々にその権限は拡大され、19世紀には、子どもの福祉自体まで顧慮されるようになっていった。元々、「エクイティは対人的にはたらく」[32]といわれるのであるから、このような発展は十分理解できることではあるが、これが「非行」概念とどう結びつき、更には刑事法上の問題として語られていく経緯については、なお一層の考察が必要である。そのためには、パレンス・パトリエに関して、後見権とは異なるもうひとつ別の流れを指摘しておかなければならない。

3. 請願裁判所と救貧制度

(1) 2つのパレンス・パトリエ？

　未成年者後見に関するパレンス・パトリエの理解においては、「後見を必要とするほどの財産をもつ上層の少年には関心があっても、貧窮状態にある犯罪少年をイメージしていたのではなかった」とされたり[33]、「Chanceryは貴族階級で財産のある子供には干渉しても、貧乏人の子供には何の関心も払わなかったのである」とされる[34]。この流れで理解されるパレンス・パトリエと、アメリカの少年裁判所創設を鼓舞し、要扶助児童、放任児童、非行児童、を対象とするパレンス・パトリエとは、どのようにして結びつくのであろうか。徳岡は[35]、「少年司法政策を支える理念のひとつとされるパレンス・パトリエと、その起源たるイギリス大法官裁判所での初期の用法とでは、かなりの隔たりがある」ことを指摘するが、なぜ

第3章　パレンス・パトリエ思想の淵源　51

後期の用法は異なっていくのか、そしてまた、上述のように19世紀頃には大法官府裁判所の権限は子どもの福祉自体にまで拡大されていくが、それはなぜ起こったのか、について明確には論じていない。1838年のペンシルベニア・クラウス判決で「唐突にパレンス・パトリエという用語が初めて使われ」たとする理解は、元々の大法官府裁判所管轄における用例の文脈としては正しいかもしれないが、他のエクイティ裁判所における用例についてもその意義を理解しなければ、アメリカ少年裁判所創設に至る対象児童の拡大等について十分な説明ができないのではないかと思われる。

（2）請願裁判所におけるパレンス・パトリエ

　請願裁判所（Court of Requests）は、中世以来パターナリズム的正義の施行者と考えられていた国親（parens patriae）たる国王が、その大権に基づき国王評議会を介して行使してきた貧者・弱者及び国王の役人の法的紛争を含む小民事事件についての恩恵的な特別裁判所に発し、絶対王政とともに他の機関と同様に機構化・独立化が進み[36]、1432年には常設の裁判所として組織された[37][38]。貧者に対しより安価で簡便且つ迅速な救済手段を与えるこの裁判所は、「貧者の裁判所」とか、ウエストミンスターのホワイトホールが恒常的開廷場所であったことから、「ホワイトホールの裁判所」とも呼ばれていた[39]。また、これは他の国王評議会の裁判所や大法官と同様、通常裁判所ではなく、コモンロー体系が救済手段を与えることができない場合にそれを与える補正的裁判所の一種であったが、一定の当事者適格を有する者にはコモンロー上の救済手段も求め得た。ただ、適用される大部分の法と手続は、ヘンリー8世が法学博士を請願裁判所裁判官（Masters of Requests）に任命したこと等もあって[40]、ローマ法であった[41]。大法官府裁判所の基本思想が「良心」であったとすると、請願裁判所は、そもそもの基本思想を「パレンス・パトリエ」においていたのであり、大法官府裁判所と同時期か又はそれ以前からパレンス・パトリエに対する認識があったことは疑いがない。この裁判所の着想については、その名称の共通性から、フランス・パリのパルルマン請願部（curia

52　第1部　少年法制の誕生

requestarum, chambre des requêtes）が範とされた可能性がある[42]。訴訟手続は、大法官府裁判所のそれとほとんど変わらず、また両者には人的共通性があったことから、両者の関係は良好であったが、コモンロー裁判所・法律家からの反発等もあって、諸説あるものの、清教徒革命（1649年）前の、遅くとも1643年に請願裁判所は衰滅したとされている[43]。請願裁判所が扱っていた、荘園内の土地保有権とりわけ謄本保有権及び捺印金銭債務証書契約を中心にした契約は、コモンロー裁判所により有効に処理されるようになる一方、貧者救済については、大法官府裁判所において、「貧者の資格で」訴訟当事者に与えられる援助で手当がなされることとなっていた[44]。こうして、請願裁判所がもっていたパレンス・パトリエ権限は、ソマーズ大法官のとき既に大法官府に合流していたと考えられ、これ以降、救貧的なパレンス・パトリエの素地を、大法官府裁判所は有し続けていたと思われる。このように考えると、貧窮状態にある少年の援助について、大法官府ではそれが全く否定されていたかのようなパレンス・パトリエの理解は、極めて一面的な見方であると言わざるをえない。請願裁判所系のパレンス・パトリエ権限は、いぜん大法官府裁判所の掌中に引き継がれていたのである。ただ、救貧政策は、大法官府よりもむしろ、16世紀中葉から17世紀初頭にかけて整う、救貧制度によって手当がなされていくことになる。そして、これこそが後の刑事政策的な少年司法制度を導く起源ではないかと思われるのである。

（3）救貧制度と未成年者の保護

　ヘンリー8世は、宗教改革の結果修道院を解散し、その土地と財産を没収して王室財政を強化したが、そのため、修道院が庇護していた貧者を別の方法で救済する必要が生じた。荘園制度の崩壊によって、一方においては自由を得て繁栄していった者もあるとともに、他方においては貧者となってしまう者も多かった。しかも、牧畜が盛んになるにつれて、農業労働者の必要数も減少して失業者も増加した[45]。16世紀には、少年に対する制限や規制立法が現れる一方で、1520年以降の数十年間に欧州では福

祉改革の国際的な動きがあったと指摘される[46]。エドワード6世（1547 –
1553）の治世である1550年頃、ロンドンのブライドウェル収容施設が、
都市から浮浪者および乞食を除去する目的で設けられた。そしてエリザ
ベス女王（1558 – 1603）の時代には2つの救貧法が成立している。まず、
1562年法では、貧者の子どもを親の意思に反して分離し、他の者に徒弟
契約させることを可能にし、続く1601年法では貧者を監視する民生委員
を任命し、その委員は自らの裁量権により、貧者の両親からその子どもを
とりあげ、その者が成人に達するまで、地域住民の徒弟として契約させる
ことができるとしている[47]。1677年には、ロンドンの博愛主義者トーマ
ス・ファーミンによって、貧窮不良行為児童に対する紡績工場が設立され
た[48]。その後、1752年に、未成年貧者を産業の家（houses of industory）
に収容する貧窮児童法案が議会に提出されたが、これは検討の後廃案と
なっている[49]。しかし、1788年には、ロンドン博愛主義協会が設立され、
貧窮児童、遺棄児童、不良行為児童を区別せず受け入れる仕組みができあ
がった[50]。

　また、救貧制度との関係で見逃せないのが、少年に対する海外移送
（transportation）である。1618年、住む場所もなく友達もおらず、路上で
物乞い生活をする浮浪少年少女を庇護してヴァージニアに移送し、雇用
させようという計画が立てられ、賞賛されることになる。これは、路上生
活をする子ども達や貧しさから抜け出せない子ども達に第2のチャンスを
与える機会として、ある意味先駆的なものであった。このため、ロンドン
普通評議会には多くの市民が申請に押し寄せた[51]。ヴァージニアは、既に
1585年ウォルタ・ローリがこれを植民地とし、女王にちなんで名づけ
られていた土地である[52]。1619年、ヴァージニア植民地とイングランド
との間に年季奉公人の契約が成立し、1620年、ヴァージニア会社の船は
困窮する家庭の子ども達百人を載せて航海に出発した。17世紀のイング
ランドにおける経済状態は好ましくなく、これを契機に、数千人の孤児や
貧窮者が年季奉公人としてアメリカに送られることになった[53]。ただ、海
外移送は、貧者だけを想定したものではなく、犯罪と貧困に対し闘う政策

の一側面であった。大西洋をまたにかけた徒弟制度は、若者によって引き起こされる問題に取り組む多くの戦略のうちの一つとして出現したのである[54]。こうして、1756年にはフィールディングとハンウェイの協力の下、マリーン・ソサイェティが創設され、12歳から16歳の窃盗少年、自堕落で怠惰な少年、親に見捨てられた少年達を、海兵隊の下働きとして海外へ送り出すようになっていった[55][56]。

（4）小括
　救貧政策や救貧事業は、未成年者の保護ということに関して、博愛的熱意から援助を行ったが、一方、貧困や放任そして遺棄が、少年の浮浪や逸脱さらには不良行為ないし非行へと繋がりうるという認識があったこともまた事実である[57]。つまり、柳本が指摘するように[58]、救貧制度における未成年者の保護は、子どもの福祉を考えるというよりも、貧者の子どもが将来の貧者になり、社会の厄介者になることを防止しようとする側面があった。その意味で、救貧制度は、少年非行に対する刑事政策の萌芽としてこれを捉えることができる。木村もイギリスにおけるレフォーマトリー観念の進歩には、救貧法の精神があったことを指摘している[59]。しかし、19世紀のアメリカと異なり、16、7世紀のイングランドにおいては、救貧法やレフォーマトリー制度発達の理念として、パレンス・パトリエが持ち出されることはほとんどない。それは、一つには、これまで述べてきたように、パレンス・パトリエはあくまで民事衡平法上の思想であり、同時期にエクイティ管轄権の内部において発達していたのに対して、救貧事業の考え方はどうしても刑事政策的な発想に結びつきやすいということがあった。つまり、パレンス・パトリエと救貧制度とは、おそらく宗教改革の結果として生じたという共通点を持ちながら、同時代に別々の路線として発達してきたということであろう。2つ目として、請願裁判所および大法官府裁判所と救貧制度とは、貧者救済という点で共通性があるものの、前者はあくまで国王大権の流れからの救済であって、「国親」という視点が適するのに対して、後者の実際の活動は、むしろ民間の博愛事業家の主導に

第3章　パレンス・パトリエ思想の淵源　55

よるところが大きく、国家の権力的側面が比較的薄かったことから、「国親」よりもむしろ「博愛」という思想に馴染むものであったという点が挙げられる。メイトランドが指摘するように、宗教改革期、国家及び教会の首長たらんとしていた国王にとっては、「イングランド古来の法書の中」よりも「ビザンティン帝国の〔ローマ〕法典の中に快い読み物が存した、という真理」があった。大学でローマ法・カノン法の教育を受けた法律家は、ヘンリー8世の離婚とその後の教皇との争いの時に、国王にとって「非常に役立った」のに対し、ヘンリー8世時代のコモンロー裁判官は、フィッツハーバートを例外として、法制史上傑出した人がいないという[60]。16世紀に国親＝パレンス・パトリエ、という言葉が盛んに登場するようになったのは、現在考えられている以上に、国家や国王大権の強調という側面が意識されていたからではないかと考えられるのである。

4. パレンス・パトリエ思想のローマ法的起源

これまで見てきたように、元々パレンス・パトリエ思想が問題となったのは、未成年者後見や貧者に対する救済という場面であった。後見を必要とする未成年者の財産管理については、教会裁判所と国王の裁判所との間における裁判権の境界領域として微妙なところもあるが、教会裁判所で裁判がされる場合であっても、その実体は遺産管理であり、カノン法ではなくローマ法が適用されていた[61]。エクイティ裁判所のイングリッシュ・サイドは、法の欠缺の場合であるから、コモンローに基づく救済ができないときに大法官府裁判所で実質的に妥当な救済が図られることになる。ここで、当時の大法官はほとんどが聖職者特に司教であり、彼等はローマ法やカノン法を学んでいた[62]ことが想起される。一方、請願裁判所における適用法が、原則としてローマ法であったことは、ほぼ通説といってよい。加えて、当時の時代背景からすると、宗教改革の影響で国王の庇護を強調する傾向があったが、そこでは、「良心」よりも、むしろ「国父」的発想のほうが、好都合ではなかったであろうか。こうしてみると、エクイティの

56　第1部　少年法制の誕生

良心概念から独自にパレンス・パトリエ思想が突然発生したと考えるのは、いささか無理があるのではないかと思われる。

　もちろん、これらの事情はあくまで状況証拠にすぎない。ただ、直接証拠を発見するのは、実際にはなかなか困難である。13世紀には、決定を導くための理由には価値が認められず、決定そのものだけが記録されている。イヤー・ブックへの記録がなされるようになってからも、15世紀に印刷術が普及するまでは、統一した事件記録が行き渡らないため、現代の先例拘束原則は発達できなかった[63]。ヘンリー6世（1422 – 1461）の治世からは、ようやく訴状（bill）に裏書きされた大法官の判断が見えるのみである。

5. おわりに

　コモンローが大陸法の影響を受けてきたことについては、濃淡の違いはあるが大方の学説が一致している。特に16世紀におけるエクイティには、大陸法の影響が著しかったとされる。そして、同時期エクイティ裁判所に登場したパレンス・パトリエ思想は、イングリッシュ・サイドにも拘わらず、その表記がラテン語でなされていること等からも、かえってローマ法原理の借用であることを強く推察させるものである。

　わが国におけるパレンスパトリエ思想の紹介は、ともすればエクイティ上の文脈であることを離れて独立に論じられることも少なくないが、それはあくまでエクイティの掌中に位置づけられる概念として理解されなければならない。そして、エクイティはそもそもコモンローの硬直性を緩和するものとして機能したが、それはしばしばローマ法における名誉法（ius honorarium）と対比されている。16世紀までにローマ法を学んだ大法官達は、当然ながら、名誉法の役割や意義についても熟知していたことであろう。

　イングランドに起源が求められるパレンス・パトリエは、しかし、現代イギリスの少年司法において議論の対象になることは少なく、またほと

んど文献にも登場しない。パレンス・パトリエについて言及するのは、主にアメリカと、わが国などその議論の影響を受けた国々なのである。たしかに、少年法制の嚆矢となった1908年児童法は、犯罪少年のみならず、いわゆる要保護児童をも対象としていたし[64]、1969年児童年少者法は、福祉モデルの一つの到達点であったともいえる。その意味で、この頃までは、あるいはパレンス・パトリエを指導理念として掲げることは可能であったかも知れない。しかし、既に見たように、イングランドにおけるパレンス・パトリエは、あくまで民事衡平法上の概念である一方、非行少年を取り扱う法はコモンローであった。1873年の最高司法裁判所法以後も、実体法的にはコモンローとエクイティの区別はいぜん維持されているのである。救貧法から発達してきたイングランドの少年法制は、刑事コモンローの系譜であり、そこにおける理念は、初期の博愛から1969年法の福祉へと移ってきたように思われる。そして、1980年代以降のイギリス少年司法の流れは、とりわけ、1989年児童法、1991年刑事裁判法によって司法と福祉の分化を決定的なものとし、この流れは基本的に現在まで続いているといってよい。イギリスにおいて、あくまで刑事裁判として行われる少年司法手続の文脈の中で、パレンス・パトリエが正面から論じられることはこれまで困難であったし、これからもおそらく期待できないだろう。刑事管轄を含む少年事件や少年処遇、特に重大犯罪までをパレンス・パトリエで説明するためには、大西洋を越えて、19世紀の新大陸に渡る必要があったのである。

注

1） 同年7月1日に「最初の」少年裁判所がクック・カウンティのシカゴに創設されている。わが国では、世界で最初の少年裁判所制度をこのイリノイ州に求める解釈が通説であるが、オーストラリアのサウス・オーストラリア州では、既に1890年には政令によって「児童裁判所」が導入されており、1895年には州法となっている。また、イングランドにおいても、1908年児童法以前の19世紀末までに、マンチェスターやバーミンガム等のいくつかの都市では、独立した少年裁判所が機能し始めていた。なるほどアメリカの文献では、「最初の」少年裁判所として言及さ

58　第1部　少年法制の誕生

れることが多いが、これをわが国の研究者が「世界で最初」として紹介してきた可能性がある。ただ、この程度の時間の先後を云々することにはあまり意味がない。オーストラリアの研究者も、アメリカ・モデルの影響、特に児童救済運動のレトリックに依拠したことを認めている。むしろアメリカにおける少年裁判所着想の意義は、不良行為から重大犯罪まで、少年事件に対する管轄を、パレンス・パトリエによって一括してしまったことにある。つまりこの制度は、イングランド・エクイティのパレンス・パトリエが本来想定していなかった、重罪を含む非行行為者としての少年を管轄するという、刑事法的側面を有していたのである。N.K.Teeters and J.O.Reinemann, *The Challenge of Delinquency*, Prentice-Hall, Inc., 1961, p.285. C.Cunneen and R.White, *Juvenile Justice An Australian Perspective*, Oxford University Press, 1995, pp.18-20.

2） P.Cox and H.Shore., 'Re-inventing the Juvenile Delinquent in Britain and Europe 1650-1950'in P.Cox and H.Shore. ed., *Becoming Delinquent: British and European Youth*, 1650-1950, Ashgate, 2002, p.1. においても、比較法研究に対して史的研究は少ないが、あったとしても20世紀中、それもしばしば第二次大戦後における主立った発達の短い概観となる傾向が指摘されている。少年裁判所創設からまだ百年あまりなのであり、もっと長いスパンでの研究が求められるだろう。

3） J.Junger-Tas, 'The Juvenile Justice System: Past and Present Trends in Western Society'in I.Weijers and A. Duff（ed.）, *Punishing Juveniles*, Hart Pub., 2002, p.24. によれば、1552年には、ロンドンに孤児、捨て子、遺棄された子ども達のための、400名収容の「キリスト・ホスピタル」施設が設立されている。

4） 少年の刑事責任に関してローマ法が英米法に与えた影響等については、木村裕三『イギリスの少年司法制度』23－27頁（成文堂、1997）。

5） Cox and Shore, op.cit., p.11. によれば、ヨーロッパにおける犯罪少年を含む無秩序な若者を扱う特別施設の歴史は、少なくとも15世紀にまで遡るという。また、森下忠『刑事政策大綱〔新版第二版〕』（成文堂、1996）50－51頁によれば、既に1603年のアムステルダムにおける不良子女のための施設や、1703年のローマにおけるサン・ミケーレ少年矯正施設等が存在した。

6） Teeters and Reinemann, op.cit., pp.280-281.

7） 宮原三男『少年法』（弘文堂、1961）63－68頁によれば、アメリカにおいても、以下のような三説の対立があるが、①説が通説とされている。すなわち、①衡平法起源（Chancery Origin）説、②刑事法起源（Criminal Origin）説、③制定法裁判所説、である。①説はパレンス・パトリエ思想を重視するものであるのに対し、②説は、エクイテイよりむしろコモンローを重視する。③説は、少年裁判所は制定法の認めた新しい構想の裁判所であり単一の根拠によって説明できない、とする。大法官府裁判所におけるパレンスパトリエは、放任又は遺棄された少年等を対象としており、アメリカ少年裁判所制度が非行少年だけでなく、これらの少年も管轄としていることが②説だけでは説明できない一方、非行少年管轄は①説からの説明は困難で、③説には合理性がある。なお、平場安治『少年法（新版）』

第3章　パレンス・パトリエ思想の淵源　59

（有斐閣、1987）13頁も、①説に懐疑的である。

8）　徳岡秀雄『少年司法政策の社会学』79頁（東京大学出版会、1993）。

9）　田中和夫『英米法概説〔再訂版〕』252 - 253頁（有斐閣、1981）。

10）　J.Martin & C.Turner, *The English Legal System*, Hsdder & Stougton,2001, p.4.

11）　田中・前掲注10）・258 - 260頁。

12）　W.Geldart（Revised by Sir D.Yardley）, *Introduction to English Law*, Oxford University Press,1995, p.23.

13）　田中・前掲注10）・254頁は、星室裁判所の廃止によって刑事衡平法も消滅したとするが、実体的刑事衡平法は、その後も実質的にコモンロー裁判所において考慮されているものと思われる。

14）　R.Hogue, *Origins of the Common Law*, Liberty Fund, 1966, p.180. また、早川武夫『法律英語の基礎知識』175頁（商事法務研究会、1992）。

15）　木田義雄『英国比較法研究』113 - 144頁（勁草書房、1960）、柳本正春『米・英における少年法制の変遷』7 - 8頁（成文堂、1995）等をもとに構成した。

16）　イングランド法におけるローマ法影響の問題については、これまで既に数多くの研究が行われている（木田・前掲書・122 - 123頁参照）。

17）　紀元前1世紀から5世紀初頭までのいわゆるローマン・ブリテン時代におけるローマ法の影響については、その後侵入したアングロ・サクソン民族のゲルマン法的法慣習に殆ど影響を与えなかったとされている（木田・前掲書・121頁）。

18）　田中和夫『英米法の基礎』149頁（寧楽書房、1947）。

19）　メイトランドは、特に16世紀におけるローマ法の影響に関して、「イングランド法とルネサンス」と題する有名なリード講演で、このインズ・オブ・コートの果たした役割を論じている。なお、メイトランドの所説については、ホウルズワースやソーンらによって批判が加えられているが、これに関して、小山貞夫「『イングランド法とルネサンス』考―イングランドにおけるローマ法継受の可能性とコモン・ローの近代化―」『絶対王政期イングランド法制史抄説』（創文社、1992）33頁以下参照。また、ケンブリッジ大学におけるメイトランドのエクイティ講義の翻訳として、トラスト60・エクイティ研究会訳『エクイティ』（有斐閣、1991）がある。

20）　刑事法に関しては、星室裁判所を通じてローマ法の影響があり、刑事衡平法が発達した。大法官のラテン・サイド管轄権は、ゲルダートによると（Geldart,op.cit., pp.22-23.）、16世紀から17世紀初頭にかけて星室裁判所において処理されていくことになった。なお、海事法、商事法の分野にもローマ法の影響があったとされる。

21）　J.Martinez-Torron, *Anglo-American Law and Canon Law -Canonical Roots of the Common Law Tradition*, Duncker & Humblo, 1998, p.56.

22）　Martínez-Torrón, op.cit., p.55. これによれば、当初からエクイティ裁判所として認識されていたわけではない。ただ、「衡平（equity）」という言葉じたいは、13世紀末頃からローマ法の「イクイタス（aequitas）」から学んで使用されていたようである注23）参照）。

23）高柳賢三『英米法の基礎』186頁（有斐閣、1954）。

24）H.Coing, 'English Equity and the *denunciatio evangelica* of the Canon Law', in *Gesammelte Aufsaetze zu Rechtsgeschichte, Rechtsphilosophie und Zivilrecht 1947-1975 Band 1*, Vittorio Klostermann, 1995, p.159.

25）徳岡・前掲注9）・78頁。

26）柳本正春『米・英における少年法制の変遷』8頁（成文堂、1995）。

27）徳岡・前掲注9）・78頁。

28）高柳・前掲注23）・272頁。

29）高柳・前掲注23）・200頁。

30）徳岡・前掲注9）・79－82頁。

31）同事件に関する最近の論稿として、渡辺則芳「少年保護手続きにおけるパレンス・パトリエ再考—シャフツベリー判決を参考として—」早稲田法学第78巻第三号（2003）がある。

32）田中英夫『英米法総論 上』97頁（東京大学出版会、1980）。

33）徳岡・前掲注9）・81頁。

34）柳本・前掲注27）・8頁。

35）徳岡・前掲注9）・77頁。

36）小山貞夫「請願裁判所素描—絶対王政期イングランドにおける『貧者のための裁判所』—」『絶対王政期イングランド法制史抄説』194頁（創文社、1992）。

37）J・ベイカー（小山貞夫訳）『イングランド法制史概説』94頁（創文社、1975）。

38）1483年の史料では、請願評議会（Council of Requests）という名称であり、請願裁判所（Court of Requests）の名称は1529年1月に初めて史料上確認できるという。その起源については、リーダ等1493年とする説もある（小山・前掲注37）・107－117頁）。

39）小山・前掲注37）・134頁以下参照。

40）J・ベイカー・前掲注38）・93頁によれば、ヘンリー8世の治世時代の後は、法学博士はほとんど常にローマ法博士であった。

41）J・ベイカー・前掲注38）・88頁。ただ、そこで適用されるローマ法は、古代ローマ法ではなく、いわゆる万民法（ius gentium）であった（同書92頁）。

42）J・ベイカー・前掲注38）・94頁。そうだとすると、パレンス・パトリエはフランス経由で導入された可能性も否定できないが、なお推測の域をでない。

43）小山・前掲注37）・193頁。

44）小山・前掲注37）・197頁。

45）田中和・前掲注19）・153－154頁。

46）Cox and Shore, op.cit., p.7. 1580年には、ロンドン市評議会が不良行為児童を相続から除外する命令を制定している。

47）柳本・前掲注27）・9頁。

48）Cox and Shore, op.cit., p.11.

49）P.Griffiths, 'Juvenile Delinquency in Time'in P.Cox and H.Shore. ed., *Becoming*

Delinquent : British and European Youth, 1650-1950, Ashgate, 2002, p.27.

50）Weijers and Duff（ed.）, op.cit., p.26.

51）Griffiths, op.cit., p.27.

52）田中和・前掲注19）・154頁。

53）Junger-Tas, op.cit., p.24.

54）Griffiths, op.cit., p.27.

55）木村・前掲注4）・4頁。

56）これ以降の具体的且つ詳細な展開については、三田地宣子「イギリスにおける児童保護立法の展開」田中英夫編『英米法の諸相』389頁以下参照（東京大学出版会、1980）。

57）Weijers and Duff（ed.）, op.cit., p.26.

58）柳本・前掲注27）・9頁。

59）木村・前掲注4）・9頁。

60）小山・前掲注20）・36－37頁。

61）田中和・前掲注19）・148－149頁。

62）Martinez-Torron によれば、1330年から1515年のあいだ、少なくとも15人の大法官がカノン法又はローマ法を学んでいた。

63）Hogue, op.cit., p.181.

64）Cunneen and White, op.cit.,p.19.

第2部

非行少年処遇法としての少年法

第4章　少年非行と少年法

1. はじめに

　少年によるとされる凶悪事件が世間の耳目を集めるたびに、新聞、週刊誌その他のメディアを中心に現行少年法の不備が指摘され、その改正の必要性が声高に主張される。曰く、「少年法は少年に甘すぎる」と。

　一方、少年法や少年問題に造詣の深い実務家や研究者は、こうした世論の一種感情的な主張に直面するたび、「またか。また例のごとく誤った前提に基づいて論を立て、しかも少年法の理念というものを全く理解していないではないか」と、悲しみとも憤りともつかぬ複雑な気持ちを抱き、ある者は「どうせ彼らに分からせようとしても無駄だ。大学できちんと少年法というものを勉強してもらうしかない」と考え、ある者は、このままではいけないと論文や著作を発表して民衆の啓蒙に努める。しかし、前者について言えば、法学部に少年法の講座を置く大学は極めて少なく、少年法の理念につき学ぶ機会は限られているうえ、まして大学に学ぶ機会のない者にとっては少年法の理解など望むべくもない。そこで後者の重要性が指摘されることになる。だが、その成果は充分なものであろうか。勿論これらの啓蒙活動は、多くの理性ある人々を覚醒させ、彼らに少年法の正しい理解をもたらしているであろうことを否定するものではない。しかし、このような、良識ある出版社の意義深い企画、少年法にたずさわる実務家・研究者の情熱的な執筆や講演活動、そして子どもの権利に関するNGO等の諸活動にも拘わらず、いまだ世論に深く浸透しているある種の感情を克服しきれているとは言い難い状況であると筆者には思われるのである。

昔から少年の凶悪犯罪が起こるたびに、多くの専門家は少年法の理念を説き、少年を厳罰に処することが何の解決にもならないことを繰り返し論じてきたはずである。それにもかかわらず、メディアを中心に形成される世論という鵺を、結局のところ説得しきれないできたという現実がある。これはなぜなのか。これを、すべて世論側の少年法に対する無理解に基づくものと片付けてしまってよいのだろうか。なぜ、このような懸隔が専門家と世論との間にいつも生じており、それがいっこうに縮まらないのはどうしてなのか。このような懸隔を前にして専門家は、自分たちの正当な主張が聞き入れられないのであれば、「相手が間違っているのだ」からと、その現実に対する手当を考えなくてもよいのだろうか。

　実は世論の側にも充分な理由があり、しかもそれが感情論だけにとどまらず、法律家を中心とした論議に欠落しがちな犯罪原因理論の支援を受けうるものであること、専門家の側にも、刑事政策に対する理解が不十分な面もあること、が指摘されはしないだろうか。法律家は世論のありようを、とかくゾレンの問題として捉えがちであるが、世論は正邪の問題以前にザインとしてそこにあり、むしろ存在している邪たる（？）世論を、どう取り扱うか、これを正視したうえで、どうシステムの中で処理するかが重要であると思われる。

　そこで、本章では、そのようなシステムを考えるための準備作業として、まず世論形成に大きな影響を与える非行の現状を、一次資料を確認しつつも、屋上屋を架すことを避け、むしろ専門家の分析を通じて把握したうえ、少年法の目的を非行現象との関係で考え、更に非行抑止に対する少年法の機能につき検討してみることとする。

2.　少年非行の現状認識

　少年非行の現状をどう理解するかは、なかなか難しい問題である。というのも、客観的な事実はひとつであるはずにも拘わらず、どういった指標を重視するか、またそれをどう評価するかに分析者の主観が多分に入り込

んでくるからである。もともと、ある統計が示されるときは、示す者はそれによって自らの立場の正当性を立証しようとするので、都合の良い統計を全面に押し出し、都合の悪い統計については目を塞ぐことが多いということは、一般によく知られている。そこでここでは、何かを立証するためにではなく、生の少年非行の現実をできるだけ客観視するために（勿論暗数の問題もあり、おのずから限界はあるが）、すでに公表された対立する二つの見解を素材にして、考察してみたい。

まず、少年非行の現状は憂慮すべき状況にはない、とする見解がある。これはとりわけ、マスメディアを中心とした世論側から主張される少年法改正の必要論に対する反論として展開されることが多い。この見解は概ね、主要刑法犯は減少ないし安定傾向であり、特に指摘される凶悪犯の増加も、少年法制定当時の状況から比較すると、検挙人員・人口比ともに減少傾向にあり、低い水準を維持している、とするものである[1]。これに対し、全く逆に少年非行は深刻化の様相を呈しており、極めて憂慮すべき情勢にある、とする見解が一方では存在している。これによれば、刑法犯少年の補導人員、刑法犯総検挙人員に占める少年の割合、刑法犯少年の人口比はいずれも増加しており、とりわけ強盗の補導人員は1996年には26年ぶりに1,000人の大台を超え、1,082人[2]に達したとされるなど、少年非行の凶悪化が強調されている[3]。

少年非行の現状について、このように全く反対の評価が導き出されているのはなぜなのだろうか。両者はそれぞれ正しい核心を含んでいながら、それぞれに強調しているところが異なるのである。まず前者の特徴は、非行一般については戦後3番目のピークと言われる1983年頃以降の減少傾向を特に強調しているのに、凶悪犯については少年法制定時以来の減少傾向を強調していることである。そして特に最近の1992年以降の、非行一般、凶悪犯双方に共通する上昇傾向については、いくぶん軽視しているきらいがある。もっとも警察庁の統計が交通関係業過を除く刑法犯を基礎として整備されたのは1966年以降であるから、それまでの統計を考慮しないことにはある程度理由があるが、それでもそれ以降の高原状態や、第3の

ピークに至る上昇傾向も視野に入れたうえで長期的傾向を把握する必要があるかもしれない。逆に1965年までの非行一般は交通関係業過を含んでいながら、それを含まない1983年のピーク以降より人口比、検挙人員ともに少ないのであるから、1946年以降の少年非行一般は、増減を繰り返しながらも漸次増加の傾向にあるとの評価も可能なのである[4]。

一方後者の特徴は、非行一般における戦後第三のピーク以降の減少傾向を軽視しながら[5]、1992年以降の増加傾向を特に重視してそれを戦後第4の上昇期に入ったと評価しつつ[6]、凶悪犯については1948年以降のほぼ一貫した減少傾向をあえて強調しないで、これも1992年以降の増加傾向を強調する構図を描いていることである。非行一般についてはともかく、少なくとも量的には、昭和20年代、30年代における凶悪犯の状況をオミットして、最近の凶悪化を特に指摘することはできない。

以上のことから、一応次のようには言えるであろうか。主要刑法犯の人口比は、1996年で13.4人と、既に戦後第2のピークとされる1964年の12人を上回っており、特に1992年以降の上昇傾向は確かに指摘できることからも、非行一般については増加傾向がある[7]。凶悪犯については1988年あたりからの増加を指摘できるが、1950年頃の状況にはまだ及ぶべくもなく、現時点では、少なくとも量的にはかつてと比べて少年犯罪は凶悪化していない、と。むしろ凶悪化については、質的側面からの考察に意義があると思われるが、これについては別の機会に譲りたい。いずれにせよ、このような少年非行の現状把握は、真実からずれて深刻さを強調すれば、それを評価する大人とその対象となる少年との間に一層の懸隔を生じさせることとなるし、逆に真実からずれてあまりに楽観視すれば、本当に取り組まれるべき問題を放置してしまうことにもなるので、正に虚心に行われなければならないことは、今更言うまでもない。

なお、最近の傾向として、後者の立場から覚せい剤事犯、特に女子高校生による乱用の増加が指摘されているが[8]、これについては特に前者の側から現状認識に対する批判はおこなわれていないようである。

さて、以上のような非行現象を前にして、少年法はどのような態度をと

るべきであろうか。章を改めて検討してみたい。

3. 非行現象と少年法の目的

　前野教授は、最近少年非行の動向と少年司法の動向について論じられ、「これは、両者が関連していると考えるからにほかならない。両者の関連は非常に複雑である。少年司法の動向は、少年非行の動向から影響を受けるのは当然である[9]。」とされている。このように、少年司法と少年非行との間に、なんらかの関係を認める考え方は、かなり一般的であるように思われる[10]。しかし、実は「少年法の目的」そのものは、少年非行の動向には関心がないとも考えられるのである。つまり、わが少年法は、その第一条で（この法律の目的）という見出しを掲げ、「この法律は、少年の健全な育成を期し、非行のある少年に対して性格の矯正及び環境の調整に関する保護処分を行うとともに、少年及び少年の福祉を害する成人の刑事事件について特別の措置を講ずることを目的とする。」と規定している。ここには、刑事訴訟法第一条に見られるような「公共の福祉の維持」や「事案の真相を明らかにし」、といったような文言は入れられていない。保護処分は刑罰とは異なり犯罪抑止を直接の目的としておらず、少年法は少年に非行があった後に、どう「その」少年の立ち直りを図るかにのみ関心を注いでいるといってよい。少年法が非行の抑止を目的とする法律でないことは多くの専門家によって指摘されているところであり、少年法が非行の抑止を目的とする法律であることを前提にしてその目的が果たされていないという趣旨からする改正論の誤りが、しばしば説かれている[11]。こうした見解は確かに正鵠を射ており、現行少年法は、犯罪の制圧を直接の目的とするという意味での刑事政策から、決別を果たしているとさえ言えるのである。

　しかし、問題はもっとその先にある。この思考を押し進めていくと、非行現象は少年法のありようとは全く関係がない、という理解に帰着することになる。たとえば浅川道雄氏は、「前提としては少年の非行が凶悪化す

るとか、あるいは激増するとか、それが事実であったとしても、そんなものは少年法の問題ではないんです[12]」とされるのである。

　しかし、犯罪抑止が少年法の目的ではないとしても、社会に生起する現実の犯罪と少年法とが、全く関係を持たないとまで言い切ってよいのだろうか。誤解のないようにあらかじめ断っておくが、筆者は少年法第一条に掲げられた少年法の目的を決して軽視しているわけではない。ただ目的と現実に果たしている（あるいは、果たさせられている）機能（これについては次章で述べる）とは異なり、この現実に果たしている機能を、「あってはならないもの」として考慮の対象外とすると、かえって守るべき目的が、この「あってはならないもの」の侵襲を受けてしまうことがあることを畏れているのである[13]。たとえば、「現在の日本の非行状況は、アメリカなどに比べ深刻な状況にはなく、大部分の軽微な非行について、現行少年法はよく機能している」ということが言われることがある。このような言説は、実は少年法の目的だけからすれば意味のないことを述べているにすぎないことになる。少年法は現実の非行現象とは全く無関係に存在しており、たとえ日本の状況がアメリカのようになろうとも、あるいは世界一の少年犯罪発生国になろうとも、少年法はあくまで非行抑止効を考慮する必要はないということでなければならないからである。また、このようなことを述べる者は、一見少年法改正に反対しているように見えるが、非行現象との関係で法制度のありようを考える論理であるから、わが国の実際の非行が深刻になれば、それに引きずられて法制度を変える方向に通じる可能性があり、誤っているということになる。

　こうなると、あらゆる少年法の研究も、一切非行現実を参照する必要もなく、いや、してはならず、ひたすら法解釈論に精通すればそれでよい、ということになる。少年非行の増加や凶悪化を根拠に少年法改正を唱える人々に対しても、そもそも「少年非行は減っている」とか「少年非行は凶悪化していない」ということを論じる必要はなく、いや論じてはならず（論じると、もし、本当に少年非行が増加していたり凶悪化していたら、ではどうするのかという問いに直面せざるを得ない）、「少年非行と少年法改正論は

70　第2部　非行少年処遇法としての少年法

何の関係もない」とだけ言えばよいのである。

　しかし、それにも拘わらず多くの専門家が、少年による耳目を集める凶悪犯罪が起こり、その結果例によって厳罰を求める改正論がやかましく行われるときに、現実の非行状況に言及して反論するのはなぜなのか。彼らが現実の非行状況を顧慮するのは、少年法の目的だけを貫き難いばあいのあること、つまり、非行抑止に対して少年法が機能するばあいのあることを、はっきり意識するとしないとに拘わらず、どこかで認めていることの証左ではなかろうか[14]。そこで、次には、少年法が、目的とはしていないが、果たさざるをえない、または現実に果たしている機能の側面を考察してみたい。

4. 非行抑止に対する少年法の機能

　浅川氏は、前章の引用箇所の同じところで、次のようにも述べておられる[15]。「つまり少年法がどういじられようと、少年の非行の数とか、少年の非行の質は変わるわけがない。少年法というのは起こったことに対してどう受け止めるかという対処の法なので、そういう意味では刑事訴訟法がどうこうだから犯罪が増えるとか減るとかいう問題でないのと同じに、裁判所は結果として起こったケースを引き受けて、それをどう処理するかという側です。」

　このうち、「少年法というのは起こったことに対してどう受け止めるかという対処の法」であるという部分については、少年法の目的という視点からは異論がない。しかし、その余の部分については、犯罪学と規範学の両方の知見からは、少しの検討が必要となる。

　まず、「少年法がどういじられようと、少年の非行の数とか、少年の非行の質は変わるわけがない」とされるのであるが[16]、本当にそう言い切れるだろうか。この見解は、おそらく「少年法が甘いから少年犯罪が増える（または凶悪化する）のだ。もっと少年法を厳しくすべきだ」とする、世間一般で行われている改正論を諫めるためのものと思われるが、この論点に

第4章　少年非行と少年法　71

ついては、世論側にも全く理がないわけではない。ことは犯罪原因論に関わってくるのであるが、たとえば社会統制理論は、誰にでもある逸脱への動機を押さえている拘束が、ある条件下で弱まるがゆえに非行・犯罪行動が生じるものと考えるのであり、法が厳しい罰を与えることが宣言され、社会的統制が強まれば、非行が減少するという可能性は、理論的には十分考えられる。しかも、統制理論は、仮説の粋を出ない多くの他の原因理論と異なり、各種の自己申告調査法によってかなりの程度証明されており、少なくとも軽微なタイプの少年非行については有効と考えられているのである[17]。また、非行中和技術理論は、少年が自己の不適切な行動を合理化することができるばあいにのみ、犯罪が生じるとするが、少年法が成人に比較して少年に甘い、ということになると、少年は自己の行為が許されているかのごとく錯覚し、中和の技術を用いて合理化を行いやすくなる。ときおり、凶悪犯罪を行った少年ですら、「少年だから罪が軽いと思ってやった」と述べた旨報道されることがあるが、もしこれが本当だとすれば、厳しくすることで、やった行為があくまで許されないものであることを明確にできる、ということは言えるのである。

　次に、これと関連するが、少年法との比較において、「刑事訴訟法がどうこうだから犯罪が増えるとか減るとかいう問題でないのと同じ」とされる部分も、規範学の点から疑問なしとしない。まず、少年法は手続法でもあるが、実体法でもあるという点が重要である。この点刑事訴訟法と単純には比較できない。刑事訴訟法のばあいは、刑法（広義）の各法条に記載されている実体法的内容が、刑事訴訟法の規定により変化するわけではない。たとえば刑法199条の刑罰「死刑又は無期若しくは五年以上の懲役」が、刑事訴訟法の規定によって別の刑に変わるということはありえない。これに対し少年法というのは、刑法（広義）の各法条に定められた罪刑のうち、罪の成立については成人刑法を適用しつつも[18]、その法効果である刑を、原則として全ての罪について非刑罰化し、保護処分をもって換えることとしているのである。つまり、刑事訴訟法は裁判規範であるが、少年法は裁判規範であると同時に、刑法と一体となって行為規範として機能す

る側面もあるということになる。刑法で禁じられている行為であること知っている少年は、通常は、同時に自分が少年であることにより緩やかに取り扱われることをも知っており、彼の行動様式に一定の影響を与えていると見るのがむしろ自然である。

　勿論、刑罰の抑止力でさえその効果には疑いがもたれているところであるのに[19]、保護処分の非行抑止力を積極的に認め、これを高めるために害悪度の強い処分（または刑罰）を賦課することを少年法に求めることは、少なくとも現行少年法の目的とは相容れない。また少年法の非行抑止効は、非行のあった少年の個別の立ち直りを通して、間接的に社会の安全に寄与することを本則とすべきことも当然である[20]。しかし理論的には、少年法はその実体法規範としての一般予防機能を、成人に比して減殺された形ではあるが有しており、この点現実の非行現象との関係を全く無視してしまうことはできないのである。ただ、現行少年法の立場では、少年法の目的の範囲内でおのずから発生している一般予防効果を考慮できるというにすぎない。たしかに世論はこの機能に過大な期待をかけて少年法の厳罰化を求めがちである。しかし、この機能を全く顧慮しないのも少年非行から游離した少年法のあり方を認めようとする極端な考え方である。それは、非行原因の根元に取り組むという最も基本的な姿勢を放棄することに繋がりかねないばかりか、現実に有効な法政策をうち出していこうとする際の出発点を見誤るものとなりかねない。

5.　おわりに

　世間一般でおこなわれている少年法改正論の問題点のひとつは、少年法の目的を超えた非行抑止効果、すなわち保護処分を超える一般予防効果を、「少年法に対して」求めていることにある。彼らは、凶悪犯を抑止するには厳しい制裁が必要だという。しかし、実は、凶悪犯罪に対して厳罰による抑止効果の乏しいことは、多くの専門家によって指摘され続けてきたことである[21]。それにも拘わらず、なぜ世間ではこのような厳罰化論が

しきりに主張されるのだろうか。そして一方、そうした厳罰化論に対し、専門家は、「制裁と威迫では少年を救えない」とか「厳罰は少年にとって何の解決にもならない」といった趣旨のことを繰り返し述べるばかりである。しかし問題は、厳罰化論者の主張は、「少年を救う」とか「少年にとっての解決」などをもともと考慮していないのだということに気がつけるかどうかである。つまり、厳罰化論者の主張は少年法の要請する理念や目的とはもともと無縁のところにあるのに、専門家はこれをなんとか少年法の枠組みのなかで説明しようとしがちなのである。それは逆に、非行前の少年に対しては厳罰による抑止を、非行後の少年に対しては厳罰による応報を主張し、もって社会の安全を確保しようという要請なのである。

このような国民の応報感情ともいうべき怪物を、存在しているにも拘わらず無視していれば、少年法にその重荷がのしかかってくることになり、たとえば今回見たような、少年法固有の一般予防機能を超える一般予防機能を期待されることになってしまうのである。

応報感情ないし被害感情を克服・解消するためのシステム、たとえば英米における被害賠償命令やドイツのTOAモデル等を参考にしつつ、被害者をどうシステムのなかでケアしていくのかが、今後ひとつの鍵になり得るような気がしてならない。少年非行の現状から生み出される抑止力の要求や応報感情を、いかに少年法そのものに波及させないようにするかという工夫が重要なのである。

注
1） 斉藤豊治「一四歳の犯罪と少年法」法律時報69巻10号2頁、津田玄児「少年法『改正』の前提を問う」法学セミナー514号8頁、前野育三「少年非行と少年司法の動向」法と政治48巻1号123頁、日本民主法律家協会「特集・少年事件と少年法の今日的意義　―少年と社会の健全な発展のために―」法と民主主義322号4－5頁、斉藤義房「警察庁『少年非行総合対策推進要綱』の内容と問題点」法学セミナー517号75頁、等がある。
2） 警察庁「少年非行の概要」（1997）によると、1997年には1,537人を記録している。
3） 渡辺康弘「深刻化する少年非行問題等の現状と対策（1）」警察学論集50巻7号2

頁以下、勝浦敏行「『少年非行総合対策推進要綱』の制定について」警察学論集50巻9号38頁以下、長島祐「日本国憲法施行50年の犯罪動向と刑事司法」罪と罰35巻1号16頁、等がある。

4）平成9年版犯罪白書113頁以下参照。尚、斉藤義房・前掲論文75頁は、家裁の新規受理人員を基準にしておられるが、非行はスクリーニングされるので、検挙人員を基準にする（但し注7）参照）のが、刑事政策における方法論としては一般的である（藤本哲也『刑事政策概論〔全訂第2版〕』22頁〔青林書院、1997〕参照）。

5）渡辺・前掲論文3頁は、この時期の減少傾向は、少年人口自体の減少によるところが大きいとする。しかし、人口比を見れば減少傾向は明らかである。

6）渡辺・前掲論文4頁は、「人口比四年連続増加傾向」という現象は、戦後三つのピークに向けての上昇期にしか見られなかったものであるとしている。

7）ただし、前野・前掲論文115頁が特に戦後第3の波に関して指摘しているように、とりわけ補導人員などは警察がどれだけ熱心に活動するかにも大きくかかってくるので、真に非行が増加しているのかについては依然明らかとは言えない。

8）渡辺・前掲論文7頁によれば、1982年の検挙人員2,769人をピークに減少していたが、1994年からは上昇傾向にある。1997年には既に1,500人を突破している。

9）前野・前掲論文147頁。

10）ただし、少年司法は少年法に尽きるものではない。かつて私は、とりわけ児童福祉法との協働が重要で、両者の機能分配による二元主義政策を主張したことがあるが、ここでは少年法の問題に限定して論じる。See N. Yoshinaka, Historical Analysis of the Juvenile Justice System in Japan, *The Hiroshima Law Journal*, Vol.20 No.3. 1997.

11）津田・前掲論文9頁等。

12）日本民主法律家協会・前掲特集「座談会・少年事件の背景と現代社会」20頁。

13）これに関連して、私はこれまで、このようないわば「刑罰の亡霊」についてしばしば指摘してきた。特に、拙稿「フランスの少年保護観察制度—保護観察の形態に関する研究序説（3）・（完）—」一橋研究20巻1号68頁、本書第6章を参照されたい。

14）現実味のない話をしよう。もし、ある少年が一人を殺したとされている場合、犯行の態様にもよるが、彼を少年法の保護手続で処遇すること（逆送決定は含まず一以下同じ）に、多くの者に異論はないだろう。では、彼が100人を殺したとされる場合はどうか。それでも少年法の専門家であれば、彼を保護手続にのせて処遇することを支持するかも知れない。100人も殺すような少年だからこそ刑罰は意味がないのだ、と言うかもしれない。では、彼が1,000人を殺したとされていたらどうか（サリン事件などを想起するとまんざら現実味がないとは言えないかも知れないが）。もし、この1,000人を殺したとされる少年を保護手続で処遇すると言うのであれば、もはやそれは宗教のレベルであると言わざるを得ない。これを社会制度とするのは到底納得の得られることではない。それでも彼を保護手続にのせ（勿論保護手続そのものの福祉的効果の重要性は銘記されるべきである）、保護

処分に付すとしても、処遇決定の段階で、1,000人殺した少年に対する国民感情の影響が皆無となることがありえるだろうか。この存在している国民感情から目をそむける（あるいはあってはならないものと無視する）ことは、本来処罰要求とは無縁に決定されるべき処遇選択が、このいわば不純因子の影響を受け、ゆがめられたものになることを意味する。目をそむけるのではなく、これを少年の福祉に反しないようにどう処理するか、こそが少年刑事政策の重要課題なのである（なお注10）参照）。

15) 日本民主法律家協会・前掲特集「座談会・少年事件の背景と現代社会」20頁。

16) 斉藤豊治・前掲論文3頁も、「法律や司法制度に犯罪の原因をみるのは、犯罪原因論としては転倒した見方である。」とされている。このような見解は、伝統的な緊張理論に立つものとして一応理解できるのであるが、ネトラーやコーンハウザー等によって指摘されてきた、緊張理論に対する理論的かつ実証的な問題点はしばらく置くとしても、現代犯罪学の水平において、統制理論の契機を全く欠いた立論は、少なくともフェアとは言えないように思われる。一般的に言えば、法律家を中心とした論議には暗黙のうちに緊張理論的犯罪観が前提とされており、そこでは、同様に犯罪学の重要な立場である、アノミー論や社会統制理論、あるいは超自我の機能に関する精神分析学派（とりわけアイヒホルンの潜在的非行性の理論）の知見は、あたかも存在しないかのようである。

17) 後藤弘子『少年犯罪と少年法』43、44頁（明石書店、1997）において、伊藤芳朗弁護士は、重大犯罪に対する教育と、軽微犯罪に対する懲罰を二元的に使い分けることに言及しておられるが、これは正に社会統制理論の考え方に近いものであり、実務を通じて得られた含蓄ある見解である。そのほか、氏の見解には、少年審判におけるミーディエイションを示唆されるところなどに、非常に優れた提言もあり、私見と軌を一にするところも少なくない。

18) 私はかねてより、法効果の過程だけでなく、罪の成立過程についても、少年にとって独自の実体的概念が必要であると考えているが、詳細は、本書第10章参照。

19) 森下忠『刑事政策大綱〔新版第二版〕』33頁（成文堂、1996）。

20) 津田・前掲論文10頁。

21) 津田・前掲論文9頁等。

第5章　非行少年処遇における保護処分の意義

1. はじめに

　少年法研究の領域において、保護処分の意義というテーマは必ずしも一般的ではないかもしれない。確かに、かつての少年法改正論議の一つとしてあった保護処分の多様化や弾力化の主張は、とりわけ社会防衛の必要性を考慮して、少年保護における福祉機能を保護処分に限定するという考え方と結びついており、試験観察や観護措置等の中間処分の役割を含む家庭裁判所の福祉的機能をともすれば軽視しがちであったという側面がある。従って、現在において保護処分の意義を問うことは、これまでの議論の蓄積を無視し、時代を逆行させるかのような印象を与えてしまうかもしれない。

　また、少年法は特に手続法研究者や実務家によって語られることが多いが、手続的側面からする考察・分析は、現代における少年法論議の一つの重要な領域を形成している。特に90年代に入り、山形マット死事件を契機に、非行事実認定過程を含む適正手続論が少年法議論において特に重要な関心事になっていくことは周知のところである。当然の事ながら、このこと自体何ら問題とするにはあたらないし、いうまでもなく手続法理論のもたらした功績は、殊に少年の手続的保障論の進展に関して評価すべき十分な理由がある。

　しかしながら、今日まで続くこのような傾向は、特に最近、少年法における処遇論の貧弱化、さらにいえば等閑視をもたらしてきているのではないかと思われる。支配的な見解も、保護処分を最終手段とは見ているとし

ても、少年保護の概念を、発見ないしは家庭裁判所の受理から終局決定に
いたるまでの全過程と捉えているように思われる。しかし、保護処分を二
次的、補充的に位置づけているのかは必ずしも明らかでない。はたして手
続の福祉的効果を理由に、保護処分をできるだけ回避する方向で考えるべ
きなのか。さらに、本章の範疇をもはや超えるが、本当に刑罰はいかなる
場合でも処遇たり得ないのか。少年法がたとえ消極的にせよ保護処分や刑
罰を、選択可能な法効果として承認している以上、少なくともその意義を
論ずることは重要ではないだろうか。2000年の少年法改正で導入された
「少年院収容受刑者」という奇妙なカテゴリーはしかし、このような問題
を考えるための良い材料になり得るように思われる[1]。

　上述のような経緯もあってか、多くの少年法の教科書類では、処遇論は
単に終局処分としての保護処分に関する記述として扱われ、処遇論を掘り
下げたものは少ない。実際のところ、非行少年処遇の課題は、少年法の理
論と刑事政策における犯罪者処遇論の交錯する領域であるが、少年法では
手続論中心、逆に刑事政策では成人犯罪者の処遇論が取り扱われ、非行少
年に特化した処遇論ということではあまり扱われない。

　本章は、犯罪者処遇論の視点から非行少年処遇論について未熟な模索を
試み、将来、本格的な非行少年処遇論を展開するための準備作業を行おう
とするものである。そこで、まず、非行少年処遇論を意識しながら既存の
犯罪者処遇論について概観し、保護手続と保護処分、そして保護処分をめ
ぐる基本的問題について言及した後、保護処分の意義について、若干の考
察を行ってみたい。

2. 非行少年の処遇と犯罪者処遇の理論[2]

（1）犯罪者処遇の観念

　一般に、刑事政策でいう「犯罪」とは、「犯罪」（crime）と「非行」
（delinquency）を含む広い概念であり、また「犯罪者」も、必ずしも刑法
学上の犯罪を行った者に限定されない。「処遇」とは、「取り扱う」「遇す

78　第2部　非行少年処遇法としての少年法

る」といった意味であるが、この考え方は比較的新しいもので、もともとは、自由刑の応報的・懲罰的執行に反省を求め、犯罪防止の観念を重視した行刑学派の思想に遡る。そこでは、中世まで刑罰の主力であった生命刑や身体刑はもとより、自由刑が中心になるようになっても、なお古典的な刑罰思想はあくまで応報を中心にしたものであったという事情があった。

　そして、近代学派の登場にともない、受刑者の処遇にとどまらず、犯罪者の人格を考慮した取り扱いの重要性が意識されるに及んで、「犯罪者の処遇」という概念が登場することになった。犯罪学的にはイタリア実証学派の決定論的思考の影響も見逃すことができない。この、処罰（punishment）と処遇（treatment）の相違は、刑法学派の争いでは、古典学派と近代学派における思想の相違に対応するものであるが、現代的な刑事政策の流れの中では、どちらかを強調するというよりも、両者を調和した穏健な立場が主流であるといってよいだろう。わが国の刑事法も、近代学派の制度を大きく取り入れながらも、その基盤には、古典学派の思考がなお息づいている。

　少年法の系譜は、直接には英米法のパレンス・パトリエ（国親）の思想に由来するものであるが、大陸刑事法の文脈でいうなら、明らかに近代学派の思想に近く、それゆえ、処罰ではなく処遇という考え方が馴染むのである。

（2）処遇論の用語法

　（a）最も一般的に使われる用語法として、身柄拘束の度合いによって分類するものがある。拘束度の高い順から、施設内処遇、開放的処遇、社会内処遇、と呼ばれ、刑事政策においても少年処遇論においても、できるだけ閉鎖的な環境を避け、開放的環境、あるいは社会内に近い環境のもとで社会復帰を図るべきだと考えられている。少年法の文脈では、少年刑務所や少年院は施設内処遇、児童自立支援施設や児童養護施設は開放的処遇、保護観察は社会内処遇、を行う場といってよいだろう。

　（b）一方、手続の流れおよび形態に着目して分類する考え方もある。

第5章　非行少年処遇における保護処分の意義　79

一つめは、裁判や審判の段階で、どのような制裁をどの程度に賦課するかという、処遇決定段階の働きかけそのものを処遇と捉えるもので、司法的処遇と呼ばれる。司法的処遇の考え方については、刑法上の硬い古典学派の考え方や、刑事訴訟法上の無罪推定原則等との関係から、これを否定的に捉える見解もあるが、わが国の現行刑事法上、起訴猶予や執行猶予制度には実質的に処遇の機能が認められるであろうし、比較法的にも、明らかに刑事政策的考慮を含む、宣告猶予や判決前調査の制度は、この概念を認めなければその身の置き所に困ることになるだろう。国際連合における犯罪対策に関する諸作業との関係でも、処遇とは司法的決定の段階はもとより、司法的決定前の段階も含む広い意味で通常理解されている。少年法の文脈では、家庭裁判所調査官の試験観察（25条）や少年鑑別所における観護措置（17条1項2号）等を代表として、実質的には処遇が行われており、この概念を直截に認めて良いだろう[3]。ただ、少年法では、刑事法的な匂いのある司法的処遇よりも、福祉的な思想としての司法福祉論の立場から司法的段階の処分や措置が語られることが多い[4]。司法福祉とは、山口幸男によれば、国民の司法活用の権利を実質化し、司法を通じて一定の社会問題の個別的・実体的緩和ないし解決を追求する政策とその具体的業務をいい[5]、矯正や更生保護における解決をも視野に入れた広い概念であるが、ここでいう手続段階の処遇論とは、その次元を異にしている。

裁判・審判後における制裁の実質的執行段階の処遇を、矯正処遇といい、これが二つ目である。矯正（correction）の考え方は、ドイツ法的な行刑（Strafvollzug）よりも広く、非行少年に対する施設内処遇としての少年保護を含むもので、アメリカ法的発想に基づいている。矯正という言葉を用いる場合は、それが単なる制裁の執行に尽きるものではなく、犯罪者の再教育と社会復帰をも内容としているという側面がある。この意味で、この矯正処遇論は非行少年処遇論にとっても整合的な考え方といえるだろう。具体的には、少年刑務所や少年院における処遇、仮釈放や仮退院時における当局の裁量等を通じての処遇がこれに属するものである。なお、アメリカにおける矯正処遇論は、マイノリティに対する選択的な法執行や過

大代表等の、改善的な取り組みに関する様々な問題点が指摘されるに及んで、いわゆる矯正悲観論を生み、後述するジャスティス・モデルが台頭していくことになるが、わが国では事情が異なり、当初の矯正理念は、成人矯正においても少年矯正においてもなお、理論上も実務上も堅持されているといってよい[6]。

　三つ目は、独立処分としての社会内処遇又は司法的処遇後若しくは矯正処遇後の社会内処遇を指すもので、保護的処遇と呼ばれる。実務上、広い意味で使われる更生保護という用語が、ほぼこれに対応する。宣告猶予や執行猶予、さらには仮釈放に伴って言い渡される保護観察や、保護観察に付されないで自由刑の執行を終了した場合の社会内処遇（わが国では更生保護法85条以下に規定される更生緊急保護）がこれに該当するが、恩赦や復権等も含む概念である。少年法上は、独立処分としての保護観察（24条1項1号、更生保護法第48条1号）、少年院からの仮退院に伴う保護観察（更生保護法第48条2号）が特に重要である。

(3) 犯罪者処遇の原則と動向

　(a) 犯罪者処遇には、ほぼ国際的に承認された原則があり、これは、基本的に非行少年処遇についても妥当する。先ず、(ⅰ) 人道的処遇の原則、である。国連人権規約B規約7条は「非人道的な若しくは品位を傷つける取り扱い」を禁止し、同規約10条1項は、人間の固有の尊厳の尊重を謳う。さらに、(ⅱ) 公平処遇の原則、があり、犯罪者は、同一事情の下では均等公平に取り扱われる（国連被拘禁者処遇最低基準規則6条、日本国憲法14条、国連人権規約B規約26条）。また、(ⅲ) 法的地位に相応する処遇の原則、は法的地位が異なれば、処遇を受ける者の権利と義務に差異が生じることをいうが、少年処遇に関しては、「少年司法運営に関する国連最低基準規則」（北京ルールズ）、「児童の権利に関する条約」、「少年非行の防止に関する国連ガイドライン」（リヤドガイドライン）、「自由を奪われた少年の保護に関する国連規則」の4つの国際準則が、児童または少年という法的地位に基づいた処遇として特則を形成しており、重要な役割を果たし

ている。その全てを詳述することはできないが、基本的な思想は児童の権利条約の中に表されており、中でも、「最善の利益」の考慮（3条）、成長発達権の保障（6条）、意見表明権の保障（12条）、等は少年処遇に固有の重要性を有するものである。

　（b）犯罪者処遇には、いくつかの動向を指摘することができる。ここでは、個別化、社会化、私事化、という側面について触れておこう。

　まず、従来、犯罪者の特性・傾向・年齢・性別等といった個別事情が重視されず、まとめて扱われていた時代から脱し、特に19世紀の後半以降、「処遇の個別化」ということが認識されるようになる。サレーユによれば、それは、法律上の個別化、裁判上の個別化、行政上の個別化、に分類され、それぞれの段階で差異に応じたきめの細かい対処を要請する。①法律上の個別化は、法整備の充実によって多様な制度を取り入れ、個別化を推進することであり、②裁判上の個別化は、犯人の主観的事情を考慮して刑事制裁の種類と量を決定することであり、③行政上の個別化では、矯正処遇および保護的処遇の段階で行政機関によってなされる個別化をいうとされる。特性群別の応差的処遇に基づく分類処遇（収容分類・処遇分類や個別的処遇計画）、保護的処遇における保護観察等は、この行政上の個別化、ということになるだろう。非行少年処遇が、少年用の固有の施設を持ち、また少年裁判所制度という個別の制度をもって取り扱われるようになったことも、個別化への大きな一歩であったといってよいが、わが国の少年法では、福祉的対応、保護処分、刑事処分、という大きなメニューがあり、さらにそれぞれの中で少年の状態に応じて細かく個別化されているのである。

　次に、（ⅱ）社会化である。犯罪者処遇は、誘惑や刺激に満ちた通常の社会生活の中で自分をコントロールしながら、犯罪を繰り返さないような人間になることが目指されるため、できるだけ施設収容を避けて社会内での処遇が望ましいとされる。また、拘禁に関連して心身に発生する様々な弊害も指摘されている。「施設内処遇から社会内処遇へ」ということが、現代の処遇論の動向を表すものとして語られるのは理由がある。施設内処遇は、それがどれほど個別化されても、あくまで閉じられた空間の中での

話であって、模範囚が社会の中でも自律的に遵法行動を維持していけるかどうかは、実際の社会の中に身を置きながら生活してみないと分からないものである。ただ、社会化は、施設内処遇においても同様に必要であって、刑執行をできるだけ外の社会の状態に近づけていこうとする「行刑の社会化」は、非行少年に対する処遇においては保護処分が中心になるが、いっそう重要な課題となる。

　なお、良く知られたことであるが、この処遇の社会化の問題は、単に理念としてそれが望ましいからという理由でのみ推進されるものであるとは限らない。刑務所を作るより社会内処遇のほうがむしろコストがかからないから、あるいは、刑務所の過剰収容の弥縫策として、社会内が選ばれる場合があるからである。それらは、しばしば、電子監視システム等によって当局より監視され、もはや社会内処遇というより、「社会内処罰」の執行方法といったほうがふさわしい場合がある。

　近時の動向をあらわすものとして、処遇の私事化、が指摘できる。刑事施設の民営化やPFI（Private Finance Initiative）手法による運営が世界規模で進行しており、わが国でも、山口県美祢市にPFI手法による刑務所の新設が正式決定している[7]。少年刑務所等についても特に例外扱いされておらす、将来は非行少年処遇にも導入される可能性はあるだろう。ただ、アメリカなどの例では、運営が逃走や事故防止等の管理面に偏りがちで、処遇の質について問題が生じる場合もあることなどが指摘されている[8]。刑事施設についてはともかく、保護処分等の執行については、なお慎重な検証や検討が必要である。

　また、修復的司法（restorative justice）は、被害者－加害者－地域社会の融和によって、国家的な刑罰システムの代替策となりうるもので、本質的に私事化的要素を含んでいる。ダイヴァージョンという司法前処理によって解決を図る場合は特に明瞭であり、NPO等私的な組織の果たす役割は非常に重要である。公的なシステムは、新しいアイデアや処遇方法の導入についても機動性にどうしても劣りがちであるので、民間活力の導入は積極的に推進されるべきであるとしても、処遇の質をチェックする体制

については十分公的に担保しておく必要があるだろう。

（4）処遇の理念とモデル論

　処遇の理念に関連して、いくつかのモデル論が語られる。制裁としては刑罰を念頭に置いたものであるが、考え方そのものは、非行少年処遇についても妥当するといってよい。ここでは、基本的なもののみについて触れる。

　（a）刑罰及び行刑の目的は、単なる処罰ではなく犯罪者の改善更生によって犯罪防止を企図することであるとする考え方を、改善モデルと呼ぶ。1870年のアメリカ・シンチナチ宣言が代表的であるが、イタリア実証学派による不定期刑の提唱や、ドイツにおけるリストのマールブルク大学綱領（それは、改善不要犯人、改善可能且つ必要犯人、改善不能犯人を分け、それぞれに対する対処を示したものであった）に、その思想を看取できるが、そもそも施設収容で犯人改善が可能かという批判が加えられていた。ただ、この考え方が社会内処遇にも適用されるようになると、わが国をはじめ多くの国々では基本的に承認されていった。少年法で語られる「更生」概念も、この改善モデルの思考と共通するものがある。

　（b）改善モデルの流れは、その後、とりわけ20世紀初頭のアメリカにおいて、大きな発展を遂げる。精神医療の発展に伴い、犯罪者を病人に見立てて処遇の内容や期間の柔軟性を正当化する方向に向かったのである。これが医療モデルと呼ばれる考え方であり、医療の側面から改善モデルを誇張したものであるといってもよい。この考え方に従えば、犯罪者は病人なのであるから、病気が早く治れば早く施設から出られるが、治らなければ長期間入院が必要ということになる。つまり、不定期刑（普通は相対的不定期刑のことを指し、わが少年法52条が採用している）やパロールが活用されていったのである。医療モデルには、正しい核心も含まれているが、すべての犯罪者が病的傾向を有するわけではないし、また医療の論理だけで行刑を捉えきれるものでもない。通常、診療行為の基本は契約であり、医療を受ける者の同意を前提にしているが、刑執行は裁判の効力（執行力）

84　第2部　非行少年処遇法としての少年法

に由来する有権的法執行であり、もちろん同意の有無は問題とならない。しかしながら、そのパターナリスティクな介入の論理には、非行少年処遇と共通する側面があり、しばしば医療とのアナロジーで少年処遇が語られることがある。

（c）多くの少数民族を抱えるアメリカにおいては、医療モデルのように当局の裁量が大きく、しかも裁量の基準も不明確であるような場合、人種的な偏見を超えて公正な法執行が担保されないと、様々な不満が爆発することになる。また、医療モデルは、医療の論理から、過干渉・過介入に陥りがちな側面も持っていた。こうして、当時のアメリカでは失業率の増加もあって過剰拘禁が問題になり、また、マイノリティグループの過大代表（社会の人口比が刑務所人口比に比例・反映せず、あるグループの人々が人口比において過大に刑務所内で多数を占めること）の問題性が意識されるようになっていった。こうしたこと等を背景に、1970年ごろからフォーゲルによって提唱され始めたのが、いわゆるジャスティス・モデル、である。これは、わが国では、公正モデル、司法モデル、正義モデル、等と訳されている。ジャスティス・モデルの考え方は、犯罪者を刑務所で改善することは不可能であり（矯正悲観論）、可能だとしても法執行機関の裁量が大きく（基準が不明確）、デュープロセスの保障も十分でないところでは、改善にとってかえってマイナスであり、まず公正（ジャスティス）という理念こそが行刑の基本原則とならねばならない、というものである。ここから、不定期刑より定期刑が、パロールより善時制（パロールより裁量の余地が少なく、機械的・画一的な基準で刑期短縮を可能にする制度）が主張されることになり、実際アメリカの法制度や矯正実務はそのように動いていった。

　少年司法においても、このジャスティス・モデルの流れに呼応して、ほぼ同じ時期に、連邦最高裁において、ケント判決、ゴールト判決、ウインシップ判決が相次いで下され、パレンス・パトリエよりもむしろデュープロセス重視の傾向が定着していく[9]。また、イギリスでは、ジャスティス・モデルの対立概念として、福祉モデルという考え方がしばしばみられるが、これは、非行少年処遇を、非行行為といった徴表的な問題で捉える

第5章　非行少年処遇における保護処分の意義　85

のではなく、その少年に福祉が必要であるか否かという側面から捉えるべきだと考える。従って、処遇の問題として、非行少年と放任少年や被虐待少年が同じ施設に収容され、福祉的な取り扱いを受けるということもありうることになる。

　（ｄ）さて、以上のような処遇モデルの中で、わが少年法が基本とする考え方はどれであろうか。いずれの考え方にもそれぞれ長所があるが、わが少年法の建前は、保護処分優先主義とも言うべき立場を採用しており（これは現実の処分状況を反映した表現ではなく刑事処分を優先しないという意味である）、そこには、基本的に改善モデル的な思考が存在していることは疑いがない。ただ、当初の改善モデルは「刑事施設における改善」というところに力点があった。既に述べたように、処遇の基本は社会内処遇であり、施設内処遇の効用をあまり強調するのは、特に少年にとっては弊害が大きい。

　次に、少年法は行動諸科学の知見に信頼する立場からいわゆる科学主義（9条等）を採用していること、また不定期刑の採用などから、明らかに医療モデル的な側面も有している。また、自己決定を重視する成人医療及び成人矯正と異なり、非行少年処遇については、本人に同意がない場合における小児医療の論理を、パターナリズムに依拠して当てはめやすい[10]。しかし、少年非行には、医療モデルでうまく説明できるものとそうでないものがあるし、全てを医療モデルで説明できると考えるのは危険ですらある。

　では、ジャスティス・モデルはどうか。非行事実認定過程とデュープロセスの重要性について現在異論はないが、この考え方では、少年への社会復帰的な働きかけや援助などの重要性があまり語られないきらいがある。やはり、社会復帰や更生という側面を軽視することはできないだろう。またこのモデルは、当初の意図に反し、近年のジャスト・ディザーツ論と結びつきやすい傾向があることは指摘されねばならない。

　そこで、成人処遇論において主張される「新しい社会復帰モデル」が非行少年処遇においても妥当しないだろうか。これは、社会復帰に必要な限りで指導援助を行うことを内容とするもので、いわゆる「処遇を受けない

権利」論を視野に入れ、イデオロギー的再社会化を忌避するが、1960年代後半以降の従来の社会復帰理念に対する疑念から出発した比較的穏健な立場であるといえるだろう。修復的司法の手法が公的司法制度の中で取り入れられる傾向がある現在、内心の自由に対する行きすぎた干渉を警戒する意味でも、注目すべきモデルである[11]。ただし、一方では、社会復帰の内実として被害者等や地域社会との融和を全くの射程外においては真の社会復帰が困難なこともまた事実である。そこで、こうした被害者等や地域社会との関係修復を犯罪者の社会復帰において人道的且つ穏健に考慮する立場を「新しい再統合モデル」と呼んで、新しい社会復帰モデルの延長線上に捉えることが可能であるように思われる。

　イギリスにおけるジャスティス・モデルと福祉モデルの対立は、ある意味、当時の政党の対立を反映したものであったが、現在は労働党政権であるにも拘わらず、少年司法の基本的トーンはむしろジャスティス・モデルにあるといってよい。これに対しわが国では、あえてどちらかといえば、実務・学界の基本的立場は福祉モデルにあると考えられる[12]。ただし、適正手続保障等、司法の役割の重要性は決して軽視されておらず、司法か福祉かという二者択一ではない、両者の高い次元での統一を目指した、「司法福祉モデル」が通説であるといってよさそうである[13]。

3. 保護手続と保護処分

　さて、こうしてわが少年法における処遇モデルの基本を司法福祉モデルと捉えた上で、保護手続と保護処分の関係を考えてみよう。少年保護手続は、その手続じたいに大きな教育的効果、ないし福祉的効果があり、単に終局処分に向かって発展する手続の連鎖にすぎないのではない。付添人や警察ないし検察の少年係、家庭裁判所調査官、少年鑑別所技官・教官、家庭裁判所裁判官、等々との出会いの中で、少年は保護処分を受けるまでもなく、様々な気づきを得て更生する可能性をもっている。このことは、たとえ結果的に、終局処分として非行事実なし不処分となったとしても、少

年の人格に配慮した取り扱いを受けていれば同様に妥当する。少年事件においても無罪推定原則は働くが、早期介入の必要性や、審判対象が非行事実に尽きるものでないこと、また、保護処分は少なくとも形式的には刑罰ではないこと、等から、手続じたいに積極的な意味づけが与えられることには十分な理由がある[14]。実務上も少年保護事件の約8割は審判不開始・不処分で終結している。

　しかし、このことから、保護処分の意義を等閑視してしまうことには問題がある。少年保護手続は、科学主義に基づき少年を診断し、少年の最善の利益を考慮して（児童の権利条約第3条等）、最も適切な対応を考える手続であるから、保護処分がその少年にとって有効であるような場合は保護処分の選択をためらう必要はないし、むしろ現行少年法が、裁判という適正手続を考慮した手段によって最終的に目指したものは、保護観察、児童自立支援施設等送致、少年院送致、という保護処分のメニューであった。たしかに、保護観察以外は施設収容をともなう自由拘束の処分であり、できるだけそれを避けようという配慮は大切である。しかし、適切な時期に適切な保護が与えられないことによって、かえって非行を深化させてしまうこともある。処遇を医療に例える医療モデル論からは、子どもの身体の中に悪い部分があり、入院が必要と医師が判断すれば、子どもが嫌がっても親は子どもを入院させようとするだろう。悪いところが分かれば診察だけでいいですよ、というだろうか。もちろん診察だけで治るならその必要はない。

　保護手続と保護処分は、車の両輪のごとく、どちらも大切であり、どちらか一方に偏って解釈するのは適切ではない。現在、保護手続の意義を軽視する見解はほとんど見あたらないが、保護処分を、補充的・二次的に捉えようとする見解は有力に主張されている。調査・審判を含む少年審判をケースワーク過程とみて、強制力を用いる保護処分は、補充的・第二次的役割を果たすものであるというのである。確かにこのような考え方は、少年法議論の発展にも則しており、司法福祉論の流れからも十分理解できる[15]。しかし、これは保護処分およびケースワークに対する誤解に基づく

もので、保護手続がケースワーク過程であるのと同様に、保護処分の執行もまたソーシャルケースワークの実践であり、両者は少年司法システムとしてトータルなケースワーク過程を構成していることが銘記されねばならないだろう（とりわけ保護観察は、その現実はともかく、その典型場面である）。少なくとも、保護手続は保護処分賦課を視野に収め、それに奉仕する手続でもあって、保護手続がケースワーク過程であることを認めたとしても、保護処分が補充的・二次的なものであると考えることにはならない。それは、裁判とその執行を截然と分離し、処遇を執行機関に委ねた現行少年法の基本的理念と相容れないのである。何より、少年法1条は、その目的を「この法律は、…保護処分を行うとともに…」と規定している。

さらに言えば、保護手続もまた、強制力を背景にしていることには変わりがない。少年は自ら率先して審判に参加しているのだろうか。やはり強制力を用いて審判等に参加させられているのである。強制力を背景にしたケースワークの問題は、有権的ケースワークの問題として、古くから保護観察論の中で議論されてきたところでもあり、筆者もかつて詳しく論じたことがあるので、ここでは繰り返さない[16]。

4. 保護処分をめぐる若干の問題

保護処分に関する二、三の基本的問題に言及しておこう。

（一）保護処分は、その性質をめぐって、利益処分か不利益処分かという問題がある。保護処分は刑罰ではなく、要保護性に対応して少年の非行克服を援助する働きかけであるから、少年の利益に奉仕するものであることに注目すれば利益処分ということになるし、逆に、そのことを認めながらも、意思に反して強制的に付されるものであることを重視して不利益処分であると考えることもできる。また、例えば少年院のような身柄拘束状態の不利益性を直視すれば、その処遇内容がどうであろうと不利益処分と考えることも可能であろう。通説的見解は、やはり保護処分の教育効果を認めながらも、その強制的性格や施設収容の可能性を考慮して不利益処分

説に傾くものである。たしかに、例えば、少年院に一年間収容された少年と、少年刑務所に一年間収容された少年とを比べたとき、結果的に執行期間が同じであれば、少年院処遇の方が教育上好ましいとしても、同様に一年という期間の自由を奪われるという意味で不利益を受けたといえるかもしれない。

　保護処分を刑罰類似の不利益処分として、できるだけこれを避けようとする発想は、ある意味自然であり、このようにして理解することができそうである。しかし実は、不利益処分説が必然的に保護処分回避の方向に向かうということではなく、形式的には不利益処分だが、実質的にその少年の利益になると考えて保護処分の賦課を躊躇しない立場も十分に可能である。たとえ現在の少年にとってはその意思に反し不利益と考えられても、将来の当該少年にとって、最終的には本人のためになるとして干渉・介入することは、結局本人にとって利益であると考えることもできるからである。保護処分の意義を重視しない考え方は、形式的な不利益処分性（強制的性格）に拘泥して、処遇内容の利益性を等閑視するものである。保護処分における「保護」には、有害な環境や社会から少年を保護するという意義もあることが銘記されるべきである。また、形式的な不利益性は侵害原理に基づいて保護処分が賦課されることの対価であるとも言え、処遇内容そのものは侵害原理から自由であると考えれば、コンテンツの賦課については、パターナリズムによって説明可能である。もちろんその内容は、性格の矯正（1条）という、内心の問題に関わるものがある以上、窮極的には強制することはできない性質のものであることは疑いがない。

　（二）次に、保護処分賦課に、刑法上の有責性（責任）要件が必要であるかという問題がある。有責性必要説と有責性不要説が対立しており、裁判例も分かれている。必要説は、少年法3条1項が犯罪少年と触法少年を区別した上、同項2号は「罪を犯した少年」と規定しており、その罪とは構成要件に該当する違法有責な行為を指すとする形式的解釈を出発点とするが、有責性を要件とすることによって保護処分賦課の要件を厳格にし、少年の人権保障に資する解釈といえる面がある。不要説は、刑法上の責任の

内実は非難可能性であるが、これを非行克服援助のための保護処分賦課の基礎にすべきでない、とか、非行事実を審判条件と見て、審判対象でない審判条件には責任は不要である、とか、保護理論においては責任の概念は要保護性の概念に構成し直すべきである、などと説かれる[17]。

14歳以上20歳未満の少年が犯罪構成要件に該当する違法な行為を行ったが、責任能力を欠くなどして有責性を満たさない場合、要保護性があっても保護処分にできないが、たまたまその少年が14歳未満であれば、触法少年として保護処分の対象となるのは不合理であり、不要説には説得力がある。なお、この問題に関しては、「責任」と「責任能力」の問題を区別しないで論じられる傾向があること、区別しても、刑法理論における責任前提説と責任要素説による異同が等閑視されがちなこと等に注意する必要がある[18]。

（三）最後に、制裁論に関し、保護処分は、刑罰及び保安処分とどのような関係に立つかを確認しておこう。わが国の通説的見解は、刑罰、保安処分、保護処分は、それぞれ異なる要請、すなわち、責任、危険性、要保護性、に基づくものであると把握して、これらを峻別する（仮に峻別説とする）。そして、このことを前提として、少年に対する刑罰や保安処分の問題を本質的議論の埒外においているかのようである。少なくとも刑罰については、現行少年法が消極的にせよこれを維持している以上、その意義を保護処分との関係で十分議論する必要があるが、ここではこれ以上触れられない。いずれにせよ、保護処分が要保護性に対応することは疑いないとしても、これが責任や危険性とどのような関係に立ち、何が異なるのか、等について、審判対象論を含めより深い議論が必要である。

なお、フランスでは、少年に対する再教育処分は保安処分の一形態と考えるのが通説であり、新社会防衛論の影響もあって、とりわけ重罪事件では刑罰を用いることも躊躇されない。つまり、保安処分である再教育処分と刑罰との垣根は、日本におけるほど高くないのである。この背景には、一定に場合における刑罰の有効性と、少年司法全体に対する配慮がある[19]。逆に、ドイツにおける教育処分は、刑罰の一形態であり、明確な少

年刑法上の法効果として、少年の答責性に基づいて賦課される[20]。これら大陸法諸国では、少年裁判所が刑事裁判所の特別部であるという事情も指摘しておかなくてはならないだろう。わが国で、保護処分が刑罰でも保安処分でもない、第3のカテゴリーと考えられがちなのは、母法であるアメリカ法に保安処分という概念がないことと、アメリカ少年裁判所制度が、伝統的に少年への処分を刑罰と捉えてこなかったことと関係があるように思われる。

5. 刑事処分に対する保護処分の意義

　2000年の改正少年法は、「少年院収容受刑者」という範疇を生み出した。このカテゴリーの出現は、少年院と少年刑務所の差異についてあらためて意識させることになった。両者の差異を、量的なものと捉えるか質的なものと捉えるかについて、これまでにもあった対立が、現実の法制度上顕在化することとなったのである[21]。量的なものと捉える見解（仮に量的差異説とする）によれば、教育可能性という点から両者を連続的に把握でき、このような改正をきっかけに少年受刑者に対しても矯正教育が可能となる点で、良いことであり、肯定されることになるが[22]、質的なものと捉える見解（仮に質的差異説とする）からは、もともと意味の異なる施設収容者を同じ施設に収容しようというもので、法的分裂状態にあり、否定されるべきものとなる。

　いうまでもなく、少年院収容受刑者は保護処分の執行を受けているのではなく、刑罰の執行を少年院で受けているに過ぎないが、量的差異説によれば、そもそも刑罰と保護処分の性質を質的な違いとは考えないので、刑事処分に対して「保護処分の意義」を論ずることじたいにあまり意味がないことになるだろう。ここでは、保護処分も少年の責任に基づく制裁と解されるのである[23]。これに対し質的差異説は、上述の制裁論における峻別説に対応し、少年院は保護処分として少年の要保護性に基づく処分であり、少年刑務所は刑事処分として少年の責任に基づく処分と考えるので、

92　第2部　非行少年処遇法としての少年法

「保護処分の意義」を論ずることはそれなりの意味があることになろう。事柄は少年審判の対象論にも関連しており、より詳しい分析は別稿に譲ることとし、ここでは、現段階における私見の結論のみを示しておきたい。

　現行少年法は家庭裁判所先議主義を採用し、実体法上発生する刑罰権を保護処分に化体する構造を採用しており[24]、審判対象には保護相当性が入り込まざるを得ないシステムとなっていることから、保護処分も責任に対応した制裁と考えるのが解釈論として妥当といえるのかもしれない。また、量的差異説の論者がそこまで意図するものかどうかは必ずしも明らかではないが、新社会防衛論の立場からも、刑事処分の保護処分化あるいは保護処分の一形態としての刑罰が観念できるだろう。これは、とりわけ、既に法制度化された少年院収容受刑者や検送規定に関する現行法の解釈論としても整合的である。さらに、かねてより少年院と少年刑務所間の矯正教育原理や方法に関する等質化が指摘されており[25]、そのことを前提に両者の境界を相対化して考えることもできそうである。

　しかしながら、刑事処分と保護処分の相対化や等質化は、必ずしも保護処分寄りに流れていくとは限らず、厳罰化傾向の世論に対応して、むしろ現実には刑事処分寄りに流れていく危険性を払拭できないうらみがある。量的差異説のように考えるならば、少なくとも、少年に対する刑事管轄権を刑事裁判所ではなく、家庭裁判所に付与する等の手続的配慮も必要であり、それが理論的にも整合的であるだろう。また、もともと、行為主義的な、過去の歴史的一回的な行為に対する制裁としての刑罰と、行為者主義的な、将来の要保護性に対するケアとしての保護処分とでは、着目すべき時間的方向が異なり、同時に考慮可能な別次元の反応であって、境界をあいまいにすることはやはり大きな問題である[26]。刑事処分に対する保護処分の独自の意義は、なお堅持されるべきである。しかし、質的差異説は、これを強調すれば、逆に少年刑の峻厳さを招来する可能性があることについて目を閉じていてはならないだろう。

6. おわりに

　本章は、犯罪者処遇論の視点から、非行少年処遇の理念とモデルを導出し、成人における犯罪者処遇論における「新しい社会復帰モデル」が非行少年処遇にも同様に妥当することを確認した上で、社会復帰において被害者等や地域社会との関係修復を人道的かつ穏健に考慮する「新しい再統合モデル」の可能性を示し、さらに少年法領域での通説的見解である司法福祉論が非行少年処遇のモデルとして基本的には採用できるとしながら、それは保護手続に対する保護処分の意義を等閑視することには繋がらず、むしろトータルなケースワーク過程の重要部分を構成することを論じた。そして、少年院収容受刑者について、刑事処分特に刑罰に対する保護処分の意義を考察しようと試み、基本的に質的差異説が妥当であるとの結論を採るにいたった。

　保護処分の意義について包囲集中的に捉えようとしたが、能力不足のため、中途半端な検討に終わってしまったことを素直に認めざるをえない。「新しい再統合モデル」の詳しい検討や、福祉的対応との関係における保護処分の意義についても課題を残したが、今後の再検討を期してとりあえずこの章を閉じることとしたい。

注
1)　2014年少年院法2条3号では、「受刑在院者」とされている。
2)　以下の記述は、主に、森下忠『刑事政策大綱（新版第二版）』（成文堂）に依拠した。
3)　2016年少年鑑別所法では、1条をはじめ、随所に「観護処遇」の概念が法律上導入されているが、かつても、いわゆる「探索処遇」が行われていた。
4)　兼頭吉市「少年保護における司法機関と福祉機関」刑法雑誌19巻3・4号172頁。
5)　山口幸男『司法福祉論』17頁（ミネルヴァ書房、1994）。
6)　とりわけ、2005年の刑事収容施設及び被収容者等の処遇に関する法律は、「矯正処遇」を法律用語として導入し（84条等）、さらに「改善指導」の観念も承認した（103条等）。
7)　その後、喜連川、播磨、島根あさひ、にも社会復帰促進センターが設立された。

8）実際、2016年8月18日、合衆国司法省は、民営刑務所を段階的に閉鎖していくと発表した。高コストや、刑務所内の治安悪化等が指摘されている。See, https://www.justice.gov/opa/blog/phasing-out-our-use-private-prisons（accessed 01/17/17）.

9）勿論これは、両者が択一関係にあることを必ずしも意味しない。田宮裕「少年審判とデュープロセス」家裁月報24巻12号19頁以下等参照。

10）逆に、患児に対するインフォームド・アセント獲得を、非行少年処遇へ応用することを、特に当局の説明責任との関係で構成することは可能であるように思われる。

11）この点に関し、公的制度の中で反省、悔悟、しょく罪といった、真の立ち直りを求める傾向に警鐘を鳴らす見解があり、ある意味で正鵠を射たものである。しかし、保護処分の賦課そのものは、既に少年の他害行為に対する侵害原理の作用として正当化できていると考えられるので、保護処分の内容として反省・悔悟等を求めたからといって、それが直ちにリーガルモラリズムを健全育成概念に持ち込むことになるのかについては疑問なしとしない。少年が真の悔悟によって立ち直れるような場合は、パターナリズムによって正当化できるだろう。また、処遇内容として、反省・悔悟等の強制ができないのは勿論であるが、その手法や内容が人道的且つ倫理的であれば、反省・悔悟等へ向けた働きかけが、矯正教育等の内容として、まったくできないとすることも極端であり、成人処遇の場合はともかく、少年処遇においては、科学主義の担保の下、慎重にこれらへの取り組みが行われることは、教育・指導の内容として許容されるべきであろう。

12）福祉機能の円滑な遂行によって司法機能も実現されると考え、司法機能を福祉機能に対し第二次的、補充的なものと位置づけるものであるが、保護処分を二次的、補充的に扱うものか否かは必ずしも明らかでない。

13）澤登俊雄『少年法入門〔第二版補訂〕』265頁（有斐閣、2003）。医療モデルの生物学的側面は軽視すべきでないが、なお「モデル化」に対しては、特に精神医療の構築的側面を視野に収めたとき不安が残る。また、司法福祉に対する鋭い指摘として、花岡明正「少年法とパターナリズム」、朝倉修・横山実他編『少年法の展望（澤登俊雄先生古稀記念論文集）』42頁（現代人文社、2000）がある。

14）前野育三『刑事政策と治安政策』14頁（法律文化社、1979）は、既に「少年保護手続の目的の一つは、処分を必要としない少年を選び出すことにある」としていた。なお、注15）参照。

15）この点、司法福祉論は、終局決定があるまでは、「非行のある少年」ではないとして、審判に付すべき少年を非行のある少年にしないための努力について言及する。

16）吉中信人「フランスの少年保護観察制度（3・完）」一橋研究20巻1号（1995）参照。

17）近時の議論状況について、丸山雅夫「少年法における保護処分と責任要件」中谷陽二他編『精神科医療と法』（弘文堂、2008）85頁以下参照。

18）塩盛俊明「刑事責任能力の体系的位置づけ」広島法学32巻1号（2009）参照。

19）吉中信人「フランス少年司法の比較法的考察—英米法国の視点—」一橋論叢116巻1号（1996）参照。

20) 本書第6章参照。

21) 斉藤豊治「改正少年法とその運用」犯罪と非行第139号（2004）13頁以下は、少年院収容受刑者については直接言及しないが、少年院と少年刑務所の差異は、教育施設か刑事施設かの差異であり、質的なものであるとする。

22) 例えば、川出敏裕「逆送規定の改正」現代刑事法3巻4号54－60頁（2001）等。

23) 佐伯仁志「少年法の理念―保護処分と責任―」猪瀬慎一郎他編『少年法のあらたな展開』35頁以下（有斐閣、2001）。

24) 本書第6章参照。

25) 比較的最近の論稿として、平野泰樹「少年と刑罰」新倉修・横山実他編『少年法の展望（澤登俊雄先生古稀祝賀論文集）』327頁（現代人文社、2000）。

26) 少年非行は、そもそも成人犯罪（それは行為主義に基づく罪数論によって端的に表される）の類推によって把握されるべき概念ではなく、多数回の行為や「行状」といった考え方になじむ、行為者主義的概念である。この考え方は、成人犯罪の範疇でいえば常習犯概念に近いもので、個々の行為を取り出してそれに罰条を結びつけるという発想からは非常に遠いものである。従って、個々の行為の「非行」事実認定に拘泥することは、「少年非行」にとって本質的な問題ではない。

第6章　少年保護観察の理論

1. はじめに

　現在わが国では、非行事実認定過程をめぐり少年法改正論議が盛んである。この過程がきわめて重要なものであることは論を待たない。ただ特に少年保護観察については、発見から処分の執行に至るまでのトータルな過程を視野におさめたうえで個別のテーマに関する議論を行わなければ、本当の意味で問題が見えてこないようにも思われる。とりわけ注意を喚起したいのは、非行事実認定過程の法的効果としての保護処分の性質である[1]。なぜなら、およそ賦課されるべき処分の性質を射程に入れないで、それに奉仕する手続を論じることなどできないはずだからである。少年保護手続を、刑罰という害悪を加えるための刑事手続のアナロジーでどこまでとらえることができるかが問題である。

　たしかに、現行の保護処分の状態を所与のものとして、刑罰類似の不利益処分であり、それゆえ非行事実を積極的に認定されることは―たとえ事実が真実であったとしても―許されない、と考えることにはそれなりの意味がある。しかしもし仮に理想の適正手続を経て非行事実を認定された少年がいたとした場合、彼に対しても「害悪としての」保護処分を与えなければならないというのでは、あまりに議論が後向きとは言えないだろうか。現在の保護処分が不利益処分だとしても、これを少年にとって実質的に利益なものにしていこうとする努力がわれわれには求められているものと思われる。

　こうした視点からすると、保護処分の中でも社会内処遇については、実

質的に利益処分化していくための素地が十分にあると考えられる。施設内処遇の場合は、いかに矯正教育を充実しても、自由の拘束という点では自由刑の執行とパラレルなものとして論じられ易い。そして、社会内処遇の中心は保護観察であり、保護観察処分をいかに充実したものにしていくかということこそは、少年司法制度のよりよき方向を探るうえで極めて重要なテーマであるといえるのである。ただ、これまでは、保護観察についての理論的考察が必ずしも十分ではなかった。保護観察という用語があまりにも広い意味に使われたり[2]、また成人に対する保護観察と少年保護観察との区別が明確に意識されることなく論じられたりしているのも、このことを裏付けている。

　本章では、少年保護観察の概念を画定したうえで、ドイツの教育的援助処分を素材にして少年保護観察のあるべき姿を追究していきたい。わが国の「保護観察」という用語は、この教育的援助処分の前身である、„Schutzaufsicht" に由来するものであり[3]、わが保護観察制度のいわば源流が、現在はどのような処分となっているかを知ることは、今後のわが国の社会内処遇の方向を探るうえで重要な参考となるように思われる。

2．少年保護観察の概念

　世界的に見て、今や少年保護観察は、成人に対する保護観察とは明らかに一線を画した概念である。例えば、前者と後者の対応関係は、イギリス（イングランドとウエールズ）における、'supervision' と 'probation'[4]、フランスにおける《liberté surveillée》と《sursis avec mise à épreuve》、そしてドイツにおける、„Erziehungsbeistandschaft" と „Bewährungsaufsicht"、となっている。

　成人に対する保護観察は、多くのばあい、形の執行猶予や仮釈放に伴って付されるが、少年保護観察は、保護処分や教育処分といった、真の刑罰とは言えない処分の一種として付されるものであることが多い[5]。わが少年法24条1項1号に規定される保護観察（以下1号観察という）もそのひと

つである。これを形態論に則して言うと、前者はプロベーション（または
パロール型）、後者は独立処分型、ということになる[6]。プロベーション型
は終局処分を留保し、その宣告または執行という心理強制によって善行を
保持させ易いが、保護観察の理念をソーシャル・ケースワークの実践と考
える限り[7]、致命的な欠点を持つ。他方、独立処分型は、少年が刑罰の威
嚇を受けないのでケースワークの実践には都合がよいが、実効性が期待で
きないのではないかという疑問も残る。しかし、少年保護観察が多く独立
型を採用しているのは、実効性よりも理念を重視しているということであ
る。そして、この形態であることにより、保護観察そのものの内容充実が
期待されることになるのである。

　ここで、真の刑罰以外の処分の一種として付される独立処分をもって、
少年保護観察の概念を画定することとしよう。では、このような保護観察
であれば、理念の達成は十分に果たされるのだろうか。問題の一端は少年
司法制度の構造にも関わってくる。つまり、せっかく上記のように少年保
護観察の概念内容を福祉的に画定しても、その少年保護観察処分を決定す
る手続が刑事裁判所における刑事裁判権の作用だとすると、理論的に審判
対象に呼応した処分に直接刑罰権の作用は及んでしまうことになる。その
際に、保護観察の内容として、例えばわが国でいう指導監督のような機能
がもともと容認されていれば、この部分に刑罰権の作用は実質的に吸収さ
れてしまうだろう。しかし、保護観察の理念を追求していけば、権力作用
は払拭されることになり、その結果処分が補導援護のみを中心とした保護
観察であったばあいには、刑罰権は行き場を失ってしまうことになる。そ
のような状態はその国の理論と実務に様々な歪みをもたらすだろうことは
想像に難くない。

　ここでは、保護観察の内容を理念に則したものになるよう追求した結
果、かえって刑事裁判所の裁判権のもとで機能不全に陥るという矛盾が露
呈することになる。このような矛盾を抱えるひとつの例として、ドイツに
おける少年保護観察としての教育援助処分を検証し、それを通じて、わが
国における少年保護観察理論の深化を企図してみたい[8]。

第6章　少年保護観察の理論　99

3. ドイツの教育援助処分

(1) 総説

　教育援助処分（Erziehungsbeistandschaft）の前身である保護観察（Schutzaufsicht）は、フランスにおける少年保護観察（liberté surveillée）と同様に、アングロサクソン法に由来している[9]。それは、まず1922年7月9日のライヒ少年福祉法56条以下に規定された[10]。そして1961年8月11日の改正法である少年福祉法55条以下で、教育援助処分として名称変更を果たしている[11]。さらにこれを受け継いだ1990年6月26日の児童少年扶助法（Kinder- und Jugendhilfegesetz）は30条に教育援助処分を規定し、1993年2月16日の改正を経て、同年5月3日の現行法へ繋がっている。そしてこれらにより1953年8月4日の少年裁判所法は改正をうけ、現行12条で教育処分としての教育援助処分の賦課を規定している[12]。

　それによると裁判官は、社会法典第8編30条の精神にのっとり、教育援助の形態における教育のための扶助を、少年保護所の意見を聞いて命じ、また社会法典第8編に挙げられた条件の下で請求することができる。そして、社会法典第8編、児童少年扶助法30条は次のように定める。教育援助司（Erziehungsbeistand）と世話扶助司（Betreuungshelfer）は、発達問題を克服するに際し、できるだけ社会的環境を考慮して児童と少年を援助し、また家族関係の維持をはかりながら彼らの自助を支援するものとする、と。

　少年裁判所法12条は、「教育のための扶助」の解釈を児童少年扶助法27条に委ねている。それは1項で、「教育のための扶助」の親権者からの請求権を規定し（少年福祉法では57条1項1号で後見裁判所による賦課も認めていたが、児童少年扶助法では親権者からの法的請求権に限られることになった）、2項で「教育のための扶助」は28条から35条の各方策に従って付され、その方法や範囲は個々のケースにおける必要性に応じるべきこと、3項で「教育のための扶助」はとりわけ、教育学上、そしてそれと結びつい

た治療上の給付の履行を含むことなどを、それぞれ規定している。このように、教育援助処分を賦課するための条件や内容は多く児童少年扶助法の解釈から導き出されることになる。その際に、児童少年扶助法に規定がないばあい、廃止された少年福祉法の規定をどこまで類推適用できるか、という問題があり、積極説[13]、消極説[14]があるが、本章のテーマから逸れるので、ここでは立ち入らない。

われわれがここで留意すべきは、このドイツ少年保護観察の形態＝教育援助処分が、少なくとも条文のうえで、監視の機能からの決別を果たしているように見えること、そしてそのような援助的、福祉的に純化されたはずの処分がなお刑事処分の一態様としての教育処分のひとつとされていることである。

（2）適用件数と評価

福祉法領域に比して、刑事制裁としての教育援助処分の適用件数はあまりに少ない。たとえば1990年には、6,999人の未成年者が教育援助処分の下にあったが、そのうち少年裁判所で言渡されたのは、わずか231人である。それに対し教育権者の申請に基づく命令は6,473人であった[15]。これを1992年について見ると、総数8,044人のうち教育権者の申し出によるもの1,848人、裁判所または検察官によるもの330人、少年保護所によるもの4,401人であった[16]。

このように、現実に僅少な適用件数に呼応して、学説は一致して少年裁判所法上の法効果を疑問視している[17]。かのシュラー＝シュプリンゴルムはこれを「ひとつの悲劇」とまで評している[18]。適用が少ないのは、本職の教育援助官を確保できていないなどの、処遇内容に関わる不備よりもむしろ、この処分が何らの強制的威嚇手段を持たないからではないかと思われる。ドイツの教育処分のひとつ、指示の付与のなかには、1990年8月30日の少年裁判所法第一次改正法によって導入された、「特定の人（世話扶助司）の世話と監督に服すること」という項目（少年裁判所法10条1項5号）があるが、これは実務において以前から多用されてきたもので、この処分

第6章　少年保護観察の理論　101

によって実質的に教育援助処分と同様の効果が期待できると考えられている。しかもこちらに依ったばあいは、11条の規定によって、期間の延長や少年拘禁という威嚇によって実効性を担保する道がひらかれており、控制手段をもたない教育援助処分の選択は、裁判官にとって慎重とならざるをえないであろうことは容易に想像できる。保護観察の理念からは、権力関係の介在しないケースワークを可能にするこの理想的な形態も、何らかの目に見える司法的抑制手段を求めがちな裁判官や法律学者にとっては、誠に頼りないものに見えるのかもしれない。

　しかし、保護観察処遇の充実は、正にワーカーとクライエントとのラポール形成を中心とするケースワーク関係の十全な働きによってこそ実現されるものであり、何らかの司法的抑制によってではない。この見地からは、抑制手段の整備ではなく、専門の教育援助官を確保するための法整備、予算整備をこそ第一に遂行すべきなのである。ただし、事が簡単でないのは、教育援助処分の内容が福祉的に充実すればするほど、それが少年刑法である少年裁判所法に規定されている処分のひとつであるということの矛盾が広がるということがあるからである。そこで、このことを、項をあらためてもっと詳しく検討してみよう。

（3）法的性質

　教育援助処分は、非強制的法効果を持つものとしての教育処分のひとつであり、教育心理学上も、強制手段を背景とした「世話の指示」（Betreuungsweisung）　―少年裁判所法10条1項5号―　よりも有利であるとされる[19]。他方、少年刑法は真の刑法である、と言われる[20]。そして、そうであればその法効果としての刑罰、処分の執行には強制力が伴うのは当然のことである。少年裁判所法5条1項によれば、教育処分は少年の「犯罪行為の故に」言渡されうる。すなわち、教育処分は「少年犯罪行為の効果」（5条見出し）なのである。そうなると教育処分のひとつである教育援助処分が強制的効果を持たないということは矛盾であるということになる。ところが教育援助処分は、これまで見てきたように、その処遇内容が

援助的性格に純化されているだけでなく、その内容の実効性を担保する手段さえ持たない徹底された福祉法的理念に基づく司法処分である。これでは強制的効果は期待できない。そこで「それ自体なんらの負荷も少年に対しもたらさない教育援助処分の際には、行為を処罰するために、大抵、さらに加えて懲戒処分、少なくとも戒告が科される」[21]ということになる。ここには後述する私見に連なる発想が含まれているが、刑罰権の作用がその解消場所を求めて落ち着いた状態である。

　こうしてみると、そもそも教育援助処分のような、もともと福祉法に法源を持つ措置が、教育処分のカタログのなかに入っていること自体が自己矛盾ではないかということが疑われなくてはならない。それは、教育処分が上述のように刑罰権の作用を受けているからであるが、これは実は、教育処分が刑の一形態であるという理解が前提となっている[22]。

　このことは、少年裁判所が成人の刑事裁判所の特別部であるということからも理解が容易であるが、教育援助処分が刑の一形態であるというためには、少なくとも強制的機能が内包されていなければならないのである。しかし、さりとて教育援助処分は、完全な福祉法上の措置ではなく、裁判官によって言渡される司法上の処分である。強制的性格を持たないとはいえ、少年に「教育のための扶助」を義務づけるものなのである[23]。具体的には、この処分の賦課につき、児童少年扶助法8条のようにな児童、少年の主体的参加の場合と異なり、少年の承諾は不要とされている[24]。

　こうしてわれわれは、ひとつの結論に導かれることを余儀なくされる。ある処分が、真の刑罰ではなく、また教育処分でもない。福祉法上の措置でもなく、いぜん刑事上のサンクションにとどまるとき、その処分は、実質的に「改善処分」（Besserungsmaßregel）であると。これは、教育援助処分が少年の有責性がみとめられないばあい、すなわち無罪のときですら、この処分が使用されることがある[25]ことからも明らかである。ただし、教育援助処分の場合、その処遇内容がきわめて福祉的、援助的であり、また少年の教育必要性から賦課されるのであるから、社会防衛の必要から付される真の改善処分と区別する意味で、これを、「準改善処分」と呼ん

で[26]、教育援助処分の性質を規定することとしたい。このように解することで初めて、教育援助処分の再生を図ることが可能となるように思われる。

（4）小括

　現在のドイツ少年司法制度のもとでは、教育処分は刑の代替として賦課される。これは、言葉を換えて言えば、教育処分は刑罰の代替となるほどの内容を持っているということである。そこで、刑罰が害悪だとすると、それと交換可能なものもまた、害悪だということになる。教育援助処分がドイツであまり使用されず、刑事上の制裁としての地位を疑われているのは、この処分がもはや刑罰の代替とはなり得ないほどに福祉的になっているということを物語っている。

　この内実豊かな処分を、少年の利益のために、なおも刑事上のサンクションの一種として留めておくことを企図するならば[27]、これを刑罰の影響という呪縛から解き放たねばならない。そうすることで刑罰権の作用から自由になって、裁判官が、少年の要保護性、要教育性に対応して、刑罰要請とは無関係の配慮から、援助処分を柔軟に付することが可能となる。すなわち、教育援助処分を教育処分のカタログから外し、準改善処分としての地位を与えることである。

4. わが国の少年保護観察

（1）総説

　非刑罰的対応の独立処分としての少年保護観察を、わが国の文脈で捉えると、少年法24条1項1号に規定される、「保護観察所の保護観察に付すること」という処分になる。これは、具体的には犯罪者予防更生法33条1項1号に規定されており、同条3項はこの一号観察の期間を、少年が20歳に達するまでとし、20歳に達するまで2年に満たない場合には、2年としている。また34条は1項でその目的を定め、「保護観察は、保護観察に付されている者を、第2項に規定する事項を遵守するように指導監督し、お

よびその者に本来自助の責任があることを認めてこれを補導援護すること
によって、その改善及び更生を図ることを目的とする。」として、2項で
一般遵守事項を定めている。さらに35条で指導監督の方法、36条で補導
援護の方法を具体的に定めている。

　一号観察は、一般事件保護観察、短期保護観察、交通事件保護観察、交
通短期保護観察、の4態様があり、分類処遇に配慮し、個別処遇、集団処
遇、類型別処遇を各態様に応じて使い分けている[28]。このうち今後注目さ
れるのは、短期保護観察である。これは、平成6年7月22日付け法務省保
護第375号保護局長通達「短期保護観察の実施について」が発出され、同
年9月1日から、一般事件の少年を対象とし、原則として6ヶ月以上7ヶ月
以内の期間で、課題指導を中心としておこなわれている[29]。

（2）適用件数と評価

　平成6年度に一号観察に付された少年は、53,989人であって、少年保護
事件により保護処分に付された58,308人の92.6%を占めている。そして
保護観察に付された人員の少年保護事件終局総人員に占める割合（保護観
察率）は16.5%である[30]。これをもう少し詳しく見ると、一般事件につき
7.2%、業務上（重）過失致死傷事件21.7%、道路交通事件25.5%、といず
れにおいても保護処分中では、最も多用されている（司法統計年報による）。
ただし、近年の一号観察新受事件件数は、平成2年以降家庭裁判所の受理
する少年事件の減少を反映して減少している。

　保護処分中に占める重要な地位にも拘わらず、学説は一号観察の問題点
を多く指摘している[31]。しかし、これらの批判のほとんどは、保護観察官
の不足や保護司の老齢化によるジェネレーションギャップなどの、現状に
対するもので、制度そのものに対するものは、それほど見あたらない。か
つて少年法改正の中間答申で提案された短期保護観察は、法改正を経ない
まま、上述のように実質的に導入されたと言えるので、プロベーションの
旨味が発揮できないとされた批判も、ある程度緩和されている。また成績
良好の際には、停止または解除がなされ得（犯罪者予防更生法33条4項）、

第6章　少年保護観察の理論　105

新たに虞犯事由があると認められる場合には、保護観察所の長は、家庭裁判所に通告することができる（同法42条1項）のであるから、終局処分を留保して心理強制をはかる必要もない。

　こうしてみると、一号観察に対する根本的な疑問は、これまでほとんど提出されていない。しかし、一号観察は、他のわが国の保護観察同様、指導監督という権力的契機をいぜん内包していることを看過してはならないのである。そして、一号観察が保護処分中最もよく使用されているのも、非行を犯した少年に対する反応として、刑罰要請の原理を満たす法的性質をこの処分が抱えているのかどうかを精査してからでなければ、積極的に評価することなどできないのである。

（3）法的性質

　犯罪者予防更生法は、条文の配列上、35条で、まず指導監督を先に持ってくることにより、これが次の36条の補導援護より優位にあることを示している。行状を見守る1号、遵守事項を守らせる2号、はともかく、3号の「その他本人が社会の順良な一員となるように必要な措置を採ること。」などは、かなり概括的規定で、解釈次第でどのような権力的指導も正当化されかねない危険が、少なくとも条文上は読みとれるのである。これではワーカーとクライエントとの信頼関係を基礎とするケースワークの実りある実現は危機にさらされる。また、補導援護もあるからといって指導監督の権力的契機が稀薄化されてしまうというものでもない。両者は互いに相容れないものであり、しかも同一人がその両方の機能を行使しなければならないときは、矛盾はいっそう強まるのである。従って、このような指導監督の機能を保護観察が有することは、保護観察の理念を危うくするものであり、保護観察と、行状監督のような保安処分との違いをあいまいにしてしまう畏れもある。保護観察は、補導援護のみを軸にしたものに構想される必要がある[32]。

　しかし、森下博士は、次のような点から、指導監督を含めない保護観察を支持しがたい、とされている[33]。第一に「保護観察は、指導監督と補導

援助とをその内容としている。両者は、いわば車の両輪にたとえられるものであって、そのいずれかだけを内容とする措置は、もはや『保護観察』とは言いがたい。……（中略）……要するに、『補導援護だけを内容とする保護観察』という提案は、概念的に法制度としての保護観察の意義を歪曲したものであるのみならず、満期釈放者の再犯防止にさほど効果を発揮するとは考えられない。」とされる。諸外国が少年保護観察の概念を成人に対するそれと区別し、新たな名称を与えているのは、博士が指摘されるように、まさにその内容が「保護観察」の概念を超えるものであるということである。その意味で、今後わが国においても、少年に対する非刑罰的対応の保護観察については、もはや保護観察という名称を用いることは、避けることが望ましい。次に第二の点として、「『補導援護だけを内容とする保護観察』なるものは、実質的には更緊保護にほかならない。仮に、更緊保護との法律上の差異を見出すとすれば、（1）更緊保護が本人の申出にもとづくこと、および（2）更緊保護の期間が6月以内と限定されていること、の二点であろう。」とされる。この部分は、満期釈放者に対する保護観察を論じておられる箇所なので、ことは二号観察に関わってくるのであるが、二号観察においても補導援護のみに保護観察は収斂されていくと考えられるので、名称変更は必要となってくる。そしてその内容は、博士が指摘されるように更緊保護と実質上同様なものとなるはずである。ただそれは、保護処分の一形態であるから、（1）の点で指摘されているように本人の申出に基づくことを、必ずしも要しない。

　こうして、指導監督を含む現行法上の一号観察は、そこに実質的に刑罰要請が及んでおり、刑の代替的性質をもたざるを得ない。しかし、保護観察の理念からは、指導監督を払拭した形での一号観察の姿が模索されるべきである。

（4）小括

　わが国では、刑事手続とは異なる少年保護手続による、家庭裁判所の非公開審判を経て保護処分が言渡される。ここでは全件送致主義が採られ、

また審判廷における検察官の出席権も認められていない[34]。このような司法構造のもとでは、国家刑罰権介入の余地は与えられておらず（少年法20条の決定は司法府、つまり裁判権の作用である）保護処分は刑事処分とは全く異なる司法処分であるかのようにも見受けられ、事実そのように解するのが通説といってもよい。しかし、現実に保護処分は、非行行為の重大性のみならず、世間の応報感情をも考慮に入れて、その選択が行われてはいないだろうか。その状況が重いほど、自由拘束度の強い処分を選択していないだろうか。そして、一号観察にはなぜ指導監督が含まれなければならないのだろうか。ここには、あきらかに刑罰要請の原理が隠されているように思われる。立法上解決したかのように見えても、理論的に矛盾を含んでいれば、現実には様々な不都合が生じる。わが少年司法制度は、非行行為を行った少年に対する刑罰権を、そのまま保護処分に振り向けたかたちになっているのである。これでは刑罰権の作用が保護処分にも及び、必然的に内容が懲罰的なものになってしまうのである。その意味では、一号観察に指導監督が含まれていることで、刑罰要請はこの部分によく吸収されていると言うことはできる。しかし、刑罰要請は本来刑事上処理されるべきで、保護処分の中に混入させるべきではない。

5. おわりに

わが国の少年保護観察が、監督と援助とをその内容とするものであるのに対し、ドイツの教育援助処分は、その内容が援助のみに純化されている。教育援助は、もともと福祉法にその起源を有するもので、援助的性質を本質とするのはむしろ当然とも言える。しかし、それがゆえに、これを刑事上のサンクションとして使用しようとすることは、刑事制裁の本質と相容れないのではないかという疑問も生じている。現実の適用件数の少なさもそれと関係している。ドイツの場合、良い処分を持ちながらも、それが刑事裁判の執行でなければならないがゆえに、福祉的処遇を用意すればするほど、それらは使用されにくくなるというジレンマがある。

これに対し、わが国の一号観察は、指導監督という、あるていど伸縮可能な法律概念によって、監視ないしは懲罰といった要求を充足しうる形態を持っている。そしてこれが故に、犯罪を行った少年をこれで処理しても、刑事手続の場合と比べてもそれほど非難は受けないのである。もし、わが国でも非行少年に対してドイツの教育援助処分のような福祉的処分で対応することとしたら、ドイツにおけると同じような批判を受ける可能性はでてくるとは思われる。一号観察は、実質的に、ドイツの「指示」と「教育援助」とを組み合わせたような機能を営んでいるとも言える。これを切り離し、一号観察を援助的性格のものに純化していき、監視の機能は他の処分に委ねるといったような方向が模索されるべきである。欧米諸国では、補導援護という福祉的な面が充実しているゆえに、保護観察をもって不利益処分と見る説はあまり見当たらない[35]。わが国でも、保護観察を少年の利益になるようにしていく努力がなされなければならない。

　以上、大変不十分ながら、少年保護観察の理論を追求してみた。次の機会では、どうすればわが国やドイツの少年保護観察が、よりよく活かされるのかにつき、制度論的な提案も行ってみたいと愚考している。

注

1）　非行事実の認定が直ちに保護処分をもたらすという意味では勿論ない。ここには少年審判の対象は何か、という重要な論点があるが、これについては別の機会に触れたい。

2）　加藤久雄『ボーダレス時代の刑事政策』（有斐閣、1995）は、168頁において、行状監督を「新しい『保護観察』制度である」とされる一方、210頁では「『行状監督』と『保護観察』の相違」を論じておられる。行状監督を保護観察の一形態とすることには、保護観察の理念からして重大な疑問がある。

3）　菊田幸一『保護観察の理論』6頁（有信堂、1969）。

4）　Negley K.Teeters and John Otto Reinemann, *The Challenge of Delinquency*, 1961, p.392., によれば、アメリカにおいても、少年裁判所の非刑事手続性に調和させるべく、"probation"の代わりに"supervision"の用語を使う法域がある。それは「プロベーション」という言葉は、それのもつ社会的側面を表現するに不十分であり、また、それがあまりにも強烈に刑事裁判所の専門用語であることが想起されるからである、としている。

5）　勿論、真の刑罰処分（プロベーション型）としての少年保護観察も存在するが、それは成人に対する保護観察と同じものであり、少年保護観察のオートノミーを認めることはできないので、ここでは触れない。

6）　詳しくは、吉中信人「フランスの少年保護観察制度―保護観察の形態に関する研究序説（1）（2）（3・完）―」一橋研究第19巻第1号・第2号（1994）及び第20巻第1号（1995）を参照。

7）　瀬川晃『犯罪者の社会内処遇』（成文堂、1991）155、156頁参照。

8）　本章においては、わが国における少年保護観察の視点から、ドイツ少年保護観察の検討をおこなう。ドイツにおける議論状況とそれに対する私見としては、N.Yoshinaka, Eine kleine Reflexion über die Erziehungsbeistandschaft, *Hitotsubashi Journal of Social Sciences*, Volume 20. No.4（No. 110）January 1996.（本書第6章補編）を参照されたい。

9）　Becker,W.,Erziehungsbeistandschaft nach dem Jugendwohlfahrtsgesetz,2.A., Eigenverlag des Deutschen Vereins für öffentliche und private Fürsorge,1973, S.8.なお、教育援助処分と保護観察の違いや、発展の経過、沿革等については、別稿で改めて論じる予定である。

10）　Becker,W., a.a.O., S.10.

11）　Herz,R.,Jugendstrafrecht,Carl Heymanns Verlag KG,1987,S.60-61.

12）　従って、1990年の少年裁判所法第一次改正法（1.JGGÄndG）は、教育援助処分には直接の影響を与えていない。

13）　Schaffstein,F./Beulke,W.,Jugendstrafrecht,12.Aufl.,Kohlhammer,1995.S.101.

14）　Albrecht,P.A.,Jugendstrafrecht,2.Aufl.,Verlag C.H.Beck,1993.S.195-196.

15）　Eisenberg,U.,Jugendgerichtsgesetz,5.Aufl.,Verlag C.H.Beck,1993.S.175.

16）　Eisenberg,U.,Jugendgerichtsgesetz,6.Aufl.,Verlag C.H.Beck,1995.S.178.

17）　Schaffstein,F./Beulke,W., a.a.O., S.100.,Albrecht,P.A.,op.cit.,S.193.usw.

18）　Böhm,A.,Einführung in das Jugendstrafrecht,2.Aufl.,Verlag C.H.Beck, 1985,S. 134.なお、この本の第3版（1996）では、本文のような状況を反映してか、教育援助処分に関する記述そのものが省略されている。これもいわゆる「ひとつの悲劇」といえようか。

19）　Eisenberg,U.,supra note 16, S.178.

20）　Schaffstein,F./Beulke,W., a.a.O., S.1.

21）　Böhm,A., a.a.O., S.133.

22）　ドイツ・トリア大学（Universität Trier）、キューネ教授（Prof. Dr.Hans-Heiner Kühne）が筆者に語ったところによる。教授によれば、教育処分は保安処分と刑罰との中間に位置する概念であるが、あえてどちらかと言えば刑罰であり、それはドイツにおける通説的理解である、とのことであった。これに対し、フランスでは通常、少年に対する再教育処分は、保安処分の一種と解されている。これについては、拙稿、「フランスの少年保護観察制度―保護観察の形態に関する研究序説（3・完）―」（一橋研究第20巻第1号、1995）57頁注182、本書117頁注6）、

をそれぞれ参照されたい。

23) Nix,C.（Hrsg),Kurzkommentar zum Jugendgerichtsgesetz,BELTZ,1993,S.89.

24) Nix,C.（Hrsg),a.a.O.

25) Yoshinaka,N.,Eine kleine Reflexion über die Erziehungsbeistandschaft, *Hitotsubashi Journal of Social Sciences*,Volume 20.No. 4（No. 110）January 1996,S.145.

26) Yoshinaka,N.,a.a.O.

27) Albrecht,P.A., a.a.O.,S.196-197.は、少年福祉法と少年裁判所法は本質的に相容れないということを指摘し、少年扶助法上の措置を少年裁判所法に組み入れることの矛盾に言及している。これは、1993年に労働者福祉協会によって提案された線に通じるものがある。

28) 詳しくは、岩淵道夫「少年に対する保護観察─多様化する取扱と処遇─」ジュリスト1087号、（1996）54頁以下参照。なお、その後、犯罪者予防更生法は、執行猶予者保護観察法と統合され、更生保護法（2007）となった。

29) これについても、岩淵・前掲同書58頁以下を参照されたい。

30) 最高裁判所事務総局家庭局「家庭裁判所事件の概況二・完）─少年事件─」法曹時報第48巻第1号82頁法曹会（1996）。

31) たとえば、森下忠『刑事政策大綱』〔新版第二版〕122頁、378頁（成文堂、1996）、藤本哲也『刑事政策概論』〔全訂版〕207頁（青林書院、1996）等。

32) 宮澤浩一・藤本哲也『講義刑事政策』［三宅孝之］279頁（青林書院、1984）。

33) 森下『刑事政策の論点Ⅱ』60、61頁（成文堂、1994）。

34) 2000年の少年法改正によって、非行事実認定について検察官関与が実現した（少年法22条の2）。

35) 森下・前掲注31）314頁。

（第6章補論）　ドイツ少年保護観察制度についての小論

1．序

　刑法的効果の種類のうちで最も重要なものは、社会内処分である。しかしながら、社会内処分のひとつとしての教育援助処分[1]は事実上、近年の少年裁判官の実務において、もはや「全く」の役割を果たしていないという[2]。少年扶助法上の法効果としては依然意味を持つとはいえ、教育援助処分の法制度が、少年刑事手続における教育処分として効力がほとんどないというのは、ひとつの問題である。なぜなら、教育目的は、少年扶助法の領域のみならず、少年刑法のそれにおいても全うされねばならないからである。そこで、本稿では、教育援助処分の活用を達するための方策を追究してみたい。

2．法的性質

　少年裁判所法上の法効果として、なぜ教育援助処分が取り上げて言うに値するほどの意味を全く持たないのかということの理由は、教育援助処分の法的性質と法的効力のなかに存している。教育援助処分は、「世話の指示」のような11条3項類似の強制手段を欠いている。さらに、教育援助司の活動の有効性は、少年と親権者の能力とやる気にかかっているという。というのも、教育援助司はただ助言をし、支援するのみで、決まった機能を有しているわけではないからである[3]。それゆえ、教育援助処分の法的効果には強制的性格は全くない。それはむしろ少年にとり心理学的に好ましいことである。少年が初めから教育援助処分に拒絶して対峙している場合は、教育援助処分の成果はまさに疑問視されるのであるから、ソーシャ

113

ルケースワークの理念からして、強制的性格の欠如には大きな意義が認められる。

　他方、教育援助処分は少年裁判所法上の教育処分のひとつであり、少年裁判所法は明らかに刑法であり、その法的効果は常に強制的性質を有している。そうだとすると、「教育」目的に対する疑念が生じてくる。それは扶助や支援という目的の示唆や、学説で要求されている少年と親権者の承諾によって取り除かれるものでもない[4]。少年裁判所法5条1項によれば、教育処分は少年の「犯罪行為の故に」言い渡される。教育援助処分が教育処分のひとつであるかぎり、理論的にそれが処罰効力を有するということを避けることはできない。しかし、実際、教育援助処分はそれじたいなんらの賦課も少年に対しもたらさないので、行為を処罰するために、大抵、さらに加えて懲戒処分、少なくとも戒告を科することになる[5]。このことは、教育援助処分が犯罪行為の故に言い渡されねばならないにもかかわらず、刑罰権の作用が、現実には強制的法効果として教育援助処分に及んでいないことを物語っている。この相互矛盾は、教育援助処分が教育処分のひとつであるべきことの必然性について疑いを生じさせる。この法制度を刑罰権の作用から解放することが、理論的にも、また法的にも必要であろう。とはいえ、教育援助処分の制度を完全に少年扶助法のなかに取り入れてしまうことにもまた疑問がある。この処分は確かに強制的性格を持たないがしかし、自由意志に基づく性格ではなく、当然ながら命ぜられた処分である。「兆候として」の犯罪行為の故に少年を罰するのではなく、支援するために、刑事裁判所じたい扶助提供のための固有の処分を、少なくともひとつは持っていることが必要である。

　こうして、司法上の教育援助処分は、児童少年扶助法におけるような給付提供ではなく、また教育処分とも懲戒処分とも少年刑ともみなされるべきではない。この法制度は、言い渡しに少年の犯罪行為を前提とする刑事制裁でなければならないが、しかし真の刑罰であってもならない。それは犯罪行為の故のみならず、責任要件を欠く場合にも言い渡されうるのである。結局、司法上の教育援助処分は、刑罰権の直接的作用を回避するべく、

「準改善処分[6]」として捉えられるべきである。それは強制的性格ではなく、介入的性格を有するのである。

3. 方　策

　少年刑事手続の領域において、教育援助処分から最大限の利点を引き出すためには、第1に、これを教育処分のカタログから取り出さねばならない。すなわち、少年裁判所法12条1項1号を削ることである。そのうえで、懲戒処分からも少年刑からも独立の法制度を創設せねばならない。その非強制的性格は、当然維持される。この新たな教育援助処分は、常に、他の処分と一緒に言い渡されねばならない。犯罪行為の故に他の処分が言い渡されるときは、この新たな教育援助処分が、理論上処罰効力を有するとすることは、不必要なばかりか不可能なことでもある。刑罰権の作用はもはやそこには及んでいないので、それは、扶助提供の性質のみを保持することができる。これにより、教育処分としての教育援助処分の矛盾は解消されることになる。

　第2に、少年裁判所法8条2項の2文目を削ることである。保護観察つき執行猶予の期間中、既に存在する教育援助処分の停止が言い渡されるのは、同時科刑要求のひとつの例外とされる。また、この規定の基礎にある思考は、保護観察つき執行猶予と教育援助処分との言い渡しにおいては、なおのこと当てはまるものとされる[7]。この思考　―無意味な二重の世話の回避（同箇所）―　は自由剥奪処分の「一元主義」原則に由来しているものと思われる。すなわち、これか、「または」あれ、のどちらかを取らねばならないのである。この理由は、自由剥奪の異なった形態は同時に言い渡され得ない、ということに求められる。しかし、現実には自由刑は社会内処分と結びつけられ得る。理論的にも、異なる法的性質を有する処分はなおのこと、二つ並んで言い渡すことができるはずである。少年が保護観察つき執行猶予のもとにあるとき、同時に存在する教育援助処分は、執行猶予期間の満了まで停止する必要はない。双方の法的性質が異なる以

上、双方の処分は並行して言い渡され得る。つまり、教育援助処分と異なり、保護観察つき執行猶予は、少年刑の際にのみ考えられるのである。更に、二重の世話は二重処罰ではない。裁判官が、それぞれの処分と並んで教育援助処分を付することができるということが望ましいであろう。

　こうして、教育と刑罰の「二元主義」の道を取ることが必要となるのである。

4.　結　語

　教育援助処分の再生は、その法的性質をどう解釈するかにかかっている。教育援助処分は、準改善処分と捉えられるべきである。そしてそれは、常に他の処分とともに言い渡されねばならない。そうすれば教育援助処分は、刑罰権の作用から解放されることができる。こうして教育援助処分の純粋な機能が果たされる。従って、教育援助処分の適用を拡大するためには、少年裁判所法8条2項の2文目と、12条1項1号は削られることが必要である。

注

1）　H．ヴェント（Die Rechtsstellung des Erziehungsbeistandes de lege lata und de lege ferenda, Rdj 1980, S. 240.）によれば教育援助処分は、1922年7月9日のライヒ少年福祉法56条に法律上規定されていた保護観察に由来する。また、この前身の制度は、イギリスを手本とした、非形式的かつ司法的な保護観察であった。ところで、日本の保護観察は、このドイツの教育援助処分に関係している。ドイツ保護観察の理念と用語は、1936年の思想犯保護観察法によって初めて日本法のなかに取り入れられた。ドイツでは、1961年の改正法である少年福祉法によって保護観察は教育援助処分に改められたが、日本においては、保護観察は未だに少年法のなかに存在している。それゆえ日本においても、保護観察は教育援助処分に取って代わられることが必要であろう。脅威となる非行の予防につき、今日保護観察が提供するほどの厳しい処置が常に必要であるとは限らないのである。

2）　たとえば、Schaffstein, F./Beulke,W., Jugendstrafrecht, 12. Aufl., 1995, S. 100.

3）　Eisenberg,U., Jugendgerichtsgesetzt, 6. Aufl., 1995, S. 180.

4）　Peter-Alexis Albrecht, Jugendstrafrecht, 2. Aufl., 1993, S. 196.

5) Böhm, A., Einführung in das Jugendstrafrecht, 2. Aufl., 1985, S. 133.

6) フランスにおいては、少年刑法上の教育処分は、保安処分とみなされている。たとえば、Bouloc, B., Pénologie, 1991, S. 307. あるいは、Salvage, P., Droit pénal général, 3e éd., 1994, p.110.,等。ちなみに、フランスの少年保護観察は、1912年の法律により、刑法典に規定されたが、これも、イギリスの「プロベーション」に由来するものである。

7) Nix,C.（Hrsg.）, Kurzkommentar zum Jugendgerichtsgesetz, 1993, S. 76.

第3部

少年刑法の基礎理論

第7章　少年の共犯となる成人刑事事件の事物管轄

1.　はじめに

　少年非行の特徴として、しばしば、非行の集団性、すなわち共犯傾向の高いことがあげられている。実際、一般事件における共犯のある少年の割合は、ここ10年間のうち、平成3年度まで概ね60％を超えており、平成6年度においても56.9％となっている。これを、過失犯を除く（成人）刑法犯有罪人員に占める共犯のあった者の、同年度26.1％と比較すると、少年の場合はかなり高い共犯率であることが分かる。これを非行別に見ると、共犯の割合が高いのは、暴力行為等処罰ニ関スル法律違反の97.3％を筆頭に、以下、強盗74.3％、傷害73.8％、脅迫72.4％、住居侵入55.1％、売春防止法違反50.0％、などとなっている。成人との共犯関係は、共犯のあるもののうち6.8％にすぎないが、非行別に見ると殺人において77.8％を占めるなど、深刻な結果を招いた事案に成人の関与が目立っている[1]。平成7年度では、少年における共犯率は、56.8％と下がったが、それでも成人における26.2％を大きく上回っており、成人との共犯率も6.6％を維持している[2]。

　このような、少年が関わる共犯事件について、管轄、審判の問題としてどう対応していくべきであろうか。少年同士が共犯関係にある場合は、事は比較的簡単である。しかし少年と成人が、同一または同種の客観的犯罪事実に関与しているような場合はどうか。通常、実体法上共犯とされるものは同一裁判所に係属する場合は刑訴法313条1項で弁論の併合がなされ得、同一裁判所に係属していない場合も、同法9条1項2号で関連事件と

121

なり、同法5条及び8条で併合審判し得るが[3]、訴訟法上は、成人年齢で一応の線がひかれており、双方が刑事事件とならない限り、これを境に実体法概念も、また手続法上の便宜も両領域を結びつけることはできなくなる。この当然のような法理を、いついかなる場合でも認めるべきであるか、そしで保護事件と刑事事件とはそれほどまでに異なるものであるのか、という点については一考の余地もありそうである。なぜなら、現在わが国を賑わしている少年審判に関する手続二分論も、非行事実認定については、刑事も保護も関係ないではないかという思考がその底流にあると推察し得るからである。

このように現行少年法は、少年の共犯者である成人の刑事事件を家庭裁判所の管轄としていない。そのため、少年は保護処分に付されるにもかかわらず、成人は起訴猶予または刑の執行猶予になることもあるという不均衡が、かねてより指摘されてきた[4]。そこで、とりわけ実務家の間に、たとえば少年を教唆して窃盗を犯さしめた者や、少年から、盗品その他財産に対する罪に当たる行為によって領得された物を有償で譲り受けたりした者に対する管轄権をも、家庭裁判所に包含させたほうがよいではないかという声も強いという[5]。たしかに、刑訴法9条1項2号、2項が共犯等につき関連事件の概念を認めている趣旨からすれば、審判の便宜上併合管轄を認め、科刑の適正、被告人の利益、実体的真実発見、訴訟経済に資するべきであるかもしれない。しかし、刑訴法9条は刑事事件に関する規定であり、少年刑事事件との関連であればともかく[6]、少年保護事件との関連を認めることは、解釈論としてはかなり困難である。そこで、この問題に関しては、もっぱら立法論として併合管轄の必要性が説かれてきたのである。

しかしながら、この問題に対する現行法上の解釈論は、必ずしもこれまで十分になされてきたとは言い難い。問題を立法論に放逐することはたやすいが、実りのある立法論を展開するためには、まず現行法制に対する可能性と限界を十分に把捉することが肝要である。そこで本章では、少年事件と成人事件、また保護事件と刑事事件に関する管轄問題の立法政策論を展開する準備作業として、その両者が交錯する場面である少年と成人の共

122　第3部　少年刑法の基礎理論

犯事件の事物管轄をとりあげ、デッサンを措いてみたい。

2. 少年保護事件と成人刑事事件との関連

　少年保護事件と成人刑事事件の開運問題に入るまえに、互いに少年保護事件である場合と、少年と成人が互いに刑事事件である場合、とを見ておこう。

　まず、少年保護事件同士は、両者とも家庭裁判所の管轄に属するため、事物管轄に関しては、刑事手続の関連事件概念を認める必要も余地もない。そこで共犯の場合、両者を刑訴法313条1項類似の思考で、併合審判し得るかが問題となる。従来から家庭局ではこれにつき、個別処遇の原則から消極に解するが、合理的な範囲でその例外を認めるという立場を採っている[7]。特に、共犯少年に共通する証人を調べる場合には、審理を併合する実益も大きいとし、併合審判により得られる利益と、共犯少年の審判に他の共犯少年やその関係人を立ち会わせることによる少年の情操や審判の教育的な効果に及ぼすマイナス効果、とを比較衡量してケースバイケースによって決すべきであるとしている[8]。ただし、決定書についてまで1本にする必要はないと解すべきである[9]。最近の裁判例も、たとえば福岡家裁久留米支部平成6年3月23日決定（家月47巻1号150頁）は併合審判を認めている。これについて家庭局は、「少年審判の密行主義や個別主義の要請から原則として許されないが、審理の迅速、適正、実体的真実発見といった要請も無視し得ず、共犯少年に共通の証人を取り調べる場合や、同一家族に属する少年の要保護性を審理する場合など、少年の秘密保持や情操保護、教育的配慮等の必要性が高くないときには、例外的には許されるとする見解が一般的と思われ、本決定も同様の理解を前提にしていたものと解される[10]。」などとしている。ここでの議論は正に少年審判の構造という根本的問題に関っており、政策論として論ずべき点も少なくないが、現行法上は、例外的に併合を認めて差し支えないものと思われる。

　次に、少年刑事事件と成人刑事事件の共犯については、両者とも刑事事

件であるから、原則として刑訴法上の問題となる。すなわち、同一裁判所に係属するばあいは、刑訴法313条1項で弁論の併合がなされ得、そうでないばあいも、同法9条1項2号で関連事件として取り扱われ得る。ところが、少年法49条2項は少年に対する被告事件について、他の被告事件と関連する場合にも審理に妨げない限り、その手続を分離しなければならない旨定めているので、それとの関係が問題となる。しかし一般に、同項は訓示規定であって併合は可能であり、仮に同項に違反して他の被告事件を併合したり、あるいは他の被告事件と分離しないで併合のまま審理したりしたとしても、その訴訟手続の違反は判決に影響を及ぼさないと解されている[11)][12)]。

　以上2つの場合においては、解釈論として併合審判の可能性は一応承認される。では、少年保護事件と成人刑事事件の場合とではどうか。一般に少年保護事件は家庭裁判所の専属管轄に属すると考えられており[13)]、成人の刑事事件は福祉犯を別とすれば簡裁、地裁、高裁の各刑事裁判所の事物管轄に属する。したがって、焦点は関連事件管轄が認められるか否かにかかってくる。刑訴法9条は刑事事件に関する規定であり、家庭裁判所においてなされる保護事件手続については少年法の規定が基本であるから、特に明文の規定がおかれている場合（少年法14条2項、15条2項）のほか、刑事訴訟法は一般に類推適用されないものと解する[14)]のが形式的説明として妥当であるかもしれない。

　しかし実質的に考えると、少年法40条の場合と異なって一般的準用規定がないということが、個別の条文における解釈上の類推適用を全面的に認めないということには繋がらない[15)]。たしかに、少年保護手続は、後見的職権主義、審問主義、非公開主義、非形式主義を基本とした構造をもち、他方刑事訴訟手続は、当事者主義、対審主義、公開主義、形式主義を基本とする構造をもつことから、両者の差異を重視し、これを互いに相容れないものと考えることには十分な理由がある。だが、この両手続の基本構造の差異が問題とならないような規定については、なお解釈上類推適用を認める余地があるのではないだろうか[16)]。少年法が少年保護手続を家庭裁判

所で行わせ、保護処分の決定を裁判によらせることとしたのは、法の適正
手続により少年の基本的人権を保障すべきことを企図したと考えられるの
であって、この際には、刑事訴訟法学の成果であるデュープロセスの法理
を可能な限り少年保護手続にも推及せしめるべきであるともいえる。とり
わけ非行事実認定過程においては、この要請は強い。併合審判が少年の利
益に資するようなときは、例外的に刑訴法9条1項2号を類推適用する余
地もあるのではないかと考えられる。

　もし併合が可能であるとすれば、それは少年保護事件に成人刑事事件が
併合されるケースである[17]。成人刑事事件に少年保護事件が併合されるこ
とも、観念的には考えうるが[18]、それではせっかくの保護事件が刑事事件
として取り扱われ、家庭裁判所に専属管轄を認めた趣旨が無意味に帰して
しまう。そこで、少年保護事件が成人刑事事件を併合するためには、成
人刑事事件の係属する裁判所が家庭裁判所の下級であらねばならないから
（刑訴法3条1項、5条1項）、考えうるとすれば簡易裁判所との関係のみであ
るということになる。実際、窃盗の罪等の軽微な事件で簡裁の事物管轄に
属する成人も多いことを考えると、若年成人との共同正犯における事実認
定や科刑の適正に資し得ることは考えられる。なお、刑訴法9条1項2号
で一応関連事件とされると、まず同法3条1項の問題となるが、同項の文
言「併せてこれを管轄することができる」の意味として、上級の裁判所の
事物管轄に属さない関連事件についても上級の裁判所が固有の管轄事件と
併合して審判する場合に限り管轄権を取得するという意味である、とする
見解がある[19]。しかし、3条の場合は、上級裁判所内で両事件が同一の訴
訟法上の裁判所に係属することは必要でないし、また同一の訴訟法上の裁
判所に係属する場合であっても、両事件について併合審判することは必ず
しも必要とされないと解すべきである[20]。3条1項が「併せてこれを管轄
することができる」とし、5条1項が「併せて審判することができる」と
しているのはこの意味であって、併合管轄の狙いが併合審判を可能にする
ことにあることは否定できないものの、併合審判をなすか否か又はその時
期等は、具体的な訴訟の進行状況を勘案して決すべきものであり、このよ

うに具体的、個別的に決せられる併合審判との関連で、本来抽象的、画一的に定められるべき管轄権の有無が左右されるということは不合理であると考えられる。ちなみに、8条1項に関してではあるが、併合決定書の様式も単なる併合決定と審判併合決定のものとに分かれている[21]。

こうして、併合審判を必ずしも前提としない併合管轄が成立するとすれば、たとえ保護事件と刑事事件との違いがあっても、検察官が刑訴法3条1項に基づいて、家庭裁判所に係属する少年保護事件と関連する成人事件を同家庭裁判所に起訴したとしても、少年審判構造に直接影響を与えるわけではないから、これは積極に解されるべきである。問題は係属後弁論の併合ができるかであるが、これについては私見のところで述べる。ただその前に、家庭裁判所が簡易裁判所の上級の裁判所であるかには問題があり、これは特に福祉犯の併合管轄をめぐって議論されているところでもあるので、節を改め、この問題について考察してみよう。

3. 福祉犯の併合管轄

家庭裁判所が成人の共犯事件を併合管轄し得るか否かを考えるにあたって、考察に値するのは、家庭裁判所の刑事管轄権が、少年法37条1項に掲げられた事件に厳格に限られるのかという問題である。この問題をめぐっては、家庭裁判所と簡易裁判所の上級下級関係にからみ2説の対立がある。これを便宜上仮に、限定説、非限定説と称し、検討してみたい。

限定説は、そもそも家庭裁判所は司法行政上も審級上も簡易裁判所の上級裁判所としての地位を有しないから、刑訴法3条・5条の「上級の裁判所」には当たらず、また、もし、刑訴法3条・5条が家庭裁判所と簡易裁判所との間にも適用されるとすれば、刑訴法9条の関連事件でありさえすれば、簡易裁判所の管轄に属する事件もすべて家庭裁判所が審判できることになるが、このような結論は、少年の福祉を害する一定の罪に限り家庭裁判所が審判できるとした少年法37条の趣旨に反するとする[22]。

しかし、多数説は非限定説を採り、家庭裁判所は地方裁判所と同格の裁

判所であるから簡易裁判所の「上級の裁判所」に当たり、刑訴法3条・5条によって家庭裁判所が簡易裁判所の管轄に属する関連事件と併せ管轄ないし審判できる、としている[23]。

限定説によれば、関連事件概念を認める趣旨である、被告人の利益、科刑の適正、実体的真実発見、訴訟経済といったそれぞれの目的が矛盾しないような場合にも、なお、少年法37条に拘泥し、併合管轄を認めないことになるが、あまりにも形式的であり、いきすぎた概念法学との批判を免れない。もともと、少年の福祉を害する罪は少年法37条1項に限ったものではなく、売春防止法、職業安定法、風営適正化法、毒物及び劇物取締法、覚せい剤取締法、青少年保護育成条例その他の法令に及んでおり、福祉犯被害少年、検挙人員とも圧倒的に37条1項以外の罪の方が多いのであって、しかも、立法当時、現在は削除された39条によって科刑権が制限されていたため少年法37条1項に取り入れられなかった遺棄の罪（刑法217条、218条）や未成年者略取及び誘拐の罪などは、39条が削除された現在、37条1項中に列挙されてしかるべきはずのものであるから、もはや、現行37条1項の列挙に拘泥する理由はないと言わねばならない[24]。すくなくとも刑訴法9条の関連事件であれば、主観的関連であれ客観的関連であれ、併合管轄の可能性を承認すべきである。これを認めたとしても、必要的併合ではないうえ、いったん係属しても、併合の必要がなくなれば刑訴法4条で分離移送すれば済むことであるから、問題は生じない。

なお、鹿児島家裁昭和47年2月6日判決（家月25巻8号117頁）は、両者とも福祉犯の事件について、併合審判を認めたケースである。事案は、簡易裁判所に係属中の風俗営業取締法（当時）違反被告事件と家庭裁判所に係属する児童福祉法違反被告事件とを関連事件として刑訴法5条により併合し、家庭裁判所において審判したものである。

判決は理由中で、「併合審判の理由」として5つのものを挙げているが、そのうちの3番目で次のように述べている。「家庭裁判所は、簡易裁判所の裁判に対する上訴事件を取り扱わず、簡易裁判所及びその職員に対する司法行政上の監督権も有しないので、簡易裁判所に対する関係で、刑事訴

訟法5条にいわゆる上級の裁判所といえるかどうかについては若干疑義がないではない。しかし、家庭裁判所は、通常裁判所の系列に属する裁判所で審級上も司法行政上も最高裁判所及び高等裁判所に次いで地方裁判所と並んで第3層に位し、しかも同列の地方裁判所が審級上も司法行政上も簡易裁判所に対し上級裁判所たる地位を有する関係にあるのであるから、通常は取扱事件にかかわりあいがないためと同列に地方裁判所があるために実際には簡易裁判所と上級下級の関係に立たないのであるけれども、その場合も抽象的論理的には簡易裁判所と上級下級の関係に立っているとみることは可能ではないかと思われ、現実に家庭裁判所の取扱事件と簡易裁判所の取扱事件とがかかわりあいを持って来たような場合には正にその関係が現実化するとみてもよいのではないかと思われる。……（中略）……そして裁判所の構成のうえからみても、審級の利益の点でも、家庭裁判所簡易裁判所間で関連事件の管轄の併合や審判の併合を認めても、当事者の利益を害するおそれはないものと解せられる。」この事案は両事件が刑法45条前段の併合罪の関係に立ち、被告人としては、一括して審判されるほうが利益であり、現に被告人の弁護人から併合審判されたい旨の申出があった。本判決は先例としてはこのように1人が数罪を犯した場合に限られることになると思われるが、その前提として福祉犯における関連事件の概念を認め、かつ家庭裁判所が簡易裁判所の上級であることが承認されているのであり、共犯等、数人が1罪を犯したばあいにも併合管轄が認められるべきであると解される。

　こうして、両事件が刑事事件である場合には、少年法37条1項列挙の福祉犯以外の罪のときにも、家庭裁判所の刑事管轄権が認められることになる。そして、少年保護事件と直接結びつきのない成人の刑事事件でさえ家庭裁判所の管轄としている少年法の趣旨からは、さらにその関連事件が併合管轄され得るのに、少年保護事件と直接の結びつきを有する共犯事件につき、保護事件との関連であることを唯一の理由としてこれを認めないということにはたして合理性があるだろうか。刑事管轄権に関する37条1項の制限が解除されているとすれば、すくなくとも管轄の問題としては理論

的に係属可能だと考えられる。そこで章を改め、このことをもう少し詳しく考えてみたい。

4. 少年保護事件と福祉犯

わが国の福祉犯は、アメリカの原因供与罪と異なり、その福祉を害された少年に非行があったことを必要としていない[25]。しかしもしその福祉を害された少年が非行を犯し家庭裁判所において保護事件として係属しているとすると、すでにそれらは同一裁判所の管轄に属しており、弁論の併合がなされないまでも、証拠関係、科刑（少年は処分）の適正にとって好都合であることは容易に想像できる。しかしこの場合、福祉犯と少年の非行事実とは、構成要件が異なる以上客観的犯罪事実を各別にしていることが通常で、ときには当該福祉犯とは全く関係のない場合さえ考えられる。それにもかかわらず、同一裁判所に係属し得るという便宜を得ているのである。これに対し、たとえば共同正犯は、多くの場合客観的犯罪事実を共通にしており、教唆犯、従犯の場合でさえ、福祉犯のばあいと比べて主観的にも客観的にも両者の結びつきははるかに強いにもかかわらず、通常少年法37条の厳格解釈によってその併合管轄の可能性は否定されている。そのため1節でみたような、刑訴法3条または5条による併合管轄・審判の可能性が模索されるのである。しかし、刑訴法3条・5条でいくと、簡易裁判所の刑事管轄権は裁判所法33条1項2号の罪に限られているので、それ以上の罪とのあいだでは、併合管轄が認められない。それゆえ既に管轄の問題をクリアしている少年保護事件と福祉犯との関係構造が注目されるのである。これによれば、成人の関与が重大なものであっても管轄権に支障はない。しかし、逆にこの場合は、両者の繋がりが共犯のばあいより直接的でないこともあり（勿論刑事事件と保護事件の差異は決定的であろうが）、手続は分離されている。

もともと少年法が少年の福祉を害する成人の刑事事件について規定を設けたのは、少年の福祉を護るという理念が少年保護事件と共通しているか

らであるのに、その手続規定は一般の刑事事件の手続と何等の差異をおかず、刑事訴訟法の規定によることとしている。これによれば、審理の過程において、その成人によって、福祉を害された少年が果たして非行に陥ったかどうか、もし陥ったとすれば、その非行の内容、程度、さらにはその少年に対してとられた保護措置ないし処分の有無や方法などについてまで、審理究明することを要求する明文はない。実務家のなかには、これを裁判官の訴訟指揮でまかなうべきだとする意見がある[26]。そして「そこまで究明してこそ、少年の福祉を害する成人の刑事事件の被告人の量刑について、少年に対してとられた保護処分との均衡も考慮し得て、検察官はより確信のある求刑ができるだろうし、弁護人も被告人のために十全な弁護ができるのではなかろうか。現実の家庭裁判所の法廷で多くなされている審理の方法程度では、成人の刑事事件は手続きの面から見て、少年の保護と何等有機的な関連を持ってはおらず、被告人を刑事処分に付する手続にのみ終始している感がある。」として、手続面における少年保護事件との連携の必要性を指摘されている[27]。

　このように、少年保護事件と福祉犯とが同一家庭裁判所に係属するばあいには、できるかぎり両者の関連を考慮した実務の運用がなされるべきであると言える。しかし一方、福祉犯は必ずしも少年の非行を伴うとは限らず、少年は一方的な被害者というケースも多く（そもそも少年自身に対する罰則がないことが多い）、両者の当罰性が高い共犯の事例とは、併合審判の必要性において異なるところがある。少年保護事件と福祉犯のばあいには、既に同一裁判所の管轄に属しているのであるから、訴訟指揮等実務の適切な運用によって、まだしもまかない得るものと思われる。併合管轄の必要性は、少年保護事件と成人刑事事件の共犯現象にこそ求められているのである。

5. 私見 ──手続構造に対する実体法概念からの統制

　少年保護事件と成人刑事事件の関連は、解釈論としてかなり厳しいもの

であるが、もし仮に刑訴法9条1項2号が類推適用され得るとしても、併合されるべき事件が、簡易裁判所の固有管轄権の事件に限定されてしまうので、これには限界がある。そこで、家庭裁判所の成人に対する刑事管轄権規制（裁判所法第3条の3第1項第3号）が、少年法37条1項所定の福祉犯（便宜上狭義の福祉犯と称する）における関連事件併合管轄により解除されているものと考えられるとすれば、少年の保護事件と、より実質的に関係の深い共犯については、その刑事管轄権が家庭裁判所に認められてしかるべきである、ということになる。そこで、少年法37条1項に列挙される犯罪類型を一種の例示規定と見て、少年とともにする共同正犯、少年に対する狭義の共犯を少年の福祉を害する犯罪の一形態として把握し、これを検察官は家庭裁判所に起訴し得ることと解する。訴訟法的規定である37条1項の「次に掲げる成人の事件については」という文言は、「次に掲げる成人の事件に限り」というように読むべきではなく、「次に掲げる成人の事件については……しなければならない」が、「次に掲げる成人の事件以外の共犯事件については……することができる」とする目的論的解釈も許されると解するのである。ただし、従来の少年法37条1項のばあいと同様、保護事件と刑事事件という枠組みおよび審判構造の根本的な違いは動かせないから、刑訴法313条を類推適用して弁論の併合を認めることはできない。しかし、事実認定の段階では両者は共通することが多く、しかも狭義の福祉犯の場合よりも事実の合一的確定の要請は強いと考えられるうえ、刑と処分の均衡をはかる必要もあるので、狭義の福祉犯のばあいにもまして、両者の連携をはかる実務の運用が期待されるところである。

　問題はなぜこのようなことが認められるのかという実質的な理由づけである。言い換えると、なぜ、狭義の福祉犯でもなく、福祉犯の関連事件でもない、少年保護事件の成人共犯を家庭裁判所で併合管轄できるのか。それは、一言すれば、実体法概念の手続面への規制的効力である。個人責任の原則を堅持しつつも、すくなくとも法益侵害という違法状態惹起の確定過程について共犯は連帯するべきなのである。そして、手続と実体とは不即不離の関係にあらねばならず、あまりに実体にかけ離れた手続は、条文

の合理的解釈によって修正が施されるべきである。勿論被告人に不利益な方向での類推解釈は許されないが、被告人に利益となれば可能な限り類推して差し支えない。そして、併合管轄を認める具体的なメルクマールとしては、さしあたり、次のように考えてはどうか。つまり、刑訴法9条1項2号の解釈より狭く、単なる同時犯は含まないが、必要的共犯、共同正犯、教唆犯、従犯、であることを要し、それも部分的犯罪共同説を標準として認められる共犯に限ることとするのである。これは、併合管轄を認めるべきか否かという道具的基準で選択されたもので、刑法上共犯の成否にたとえ行為共同説その他の説を採用しても何等矛盾しない。なぜなら、併合管轄を要請する強い一体性が実体法上の概念に対し求められており、少なくとも部分的犯罪共同がなければ、異なる手続の壁に路がることができないと考えられるからである。しかし、完全犯罪共同説のところまでは要求されないと思われる。つまり、たとえば成人が窃盗を教唆したところ少年が強盗に及んだような場合、窃盗教唆と強盗正犯は、罪名従属性という点では一体性に欠けるものの、併合管轄の利益は高いと考えられ、このようなときに厳格な意味で犯罪の一体性を強調し過ぎることは現実的でないからである。したがって罪名従属性をあまり厳格に解する必要はない。

　こうして、成人共犯者を広義の福祉犯のなかに包摂し、刑と処分の均衡を期待する検察官の裁量によって、家庭裁判所への訴追を可能とすることができることになる。しかし、狭義の福祉犯の場合と同様簡易裁判所と地方裁判所も競合管轄権を有するものの、それと異なって共犯事件は、「公訴は、これを家庭裁判所に提起しなければならない」という規定の外にあるので、簡易裁判所または地方裁判所に公訴提起がなされた場合にも、刑訴法338条4号の「公訴提起の手続がその規定に違反したため無効である」ときには当たらず、公訴棄却されることがないのは勿論である。

6. おわりに

　共犯現象という、少年に特徴的といえる実体的な非行形態が、現行法上、

手続の場面でどうそれに即した形で取り扱われているのかを探ってみた。それは、保護事件、刑事事件という枠組みのなかでは、実体に即した形で併合審判の可能性を留保していたが、保護事件と刑事事件という枠組みを越えるものではないことが明らかとなった。解釈論としては福祉犯と同様に考えることにより、保護事件と刑事事件の併合管轄を認めることがせいぜいなのである。

　しかしながら、保護か処罰かという処遇論は、いずれも犯罪的事実の認定を前提とするものであり、そうであれば立法論としては、事実認定過程の併合審判の可能性は首肯できるのではなかろうか。その際、事実認定については対審構造のほうが優れていることは明らかであるから、少年審判の構造も結局この過程では成人刑事事件の構造に合流することになるのであろうか。ただし、少年の情操保護という視点は見逃せないから、少年の同意を条件として、現行刑訴法313条類似の規定で弁論の併合を認め、少年の利益保護及び保護事件と刑事事件との差異を顧慮して、それを罪体[28]部分についてのみ行い、その過程以降は再び手続を分離したうえで両者の刑と処分の均衡をはかるように配慮する、といった方策、あるいは弁論を分離したまま、先行する成人刑事裁判の客観的既判力を後行する少年保護事件に及ぼすといった方策[29]、などが立法論として思い浮かぶが、これらは少年司法を含めた刑事司法全体のシステム論に関わってくるところでもあり、他日を期すことにしたい。

　少年司法制度は、少年における非行の遂行者としての側面と、成人犯罪の被害者としての側面と、との両方に十分配慮したものでなくてはならないが、少年法の規定、そして現今の少年司法改革のための議論も、いくぶん前者に偏り過ぎではないだろうか。むしろ現状は、大人社会の有形無形の悪影響を受けざるをえない子どもたちが、そうするよりしかたなしに非行に走っているようにも見受けられる。そうした子ども達の非行事実を認定することも大切かも知れないが、少年と共同し又は少年の非行を幇助し、教唆する者は、一種の福祉犯であり、彼らに対して法的に適切な処置を講ずることも、また大切なことなのである[30]。

注

1) 以上の統計は、最高裁判所事務総局家庭局「家庭裁判所事件の概況（二・完）—少年事件—」『法曹時報』第48巻第1号（法曹会、1996）61、62頁に依った。

2) 最高裁判所事務総局編『平成7年司法統計年報（少年編）』（法曹会、平8）より算出。

3) 1号の関連事件については、筑間正泰『一事件一裁判の原則』広島法学14巻4号105頁参照。

4) 森下忠『刑事政策大綱』〔新版第2版〕353頁（成文堂、1996）。

5) 司法研修所『再訂少年法概説』125頁（司法研修所、1965）。

6) 少年法49条2項は、「少年に対する被告事件は、他の被告事件と関連する場合にも、審理に妨げない限り、その手続を分離しなければならない。」と規定するが、最高裁（昭24.8.18刑集3.9.1489）は、「少年と共犯関係にある事案の審理を分離して審理するためにかえって事案の真相を明らかにすることができない場合のおこりうることは想像に難くないところであるから、同条の規定には『審理に妨げない限り』という制限を設けているのであって、少年に対する被告事件はこれを絶対に他の被告事件と併合して審理することを禁止してはいないのである。」としており、同項が訓示規定であることは、一般に承認されている。

7) 法務省刑事局『少年法関係執務資料』179頁（検察資料〔167〕、1973）〔昭和36年11月全国少年係裁判官会同家庭局見解〕。

8) 法務省刑事局前掲同書180頁〔昭和39年3月全国少年係裁判官会同家庭局見解〕。

9) 前掲書180頁。

10) 最高裁判所事務総局家庭局・前掲注1）120頁。

11) 田宮裕編『少年法』277頁（有斐閣、1986）、なお笹内純一『新版実務刑事訴訟法全訂版』435、436頁（立花書房、1965）。

12) 少年法49条2項には、同法同条1項や同法9条のように「なるべく」という文言を欠いているが、このことは同項が訓示規定であることの妨げとはならないと解される（東京高裁昭27.12.1高裁刑集5.12.2262）。

13) 渥美東洋『刑事訴訟法〔新版〕』223頁（有斐閣、1990）。

14) 井上勝正『少年法—解釈と実務』30頁（日世社、1971）。

15) 野間洋之助「少年保護事件と刑事訴訟法の準用」別冊判例タイムズ第6号75頁。

16) 野間・前掲論文76頁。

17) ただし、共通証拠物の取扱いにつき犯罪捜査規範212条1項は、その1号で少年事件と成人事件とが関連する場合には、原則として、成人事件に証拠物を添付すべきことを規定していることに注意すべきである。捜査段階では、まだ少年事件が、保護事件となるか、刑事事件となるかは不明である。

18) 内乱に関する罪および独禁法違反の罪を犯した成人との共犯少年につき、刑訴法3条2項または5条2項に基づく併合審判の可能性であるが、当然消極に解すべきである。同旨、松尾浩也監・松本時夫・土本武司編『条解刑事訴訟法〔新版〕』9頁（弘文堂、1996）。

19) 山西晃『裁判所書記官研修所実務研究報告書・刑事訴訟事件における併合・分離・

再開に関する書記官事務の研究』9頁（法曹会、1981）、団藤重光「新刑事訴訟法綱要〔七訂版〕』80頁（創文社、1974）、平場安治ほか『注解刑事訴訟法〔上巻〕』21頁（青林書院新社、1968）、高窪喜八郎、久礼田益喜編『刑事訴訟法（上）』22頁（中央大学出版部、1950）等。

20）伊藤栄樹ほか『注釈刑事訴訟法〔新版〕第1巻』95頁（立花書房、1995）、藤永幸治ほか『大コンメンタール刑事訴訟法第一巻』103賞（青林書院、1995）、青柳文雄『五訂刑事訴訟法通論（上巻）』105頁（立花書房、1949）。

21）山西・前掲注19）38、39頁参照。

22）平場安治『少年法〔新版〕』461頁（有斐閣、1971）、藤原籐一「少年の福祉を害する事件と管轄裁判所」平野龍一、松尾浩也編『実例法学全集・続刑事訴訟法』142,143頁（青林書院新社、1979）、北島敬介『福祉犯罪―解釈と実務』258、259頁（日世社、1979）、小林充「少年法37条をめぐる諸問題」397頁（家庭裁判資料115号）。

23）団藤重光「条解刑事訴訟法（上）」15頁（弘文堂、1950）、下村三郎「裁判所（その二）―裁判所の権限」団藤重光編『法律実務講座刑事編第一巻』87、88頁（有斐閣、1953）、小野清一郎ほか『刑事訴訟法（上）〔新版〕』16、17頁（有斐閣、1985）、田宮裕『注釈刑事訴訟法』8頁（有斐閣新書、1980）、高窪喜八郎・久礼田益喜編『刑事訴訟法（上）』22頁（中央大学出版部、1950）、伊藤栄樹ほか『注釈刑事訴訟法〔新版〕第1巻』94頁（立花書房、1995）、柏木千秋ほか『注釈刑事訴訟法第一巻』31頁（立花書房、1976）、青柳文雄『五訂刑事訴訟法通論上巻』103頁（立花書房、1975）、藤永幸治ほか『大コンメンタール刑事訴訟法第1巻』97頁（青林書院、1995）等がある。

24）同旨、安部哲夫「『少年福祉阻害犯』に関する序論的考察」北陸法学第1巻〔北陸大学法学部開設記念号〕34、35頁（1993）。

25）平場・前掲注22）453頁。

26）中西孝「少年の福祉を害する成人事件」判例タイムズ第167号臨時増刊136頁。

27）中西・前掲論文136頁。

28）ここでの罪体は、何人かの犯罪行為に起因する法益侵害では足らず、被告人の犯罪行為に起因する法益侵害と解すべきである。

29）これについては、フランスにおける、刑事裁判が民事裁判に対して及ぼす既判力論が参考になる。

30）以上の考察は、福祉犯の刑事管轄権が廃止された今日、新たな、家裁の科刑権創設に基づく立法政策論につながるものと考えられる。

第8章　少年法の起訴強制手続

1.　はじめに

　平成9年9月18日最高裁第一小法廷は、いわゆる調布駅南口集団暴行事件（以下単に調布事件とする）[1]の上告審として原判決を破棄し、さらに検察官の控訴を棄却する判決を下した[2]。これにより、第一審東京地裁八王子支部の公訴棄却判決[3]が確定することになった。起訴時少年であったＣは第一審判決時既に成人に達していたが[4]、ようやく手続から解放され、また同地裁同支部に係属中であった4人の被告人も、同年10月28日、公訴の取消を受けて同支部で公訴棄却の決定を得た[5]。

　調布事件は実に多くの論点を含んでおり[6]、とりわけ少年事件における不利益変更禁止原則適用の可否については、特に控訴審[7]の判断をめぐって多く論じられ[8]、上告審判決後も優れた論稿が散見されるところである[9]。従来の論点もまだ十分に議論し尽くされたとは言い難い状況にはあるが、本章は、これら諸先学の成果に屋上屋を架そうとするものではなく、また調布事件につき正面から検討を加えようとするものでもない。調布事件を素材としつつも、これまでの考察で詳しく論じられることが少なかった逆送決定と公訴提起行為との関係およびその評価に焦点を当てて、少年事件における起訴強制の意味について考えてみようとするものである。このような論点は調布事件の意義に照らすと周辺的なものにすぎないが、最高裁の判決で確定を迎えた結果、結局この裁判によって何が非難されたのかは、いぜん理論的に十分詰められているようには思われないのである。

2. 逆送決定と公訴提起の関係

　少年法45条5号本文は、「検察官は、家庭裁判所から送致を受けた事件について、公訴を提起するに足りる犯罪の嫌疑があると思料するときは、公訴を提起しなければならない。」として、刑訴法248条の起訴便宜主義に制限を加えている。但書に規定される三つの例外の場合を除いて、起訴が強制されるのである[10]。そうであれば、家庭裁判所による少年法20条送致（23条1項に規定される場合も含むが、以下では特に断らず、単に逆送とする）に問題があった場合でも、例外事由がない以上、検察官としては起訴猶予とすることはできないので[11]、その公訴提起行為を非難されるいわれはないのではないか、という疑問が生じる。実際、この点につき検察官は第一審においてこの旨の主張をしたようであるが、「家庭裁判所の検察官送致決定が違法、無効である以上、本件起訴もまた違法、無効であるといわざるを得ず、検察官の右主張は、独自の見解であって、採用することができない。」と一蹴されている[12]。また、控訴審では「本件検察官送致には、不利益変更禁止の原則に反する違法はな」い、とされたので、「これを受けた検察官による本件公訴提起も有効であ」るとされ[13]、第一審を支持した上告審でも「本件検察官送致決定は違法、無効というべきである。したがって、右検察官送致決定を前提として少年法45条5号に従って行なわれた本件公訴提起の手続は違法、無効といわざるを得ない。」とされており[14]、逆送決定の問題性（控訴審の場合は問題のないこと）がそのまま公訴提起の問題性（問題のないこと）に承継されることが明らかにされている。

　学説においても、起訴強制がかかっている以上、このことは自明のこととされているようであり[15]、特に疑問は提示されていない[16]。しかし、そもそも非難されるべきは不利益変更禁止原則に違反した差戻審たる逆送決定である、という理解は、第一審および上告審、そして学説の多くに共有されているのではなかろうか。現行法上、不服申立を認める明文規定がなく[17]、それどころか抗告を否定した裁判例もあるため[18]、逆送決定じたい

の非難ができないがゆえにこれを承継した公訴提起行為の瑕疵を問題にしている、というにすぎないのではないかと思われるのである[19]。しかし、ここにはひとつのパラドックスがある。つまり、単純に逆送決定の瑕疵が公訴提起行為に承継すると考える見解は、その瑕疵ある公訴提起行為のおかげで刑事裁判所への係属が果たされ、そこにおける審理の結果、はじめて元の逆送決定の瑕疵を認定してもらうことができる、ということが言えるのである。もし瑕疵ある公訴提起行為がなされない場合、たとえば例外事由に該当して不起訴処分となったようなときは、たとえ家裁に再送致されても、その審判で元の逆送決定の瑕疵を認定してこれに対して非難を向けることはできないと考えられる[20]。なぜなら、再送致されても審判の対象に変化はなく、元の逆送決定それじたいの当否が再送致審の審判対象に組み入れられるわけではないからである。

　こうしてみると、立法論をいうのでなければ、現行法の解釈としては、瑕疵ある公訴提起行為はあったほうが良いということにはならないだろうか。だとすればこれまでのように、逆送決定違法・無効、故に公訴提起違法・無効といった一元的且つ単純な論法で公訴提起行為の非を強調するのはどこかに問題があるのではなかろうか。逆送決定や公訴提起行為をもう少し精緻に検討してみる必要がありそうである。それには、近年議論されることが少ないが、訴訟行為論の視点が不可欠且つ重要であると考えられるので、以下これに基づき考察してみたい。

3. 訴訟行為の評価

　ここでは、まず考察に利用されるべき（一）訴訟行為の評価基準、を提示し、それを用いて従来の考察方法を、（二）逆送決定、（三）公訴提起行為、の順に批判的に検討し、（四）小括、を行なう。ただし本章は、訴訟行為論それじたいを検討対象とするものではないので、これについては、別の機会に譲りたい。

第8章　少年法の起訴強制手続について　139

（1）訴訟行為の評価基準

　一般に、訴訟行為とは、訴訟手続を組成する行為で訴訟法上の効果を認められるものをいう。ここで問題としたいのは、その評価基準である。調布事件の第一審、控訴審、上告審の各判旨および学者の評釈・論稿のほとんど全てにおいては、逆送決定と公訴提起行為が、違法・無効という概念によって評価されている（控訴審においては、「違法はなく」ゆえに「有効」という論法をとっている）。このような評価方法はこの事件に限ったことではないかもしれないが、有効・無効のほうはともかく、合法（rechtmäßig）とか違法（rechtswidrig）という概念はもともと実体法分野での評価基準であったはずである[21]。訴訟行為の評価にこのような概念を用いるのは本来好ましいことではない。捜査過程などを想起するまでもなく、ひとつの行為に対して実体法上の評価と訴訟法上の評価は両立し得るからである[22]。ここでも、逆送決定や公訴提起行為の犯罪成立性を問題にしているわけでないことは明らかである。ではどのような基準を用いるべきか。

　わが国では、ザウアーの示した古典的な四つの評価カテゴリーがいまだ通説的地位を占めていると思われるので、基本的にはこの区分に従うこととしよう。すなわち、成立性、有効性、適法性、および理由具備性、である[23]。このうち問題があるのは、有効性と適法性の関係についてである。学説のほとんどにおいては、この点につき、適法であれば原則として有効であるが、不適法であっても必ずしも無効とは限らない、という点で一致がみられるようである[24]。しかし、ベーリングが、適法性と有効性の条件につき、「ある行為がunzulässigであっても、wirksamであり、もしくはzulässigであっても、unwirksamであるというほどまでに分解しうる」としていることには注意すべきである[25]。このような考え方は、後述するように、とりわけ事前判断としての適法性を導くために有用であるだろう。

　そこで、こうしたことを念頭に置きつつ、逆送決定と公訴提起行為の評価を行なってみよう。訴訟行為の評価は、成立性、有効性、適法性、理由具備性、の順序によって行なわれるものとされているので[26]、本章でもこれに従うものとする。ただし、成立性について問題とする状況は認められ

140　第3部　少年刑法の基礎理論

ないので、訴訟行為は成立しているとの前提から出発したい。

（2）逆送決定

　有効性について、まず抽象的に考えてみよう。逆送決定のそれを判断するさいに重要なことは、この訴訟行為が、裁判所を行為主体とする「裁判」であるという点にある。裁判は、裁判所および裁判官の行なう公権的判断であって、少なくとも確定した場合には、もし当事者の一方が無効を理由としてこれに従わないようなことにでもなれば、著しく法的安定性を害することとなり、法治国家の基礎は失われてしまう。その代わり、裁判に対しては、裁判書が作成され、原則として理由を付さなければならず（刑訴訟44条1項、ただし2項）、上訴等によって不服申立の機会が与えられているのである。そこで、裁判には原則として無効はないと考えるべきであると思われる[27]。ただ、現行法上逆送決定に対しては抗告が認められないとされているので[28]、有効性を論じる余地があるいはあるかも知れない。しかし、決定書には必ず理由を付すこととされているし（少年審判規則2条4項1号）、訴訟行為の有効性があとに続くべき行為の適法性の条件だとすると[29]、起訴強制の結果検察官の公訴提起が行なわれるのは逆送決定の有効性を前提としているからだ、ということになる。従って、この逆送決定も有効であるとしなけれはならないこととなるのである。検察官が、逆送決定の無効を理由として不起訴処分を行なうことなど、およそ考えられないからである。では、具体的な有効要件についてはどうか。逆送決定の有効要件は次の三つであるとされている[30]。すなわち、（1）判事または特例判事補によってなされるものであること、（2）死刑、懲役又は禁錮にあたる罪の事件であること、（3）送致時少年が満16歳に達していること、である。調布事件において、これらにつき疑義は提出されていない。以上のことから、逆送決定の訴訟行為的評価は有効とされることになる。

　次に、適法性について検討しよう。適法とされるためには、一般に、厳格（効力）規定と訓示規定の両者に合致していることが必要とされる。逆送決定については、20条による場合9条に掲げる専門的智識を活用しな

第8章　少年法の起訴強制手続について　141

かったとき、23条1項による場合は22条1項の要件を満たさなかったとき[31]、などが考えられるが、いずれにせよ、調布事件につきこれら訓示規定に違反したという様子もなく、既に有効であることからしても、適法との評価は比較的容易に導けるように思われる。不利益変更禁止の問題も、少年法には訓示規定すら無いのであるから、特に最高裁先例もなかった当時の事前判断の問題としては、この逆送決定を不適法と評価するのはかなり無理がある。

　そうすると、該逆送決定は訴訟行為として適法・有効と評価されることになるが、では第一審及び上告審が違法・無効と判断していることはどう考えたら良いであろうか。裁判例が原審の訴訟手続の適法・不適法に言及する場合、それは事後判断であって、有効性及び理由具備性を併せ含めて用いていることが多いのであるが[32]、調布事件においては不利益変更禁止原則違反にポイントが置かれており[33]、これを非難するのに違法・無効という表現を用いているにすぎないものと考えられる。換言すれば、「不利益変更禁止原則に違反している」から「違法・無効である」という表現になったにすぎないので、重点は前者にあることは言うまでもない。しかしながら、事後判断といえども、前述したように「違法」という用語はそもそも実体法的評価基準であり、また訴訟法的評価基準と区別する観点からも、なるべく使用しないほうが良いと思われる。だが、では不適法なのかと問われれば、これまでの検討からは適法と言わざるを得ない。有効性についても裁判の原則的有効性に十分な根拠があることは指摘してきたとおりなのである。

　こうしてみると、該逆送決定に問題があるとすれば、結局理由具備性に求めざるを得ないことになる。裁判については、その理由具備性を論じることに実益が無いと言われることがあるが[34]、裁判も意思表示的訴訟行為であり、その意思表示の内容が正当であるか否かを判断することはできるのである。とりわけ、逆送決定のように爾後の訴訟行為を予定した裁判では、その理由具備性を論じる実益は大きいものと思われる。そこで、不利益変更禁止原則違反をいう第一審、そしてこれと同様の思考を示す上告審

の評価は、実質的に、この理由具備性段階の瑕疵を指摘したものと解すべきなのである。この「理由無」判断を正当性という価値判断で捉え、「不当」との評価を下すことも、同様のことを述べていることになる[35]。

（3）公訴提起行為

調布事件における公訴提起は、結局、刑訴法338条4号によって棄却されている。この規定は、「公訴提起の手続がその規定に違反したため無効であるとき。」と明言しており、該公訴提起行為の有効性に関しては、結論的には無効であるとの評価が成り立つことは動かない。しかし、この場合の無効は、最初から無効なのではなく、いったん有効に成立した訴訟行為が、訴訟手続の途中で裁判をもって無効との評価をうける後発的無効、すなわち審理無効と呼ばれるものである[36]。これは、公訴棄却を言い渡すべき場合の手続が、公訴時効停止の効力を有する（254条1項）ことからも明らかである。さらに、この公訴提起は少年法45条5号の効力規定に違反するどころか、これに従ったものであるので、むしろ原則有効と考えるべきものである。

そこで、次に適法性の問題となるが、該公訴提起行為が少年法45条5号但書の例外事由に該当しているにも拘らず行われたものであるとか、他の訴訟条件を欠くとかいった事情は無く、また、なんらかの訓示規定に違反しているといった瑕疵も指摘されていない。そして、適法・不適法の問題とは、これから訴訟行為を行なうにあたり、現在その行為を行なうことを法が許すか否かの事前判断の問題であり、事後に後発無効になる場合でもその時点での適法性判断には及ばないと解すべきである[37]。たとえ不利益変更禁止原則違反をいう場合でも、検察官独自の判断で（つまり逆送決定がこれに違反すると考えるときに）これを理由として不起訴とすべき明文はなく、なおこの公訴提起は適法行為と言わざるを得ない。

こうして、該公訴提起は、訴訟行為として適法・有効と評価されることになるが、第一審および上告審は、これを違法・無効と判断しているわけである。有効性の問題については両者に矛盾はなく、訴訟行為的判断で

は当初有効を[38]、両判旨では後発無効を[39]指摘しているまでである。これは、起訴条件として有効だが実体審理の条件としては無効だということでもある。有効な起訴であればこそ訴訟係属が生じ無効を宣言してもらえる、ということにもなる。このように、後発的無効で訴訟条件を欠くことから当然実体審理には入れないので、理由具備性についても問題とならない。問題となるのはやはり、適法性評価の違いである。両判旨は、後発的に無効となることから当然に「違法」評価をも導き出しているようであるが、後に無効となる現在有効な行為がその時点で適法とされる場合に、なぜに事後判断によって不適法行為に転換されるのであろうか。むしろ当初有効であるからこそ、事後判断によっても適法行為とされるべきではあるまいか。やはり、後発無効となる該公訴提起行為は適法行為であり、第一審の判旨が言うような、検察官の「独自の見解」ということにはならないように思われる。

　では、なぜ適法な公訴提起行為が無効とされることになるのか。これを説明するには、いわゆる「無効の波及」論が参考になる[40]。すなわち、2個の訴訟行為が密接に関連しており、先になされたＡ行為の瑕疵が次のＢ行為を無効にする、というものである。Ｂ行為自体に瑕疵がないからといって常に有効と扱うのでは、適正手続の要請を没却することにもなる[41]。たとえ「適法」であっても「適正」であるとは限らないといってもよい[42]。しかし、このことは逆にＢ行為の適法性を裏書きすることにもなる。そしてまた、無効行為を適法に承継することはありえないので、Ａ行為は有効としなければならない。こうして、該公訴提起は、「無効」の波及を受けるというよりも、適法に、有効な「不当」逆送決定に従ったがゆえに無効とされるということになるのである。そしてこの密接な連鎖性から、先行逆送決定を「不当」と宣言することが可能となる。もし不適法にも、有効な「不当」逆送決定に従わなければ、先行逆送決定の「不当」性は、診断され得ないのである。したがって、不当な逆送決定に基づく公訴提起の無効をいうためには公訴提起自体は適法でなければならないということになる。「無効の波及」論は、Ａ行為が裁判である場合にはとりわけ

問題もあるので、ここでは、とりあえず「不当の無効的波及」とでもしておこう。

（4）小括

　わが国現行の単線的少年司法制度[43]における解釈論としては、逆送決定は保護手続から刑事手続に移行する重要な決定のひとつであり、その点、他の保護処分決定とは一線を画すものであることに疑いはないが、それでもその流れは連続的であって、刑事手続および刑罰においても少年法1条に掲げる健全育成の理念が断念されているわけではない。そうすると、逆送決定はやはり中間決定とみるべきで、少年事件の手続もとりわけ逆送決定以降は、訴訟行為の連鎖によって発展していくものと考えることができる。起訴強制手続は単なる起訴法定主義に尽きるものではなく、保護手続・刑事手続間の少年法理念の連続性を担保するという意味があり、通常の成人刑事事件における公訴提起とはその起訴の意味が異なると考えることもできる。しかし、この連続性をもって単純に逆送決定違法・無効、ゆえに公訴提起違法・無効とすることはできない。訴訟行為評価の観点からは、むしろ逆送決定の有効性が公訴提起行為の連続性を担保するのであり、逆送決定の無効を宣言すると、理論的には公訴提起行為は不適法となり、少年法が起訴強制手続をもって企図した保護手続から刑事手続への理念的連続性は頓挫してしまうことになりかねない。ベーリングは、訴訟行為の無効性は、それに照応して後続する訴訟行為の不適法性と同義であるとすら言っているのである[44]。したがって、公訴提起行為の適法性は論理的に導出されることになり、第一審および上告審の公訴提起行為の無効を導く論理は修正を余儀なくされる。すなわち、適法・有効な不当逆送決定に適法に従った当初有効な公訴提起行為は、逆送決定の「不当」性を（適法に）承継したがゆえに、後発的に無効（審理無効）とされる、と。

　しかしながら、以上のように訴訟手続を分解して考え、その論理的脈絡を明確化しても、逆送決定と公訴提起行為からなる全体としての逆送手続が「適正」であるかどうかは別個の考察を必要とする問題である。そこで、

第8章　少年法の起訴強制手続について　145

次には、訴訟条件との関係も踏まえ、第一審及び上告審と控訴審との逆送
手続に対する捉え方の違いを見ながら、このことを考えてみよう。

4. 逆送手続の適正性

　調布事件における逆送手続の適正性を考えるにあたっては、第一審およ
び上告審と、控訴審との逆送手続の捉え方の違いを検証してみることが必
要である。それには、これまでの考察に加えて、訴訟条件論の視点が重要
となってくる。

　少年刑事事件においては、すべて家庭裁判所を経由したものでなければ
ならず、これが書かれざる訴訟条件であることは、判例[45]・学説[46]におい
て、一般に認識されているところである。全件送致主義の建前からいって
も、これは当然であるだろう。では、ここで「家庭裁判所を経由している
こと」とはどのような内容を指すのだろうか。そこで、これをもう少し厳
密にいう学説は、「適法な検察官送致をもって少年刑事裁判の訴訟条件」
としている[47]。ここでの作業は、この内容を一層精密化することである。

　まず、訴訟条件の意義であるが、ここでは少年法45条5号に基づく公訴
提起行為じたいが検討対象に入ってくるので、一応、実体審判条件説を念
頭において議論を進めることとする[48]。それゆえ、「検察官送致」とはひ
とり逆送決定のみを指すものではなく、それ以前の手続やそれ以降の公訴
提起行為をも指すことになる。ここではこれを逆送手続として一括する。
もっともその中心となるのは、いうまでもなく、逆送決定と公訴提起行為
である。

　検討を要するのは、「適法な」という部分である。ここで「適法」とは、
おそらく訴訟行為論的評価における適法・有効であることを要する、とす
ることには問題はない。すなわち、控訴審と、第一審および上告審との間
で、適法・有効な逆送手続を訴訟条件とする点では一致があるとみてよい
だろう。両者の違いは、それで十分か、という点にある。控訴審では、適
法・有効な逆送手続（それは、適法・有効な逆送決定と、適法・有効な公訴提

146　第3部　少年刑法の基礎理論

起行為とからなる）をもって、訴訟条件としては十分だとするものである。したがって、不利益変更禁止原則の適用も訴訟条件の問題ではないから、実体審理に入ってからその実体的処分と当初保護処分との比較を行なえばよい、と考えることになる。これに対して第一審及び上告審では、適法・有効な逆送手続というだけでは足らず、特に適法・有効・正当な逆送決定と、適法・有効な公訴提起行為とが訴訟条件として求められるということになる。したがって本件では、逆送決定の理由具備（正当）性判断で不当と評価されて結局公訴提起行為が後発無効とされることにより訴訟条件を欠き公訴棄却、となったわけである。不利益変更禁止原則違反の問題も訴訟条件レベルで処理されることになる。この点、控訴審の論理は、逆送決定が中間的処分であるから利益・不利益の比較対象とならないとするのであるが、そうではなく、訴訟条件を組成する中間処分たる逆送決定の訴訟行為的要件が、理由具備（正当）性判断の段階を不要としているがために訴訟条件レベルで問題とならないというにすぎない。逆送決定を中間的処分だとしても、前述したように訴訟行為論としては理由具備性を裁判について取り入れることはなお可能であり、そうだとすればこの部分で不利益変更禁止の問題も処理できるのである[49]。

　理論的には、訴訟条件の内容を控訴審のように考えることは十分可能である。しかし、現行法上それ自体に対して抗告できない逆送決定の正当性審査を、通常の訴訟条件審査段階以降[50]の問題、すなわち実体審理の段階に持ち越すことになれば、それだけ被告人の身柄拘束が長期化する畏れがある。確かに正当性判断はある程度実質的なものにならざるを得ないが、抗告権規定を欠くこととの権衡上、少なくとも訴訟条件レベルで問題とする性質のものがあると考えることには十分な合理性がある。そのさいには、保護処分決定に対して抗告した結果の差戻審における逆送決定であるという点を顧慮し、形式裁判の活用を図るべきであると思われるのである。

　このように考えてくると、訴訟条件としての逆送手続が適正であると言い得るためには、特に逆送決定の訴訟行為論的評価が、適法・有効であるだけでは足らず、理由具備性において理由有、すなわち正当であるとの評

第8章　少年法の起訴強制手続について　147

価まで必要とされ、それが訴訟条件レベルの問題として欠ける場合は、実質的に被告人早期解放の形式裁判として具体化するということまでを要するものと解される。現実的に被告人救済のための法理とならなければ、訴訟行為論も不毛なものとならざるを得ない。ただし、だからといって逆送決定が少年から少年審判を受ける権利それ自体を剥奪するものである[51]とまで積極的に攻撃する必要はないであろう。逆送決定に実質的理由がなければ逆送手続は適正とは言えず、形式裁判で打ち切られるとすれば十分である。公開の法廷で犯罪責任を追及され、さらに手続にさらされ続けるという、いわば消極的理由があるから逆送決定には否定的判断が加わるので、少年審判を受ける権利を奪われるから逆送決定は悪だという積極的理由を加える必要はない。第一、合衆国の大部分の州におけるウェイヴァー規定と異なり、わが国の逆送決定はそれ自体が保護手続なのであり、特に調布事件の場合、審判開始決定を経たものであるから論理的には他の保護処分決定と変わらず、「特別な権利の保障をともなう少年審判」を既に受けており、その保障を受けて決定された検察官送致そのものが、さらに当該「少年審判を受ける権利を剥奪する」というのは理解困難であると言わざるを得ない。

さて、逆送決定の適正性が、被告人早期救済のための形式裁判を要請するとすれば、残された問題は、その形式裁判の効力と訴訟行為評価との関係である。個々の訴訟行為は、適法性や有効性の判断を加えられながら、裁判の成立を目指して訴訟を発展させていく。しかし、適法・有効な訴訟行為であっても、それが裁判の効力として認定され得るかどうかとは当然別問題である。そこで、最後に、調布事件の公訴棄却判決で確認されたものはいったい何かについて整理しておう。

5. 形式裁判の効力

調布事件においては、結局第一審の、被告人Cに対する公訴棄却判決が確定し、「公訴提起の手続」は、その規定に違反したため無効である、と

148 第3部 少年刑法の基礎理論

いうことになった（刑訴法338条4号）。これを直截に見ると、前提問題に対する色々な判断はあったが、結局は公訴提起手続無効の宣言に、この事件の評価は収斂する、ということになるであろうか。しかし、これまで述べてきたように、公訴提起行為そのものは起訴強制の結果逆送決定の不当性を承継したのであり、むしろ問題性は先行逆送決定にこそあったはずである。それにもかかわらず、該逆送決定の不当性は判決内容としては理由中に存するにすぎない。これは、逆送決定自体に対する抗告ができないことから、実体的判断を求める裁判の訴訟条件として直接審査対象となる公訴提起手続の有効性を判断するのに必要な限度で言及される以上、仕方のないことかもしれない。そこであとは、理由中の判断に何らかの効力を認めることができるか否か、という点に議論は移行することになる。

　まず、既判力[52]との関係で考えてみたい。実際上ほとんどありえないが、もし仮に検察官が、第一審判決に顕れた逆送決定の法的判断と異なる判断または法律構成を主張して再訴を提起した場合はどうなるのだろうか。第一審判決の法的判断は、訴訟行為評価の点についてはともかく、不利益変更禁止原則の適用を認めたうえでこれを訴訟条件の問題としたということであった。同じく不利益変更禁止原則の適用を認めた控訴審判決は、この原則適用の場面は実体審理の段階にあるとしている。ただ控訴審の法律構成は既に上告審で破棄されたので、問題となるのはもっと別の法律構成であろう。例えば、不利益変更禁止の問題をやはり訴訟条件レベルにあるとしつつ、その逆送決定の理由有判断を積極的に行なって正当性を主張し、訴訟条件に欠けるところはない、とするような構成が考えられる。裁判理由中に一定程度で拘束力を認めようとする見解[53]、あるいは形式裁判の主文は本件公訴を棄却するというにすぎないから判決理由中の判断に後訴への拘束力を認めなければ意味がないという見解[54]は、このような場合の再訴を封じることの意義を指摘するのかもしれない。しかし、既判力は裁判の意思表示部分である主文に生じるとする見解[55]においても、事情変更の無い同一事態のもとにおいては、やはり前の判断に拘束されると考えられるので、特に法的判断の問題に関しては理由中に拘束力を認めたの

と同様の効果が得られるのではあるまいか[56]。だとすれば、既判力の問題としては理由中にも拘束力が及ぶとする必要はない。訴訟理論としては、刑事訴訟の訴訟物は具体的犯罪事実に基づく刑罰権の存否及びその範囲であって[57]、その前提にとどまる裁判の理由は具体的規範とはなり得ず、そしてまた裁判の規準性もそもそも主張された具体的刑罰権に対して生じるものであるから、本来は当事者間にしか及び得ないと考えられるのである[58]。このような立場は被告人の法的地位を不安定なものにする畏れがあるとの懸念もあるが、その手当ては、実は刑事政策論的考慮によってまかなわれる必要があるのではないかと思われる[59]。

　こうして、逆送決定の不当性判断も、理論的には当該手続外における効力にまでは及ばないと考えざるを得ない。しかし、その前提となる裁判効力の問題としては、なお検討の余地があるのではなかろうか。まず、当該手続内における効力すなわち形式的確定力についてはどうか。現行法上拘束力を問題にする実益はほとんどないといってよいが、刑訴法415条1項における判決内容は主文と理由の重要部分を含むと考えられており[60]、また上訴については理由中の判断を問題とせざるを得ないので[61]、拘束力の生じる範囲について、主文を導く直接の理由にまで広げてもよいのかもしれない。さらに、確定力の前提となる確認効については、そのものについて上訴や別訴を予定していないので、理由を含む意思表示内容の範囲をもっと広げて考えることができるようにも思われる。少なくとも主文を導くうえで必要不可欠な理由にまでは広げることはできよう。そうすると、形式的確定力と確認効については、逆送決定の不当性にまでその効力が及ぶと考えることができるのである。この意味において、第一審の判旨が「逆送決定の違法」を認定しながら、判決時被告人が成人となっているという理由とは別に、経緯に照らして少年法55条の移送が妥当でないと積極的に判断しているのは、論理的ではない。逆送に問題があったことが確認されれば、観念的には家裁再送致が論理的であり、実際もし被告人がなお少年であれば55条移送の余地はあったはずだからである。

150　第3部　少年刑法の基礎理論

6. おわりに

　本章では、少年法における起訴強制手続の意義について、調布事件を素材として検討してみた。従来、調布事件の考察にあたっては、逆送決定の瑕疵が公訴提起の瑕疵として承継される論理につき、十分な説明は加えられてこなかった。それは少年法45条5号の起訴強制が働くがゆえに自明のことであるとされていたようにも思える。しかし逆に、起訴強制が働くのだから検察官としては不当な逆送があった場合にも起訴せざるを得ず、この公訴提起行為は本来非難できないはずのものである。それどころか、判例・学説の論理に従うと、この「違法・無効」と判断される公訴提起行為によって、逆送決定の「違法・無効」を認定するという理屈になるが、前者は「違法・無効」であるから打ち消されるべきであるとしながら、その打ち消されるべき前者を用いて後者の判断を行なわなければならないということになる。ここには明らかな矛盾があり、論理的には公訴提起行為を適法・当初有効と解しなければ、逆送決定の不当性は導けないはずである。したがって、訴訟行為論としては、該公訴提起行為は事後の評価においても適法とされるべきなのである。むしろ、逆説的であるが、検察官には、適法に起訴して逆送決定の不当性を裁判所に判断してもらうことが求められているとさえいってよい。逆送決定に対する抗告権規定のない現行制度のもとにおいては、このような解釈論が必要であり、いたずらに検察官の訴訟行為を批判するのは論理的でなく、また理論的ともいいがたい。

　こうして、調布事件における逆送手続の問題性はむしろ逆送決定にこそ存するとしなければならない。しかし、その逆送決定の実質的な問題性を実体審理の段階まで持ち越すことは、被告人に耐えがたい手続負担を強いることになる。つまり、訴訟条件としての逆送決定の評価を適法性で十分としてしまっては、逆送手続の適正性は担保されないものと考えられる。逆送手続の適正性は、訴訟条件の内実として逆送決定の適法性のみならず実質的な正当性判断をも要請するのである。それは、形式裁判によって被

告人を早期に手続から解放することを可能にする。そしてその形式裁判である公訴棄却の判決は、形式的確定力ないし確認効として逆送決定の不当性を肯定するところとなる。したがって、被告人がなお少年であったならば、55条移送によって再び家裁に係属し、例えば不処分といった終局決定を得られる、という論理になるのである。

　以上、大変不十分ながら、少年法における起訴強制手続の一場面について考えてみた。現行少年法の理念は、起訴強制という検察官の訴追裁量を排除したシステムを持つことによって、刑事手続移行後もその連続性を担保することができ、さらに訴訟条件としての正当な逆送決定を内実とすることによって、適正手続の保障として具体化されているとみることができるのである。なお本章は、その問題解決の性質上、刑訴法学の基礎理論等については、ある程度所与の前提として議論を進めざるを得なかったが、訴訟行為論や訴訟条件論等、それじたいにまだまだ論ずべき点が残されているのは当然であり、正当な逆送決定の内容解明と同様、今後の課題としていきたい。

注
1）　複雑なこの事件の経緯については、すでに多くの論稿によって触れられているので省略する。公訴提起に至るまで、また上告審に至るまでの簡単な経緯については、注2）などを参照されたい。調布事件について論じたものは、以下特に挙げるもののほか、葛野尋之「少年審判制度への挑戦─家庭裁判所の事実認定と成人後の起訴、検察官関与─」法学セミナー39巻9号6頁、上田信太郎「少年法と刑事訴訟法との一接点─『調布駅南口事件』抗告審判決の拘束力解除をめぐって─」香川法学14巻3・4号291頁、荒木伸怡「少年審判における審判手続と事実認定方法─調布駅前傷害事件を契機に」法律時報66巻8号65頁、多田元「調布駅南口傷害事件の意味するもの」自由と正義46巻1号96頁、斉藤豊治「『調布駅南口事件』が問いかけるもの─学者の立場から─」自由と正義46巻1号101頁【「調布駅前事件と少年司法─東京家裁八王子支部の差戻審決定の問題点─」『少年法研究1─適正手続と誤判救済─』207頁（成文堂、1997）】、津田玄児「少年司法のあり方について」自由と正義46巻1号105頁、村山裕「少年司法を根底から覆す成人後の起訴」季刊刑事弁護1号65頁、東京弁護士会少年事件部「調布事件の提起した問題点」法律実務研究10号141頁、特集「なぜ、少年たちは二度裁かれるのか」法学セミ

ナー 490号38頁以下の諸論文、などがある。

2) 最判平9・9・18（判時1615号3頁、判タ951号295頁）。評釈として、平良木登規男「調布駅前事件について」法学教室208号39頁、池田修＝中谷雄二郎「時の判例」ジュリスト1125号103頁、などがある。

3) 東京地八王子支判平7・6・20（判時1536号27頁、判タ880号134頁、家月47巻12号64頁）。この判決に関する論稿としては、さしあたり、斉藤豊治「調布駅前事件判決と少年司法のゆくえ」『少年法研究1―適正手続と誤判救済―』214頁（成文堂、1997）〔法律時報67巻9号2頁〕、村山裕「豊田判決（地裁）の意義は」法学セミナー490号62頁、同「調布事件の現段階―豊田判決の内容と意義」法と民主主義301号、葛野尋之「調布事件再考―適正手続の強化と豊田判決の意義」同40頁、高田昭正「少年保護事件における不利益変更禁止」判例評論449号227頁、荒木伸怡「調布駅南口事件の現状と課題」季刊刑事弁護5号21頁、などがある。

4) 村井敏邦「少年手続をめぐる現今の議論状況」国士館法学第28号410頁は、東京地裁八王子支部の判断について、「起訴時少年であったか否かは、家庭裁判所における逆送処分の不利益性を判断するうえではなんら関係のないことであろう」とされて、起訴時少年であった1人についてだけ不利益変更禁止原則の適用を認めてその他の少年について認めなかったことを批判されている。本件は起訴当時少年のC被告人に対する判決で〔刑訴法313条の併合決定かあったかどうかは明らかでないが、1通の起訴状に記載されている数個の事件を分けて審理する場合にも、特に併合決定がなければ分離決定も必要ではないと考えられている〕、他の4人については別事件となっているが、少年法49条2項の趣旨を排除される意図では勿論ないであろう。裁判所の判断が、他の4人に対する不利益変更禁止原則の適用を認める趣旨か否かは不明であるが、事件を分離したひとつの理由に、少年の被告人に対しては少年法45条5号の起訴強制が働くことを重視したであろうことが挙げられる。起訴強制がかかる場合には刑事手続の負担ないし刑罰賦課の蓋然性は格段に高まるので、逆送決定の問題性も他の成人事件よりも高まることになり、それにともなう公訴提起の無効を容易に導きだせるものと思われる。ただし、逆送決定時少年で起訴時成人となったK及びIに対しても起訴強制の効果が残るとする説を採れば、Cと全く同じ判断をしなければならないということは言えるであろう。

5) 葛野尋之「少年司法における不利益変更禁止原則―新しい「保護」理念と少年審判を受ける権利―」法政研究第2巻2号114頁。

6) 斉藤豊治・前掲注3）論文215頁は、非行事実なしの不処分決定と成人後の刑事訴追の可否、保護処分の決定・執行と二重の危険ないし二重処罰の禁止の適用の有無、補充捜査の限界と抗告審決定の拘束力、不利益変更禁止の原則の適用の有無、を少年法の根幹に触れる論点として指摘している。また、直接の論点ではないが、調布事件がこうした混迷を極めた背景には、家裁の事実認定機能の脆弱さがあることは否めない。その意味では、非行事実認定過程の構造論も、ここに関わってくることになる。

7） 東京高判平8・7・5（判時1572号39頁、判タ916号72頁、家月48巻9号86頁）。

8） 荒木伸怡「少年を翻弄し続ける裁判官と検察官」法律時報68巻11号44頁、山下幸夫「調布駅南口事件東京高裁判決・不利益変更禁止への無理解」季刊刑事弁護8号56頁、葛野尋之「少年審判と不利益変更禁止原則」法学セミナー41巻12号8頁、同・前掲注5）論文、斉藤豊治「少年保護事件と不利益変更禁止　—調布駅前事件控訴審判決の検討—」『少年法研究1—適正手続と誤判救済—』248頁（成文堂、1997）、同「少年保護事件と不利益変更禁止の原則」ジュリスト1113号189頁（平成8年度重要判例解説）、などがある。

9） 澤登俊雄「健全育成理念再考—少年事件と処分の軽重—」刑政1265号92頁、川出敏裕「少年保護手続と不利益変更禁止の原則」研修595号15頁、など。ただし、澤登論文が、最高裁判決につき「少年事件についても不利益変更禁止原則（刑事訴訟法402条）が適用されると判示し」たとされているところには疑問もある。この判決の多数意見は、実質的には不利益変更禁止原則を適用したのと同様の口吻を示しているが（刑事処分が、保護処分その他少年法の枠内における処遇よりも一般的、類型的に不利益なものとは解する）、不利益変更禁止原則適用の有無については明言を避けている。井嶋裁判官の反対意見も、多数意見が不利益変更禁止原則を適用したとは見ておらず、「これと同様の思想に基づ」くものとして攻撃の対象としているのである。しかしながら、多数意見は不利益変更禁止原則の理念に賛同しているのであり、ただ明文規定を欠くことと、それ故に「原則」化への躊躇があったのではないかと推測される。この点、不利益変更禁止原則の適用を正面から認めた第一審および控訴審判決と対照的である（勿論第一審と控訴審の基準は全く異なること周知のごとくであるが）。一方澤登教授は、「健全育成を唯一の目的と定めるわが国の少年法のもとにおいては保護処分も刑事処分も本質的に少年に利益をもたらすものでなければならないから、いずれが不利益か、あるいはいずれが例外的かという区別はあり得ない」とされる。現行少年法の一元的システムを前提とするならば、むしろこのような考え方のほうが少年法の理念とより整合性があると言わなければならない。であるとすれば、大切なことは長期間不安定な状況におかれる少年の救済にこそあるのだから、その救済のために「不利益変更禁止原則の適用」問題に拘泥しなくても済むのであれば、それに越したことはないであろう。この意味で、村井・前掲論文410頁が、「この事件については、不利益変更禁止の原則適用の是非以前にもっと重要な論点がある。すなわち、二重の危険禁止の原則の適用の有無である。」とされているのは重要な指摘である。

10） 従来、少年法45条5号については、但書の三つの例外事由を中心に論じられている。さしあたり、田宮裕編『少年法』268頁以下（有斐閣、1986）、平場安治『少年法〔新版〕』432頁以下（有斐閣、1987）などを参照されたい。また、逆送決定の拘束力については、井上勝正『少年法—解釈と実務』189頁以下（日世社、1971）、早川義郎「少年刑事被告事件の取扱について」家月25巻8号9頁以下、など参照。

11） 正木裕史「逆送規定の合憲法性（2）・（完）」一橋研究22巻3号95、96頁は、廣瀬

健二氏の論稿における「二重の誤解」を指摘し、「犯罪の成立に問題がある場合には起訴猶予ではなく不起訴処分となるはずであろう」とされ、「少年法41条・42条は、送致の条件として嫌疑の存在を明確に規定しているのであって、嫌疑のない事件を家裁に送致することはそもそもできないはずである。」とされている。しかし、ここには「二重の誤解」がある。最初の点であるが、犯罪の成立に問題がある場合に起訴猶予とならないことはもっともな指摘であるが、起訴猶予は不起訴処分の裁定主文のひとつであるから（検察庁法32条に基づく事件事務規程72条に不起訴裁定の定めがある。なお、筑間正泰「刑事訴訟法339条1項5号について」法学研究67巻5号40頁、司法研修所検察教官室編『検察講義案』140頁〔法曹会、1993〕参照）、起訴猶予も不起訴処分であることに違いはなく（「不起訴処分」という主文があるわけではない）、「起訴猶予ではなく不起訴処分となる」とされると、逆に概念の混乱を招きかねない。次の点も、41条・42条は、いずれも、「犯罪の嫌疑がない場合でも、家庭裁判所の審判に付すべき事由があると思料するときは、同様である。」と「明確に規定して」いるのであるから、「嫌疑のない事件を家裁に送致することはそもそもできないはずである」ことにはならないのである。審判に付すべき少年（少年法3条）が犯罪少年に限られないことは、正に全件送致主義の要請するところである。

12）判時1536号32頁。

13）判時1572号43頁。

14）判時1615号7頁。

15）葛野・前掲注5）論文104頁は、「差戻審の検察官送致決定の後に検察官が公訴提起を行った場合、この公訴提起は差戻審が違法に検察官送致を決定しなければならえなかったものであり、この意味において違法な差戻審の決定と公訴提起とのあいだには条件関係が存在するから、公訴提起それ自体も違法である。」とされている。しかし、条件関係の存在は規範的評価の前提にすぎず、両者のあいだに条件関係があるからといって、直ちに違法判断が下されるというのは論理的飛躍があるであろう。もう少し、この部分を理論的に詰める必要があるものと思われる。また、114頁では、「起訴を受けた裁判所は起訴それ自体を違法として（公訴権濫用の法理）、形式裁判により手続を打ち切るべきである。」とされている。これも手続打切りそのものには賛同できるのであるが、起訴強制の例外事由がある場合は別論としても、そうでなければ、起訴強制の結果、公訴を提起するに足りる犯罪の嫌疑があると思料するかぎり必ず公訴提起しなければならないのであり、（本件の場合この意味の嫌疑の存在につき疑義は提出されていないようである）、検察官としては、「濫用」しようと思ってもそもそも裁量の余地は与えられていないのであるから、「公訴権の濫用」というのは少し難しいのではないだろうか。

16）池田修＝中谷雄二郎・前掲注2）論文105頁は、本件公訴提起の効力として、「本件公訴提起は、本件検察官送致決定を前提として少年法45条5号による起訴強制の効力に従って行われたものであるから、同決定が有する瑕疵をそのまま承継するものと解される。本判決が、同決定について違法、無効であると判断した上、

同決定を前提として同条項に従って行われた本件公訴提起の手続も違法、無効としたのは、このような考え方に基づくものと思われる。」とされる。本文で述べるように、ここでも、瑕疵承継の論理的説明が十分に成功しているとは言い難い。

17）田宮裕編・前掲注10）131頁。

18）東京高決昭45・8・4（家月23巻5号108頁）は、凶器準備集合・公務執行妨害・傷害保護事件に対する抗告事件であったが、原審東京家裁の検察官送致決定に対する抗告申立を棄却した。逆送決定は少年法32条所定の保護処分決定ではなく、また少年の実体的権利関係に変動をもたらすものではないから同条による抗告はできず、さらにこの決定は刑訴法上の決定でもないから刑訴法419条に則り抗告することもできない、と判示した。

19）勿論立法論としては別論である。

20）稀なケースではあろうが、少年法42条の「犯罪の嫌疑」さえ消滅し、さらに「審判に付すべき事由」ももはやないと思料される場合は、検察官かぎりで事件が終結することも考えられる。このときには逆送決定に瑕疵が存在するとの評価を行う機会は全く失われてしまうように思われる。

21）福井厚『刑事訴訟法講義』243頁（法律文化社、1994）。

22）従って、違法収集証拠排除といった用例では、その行為を不適法だとする判断とともに、実体法的意味においてそれを違法だとする非難が入りこんでいるものと思われる。

23）このうち、「適法性（Zulässigkeit）」については、かつては「許容性」と訳されることも多く、むしろこちらのほうが適訳だとは思われるのであるが、現在ではほとんど「適法性」で統一されつつあるようなので、これを使用する。「許容性」を支持する理由は、「適法性」ではなお実体法的概念との区別がつきにくいこと、事前判断性については、むしろ「許容性」といったほうがその日本語からしても理解しやすいこと、さらに、ドイツ語の日常感覚からすると、「許されている」、「受け入れられる」といった原語の意義に対し、「適法性」という訳語はもう少し厳格に感じられること、などである。

24）団藤重光『新刑事訴訟法綱要〔7訂版〕』191頁（創文社、1966）、高田卓爾『刑事訴訟法〔二訂版〕』126頁（青林書院、1984）、裁判所書記官研修所編『刑事訴訟法講義案〔再訂版〕』417頁（司法協会、1988）、福井・前掲書243頁等。

25）光藤景皎『刑事訴訟行為論』27頁（有斐閣、1974）。

26）光藤・前掲書26頁。

27）青柳文雄『五訂刑事訴訟法通論（上巻）』228頁（立花書房、1975）。

28）注17）及び18）を参照。

29）光藤・前掲書22頁。

30）早川義郎「少年の刑事被告事件の取扱いについて」家月25巻8号7頁。

31）「行なわなければならない」としていることから疑問もあるが、事の性質上、効力規定とするには馴染まないのではなかろうか。ただ、非形式性も、合理的裁量の中にあることは当然である。

32）青柳・前掲注27）236頁。

33）もっとも、前述のように最高裁は慎重にも、不利益変更禁止原則違反のゆえに逆送決定違法・無効との判示を避けており、「家庭裁判所が少年をいったん保護処分に付した以上、その後少年側の抗告によって当初の保護処分が取り消された場合には、家庭裁判所は、少年に対し保護処分その他少年法の枠内における処遇をすべきものであり、これらの処遇より不利益な刑事処分を相当であるとして、少年法20条により事件を検察官に送致することはもはや許されないというべきである」から「違法・無効」としているにとどまる。

34）高田・前掲書127頁等。

35）平野龍一『刑事訴訟法』93頁（弘文堂、1954）。

36）石丸俊彦『刑事訴訟法』526頁（成文堂、1992）。

37）光藤・前掲書23頁参照。

38）訴訟行為評価の順序としては、まず有効であることを前提とする必要があり、また逆に、通説によれば適法であれば原則有効とされることとなるので、後発無効はその時点における公訴提起行為の評価としてはなお顕在化したものではない。

39）裁判では公訴提起行為の最終的な効力を判断することとなるので、結局審理無効をいうことになる。この場合、事後的には適法・無効の評価が成り立つことになるが、前述のごとく、ベーリング説を採ればこのことはなんら問題とするには当たらない。

40）松尾浩也『刑事訴訟法（下）〔新版〕』345、346頁（弘文堂、1993）。ただし、先行する訴訟行為の有効性は、後行する訴訟行為の適法性に繋がるものであり、無効であるとは爾後の訴訟行為を遮断するということであるから、およそ「無効」が波及するというのは表現に問題があるであろう。

41）松尾浩也『刑事訴訟法（上）〔補正第四版〕』86頁（弘文堂、1996）は、違法逮捕に引き続く勾留請求について、（1）勾留請求を有効として扱うことが、将来における違法逮捕のくり返しを招くおそれがある場合、（2）適正手続の理念に反し司法の誠実性を傷つける場合、にはこれを無効としなければならないとする。

42）青柳・前掲注27）235頁参照。

43）See N.Yoshinaka,Historical Analysis of the Juvenile Justice System in Japan, *The Hiroshima Law Journal*,Vol.20 No.3. 1997. また、拙稿「少年法三七条一項に掲げる少年刑事事件の事物管轄」広島法学21巻1号142頁参照。

44）光藤・前掲書22頁。

45）東京高判昭26・7・8高刑4巻9号1098頁は、窃盗被告事件について、少年を成人と誤認し、少年法42条、20条、45条5号等の規定による手続を経ないでなされた公訴提起は、刑訴法338条4号によって棄却されるべきであるとした。

46）内藤文質「少年に対する刑事手続」『法律実務講座刑事編第7巻』1719頁（有斐閣、1955）等。

47）田宮編・前掲注10）131頁。

48）筑間正泰「刑事訴訟法三三九条一項四号について」慶応義塾大学法学研究会編『法

学研究』67巻5号39頁によれば、訴訟条件とは、「訴訟の任務（具体的犯罪事実に基づく刑罰権の存否及びその範囲の確定・形成・定立すること）を果たすにふさわしく、開始、発展、終了の条件であり、このうち開始の条件を公訴提起の条件といい、発展、終了の条件を実体審判の条件という。」と定義づけられる。訴訟条件論については様々な議論があるが、別の機会に譲らざるを得ない。

49）ただ、要は問題を訴訟条件レベルに解消して被告人の早期解放を図ることにあり、理由具備性の内実を明文規定のない不利益変更禁止原則にかからしめることがはたして妥当なものかどうかは、なお今後の課題としたい。利益・不利益の比較問題にはなお困難性があるように思われる。葛野・前掲注5）113頁は、「いかなる刑罰も保護処分に対して利益となる余地はない。」と断言され、いくつかの例を出されている。しかし、いかなる刑罰も「前科となって、犯罪人名簿に登録され」るわけではないし（原則として罰金以上の刑の言渡しがあったとき）、「資格制限の事由にもな」るわけでもない（これも罰金以上でしかも裁量的なものも多い。重要なものは禁錮以上がほとんどである）。また、執行猶予付き懲役刑と少年院送致とを比べられて、執行猶予が取り消されると刑が執行されて身柄の拘禁と刑務作業が強制される可能性があるから後者は前者より利益であるとはいえないとされる。しかしこの場合も、わが国の執行猶予制度は条件付有罪判決主義を採用しており、猶予期間の経過により刑の言渡しはその効力を失うので累犯認定の関係で前科とはならないので、無事経過すればどちらが利益だとかは断言できないと思われる。しかし、より本質的な問題は、利益・不利益の比較を行うことじたいが、少年の健全育成の理念のもと保護も刑事も一元的に統一した現行少年法の立法趣旨に副うものかどうかであり、被告人救済の論理であるなら、むしろ二重の危険論のほうが、前提課題ではないかと考えられるのである。

50）栗原平八郎「少年事件」『公判法体系Ⅲ』190頁（日本評論社、1974）によれば、実務では、検察官が証拠調べ手続の冒頭に逆送決定の原本または謄本の証拠調を請求し、これによって逆送決定の存否を確認するという。

51）葛野・前掲注5）103頁。

52）内容的確定力といってもよいが、その場合執行力を含む趣旨の学説も多いので、確定裁判の別訴に対する効力としてこの用語を使う。

53）田宮裕『刑事訴訟法〔新版〕』443頁（有斐閣、1996）等。

54）光藤景皎「公訴棄却の裁判」『公判法体系Ⅲ』269頁（日本評論社、1974）。

55）筑間・前掲論文56頁、福井・前掲書367頁等。

56）勿論この場合の不可変更点の範囲は、主文を支える事実にのみ及ぶと考えられるので、主文を導くうえで必要不可欠な理由にまで拘束力を認めるとする見解との隔たりは少なくない。

57）筑間正泰「一事件一裁判の原則」広島法学14巻4号127頁。

58）井上正治「形式裁判の内容的確定力」法政研究（九州大学）21巻3・4号254頁。

59）井上・前掲論文258頁も、「自由心証主義には合理性がある。もしこれを制限するものがあるとすれば、別の政策的な配慮にもとづく結果である。」とされている。

60）青柳文雄『五訂刑事訴訟法通論（下巻）』630頁（立花書房、1975）。

61）団藤・前掲書521頁参照。

第9章　少年の刑事裁判

1.　はじめに

　2000年の少年法改正以降、特に20条2項の創設に伴い、逆送率及び刑事裁判の対象少年の増加は、最高裁の調査によっても明らかとなり[1]、その課題等について、少なからぬ研究者によって指摘されてきた[2]。そこで、ここでは、これら先行研究を基礎としつつ、少年刑事裁判を検討の対象とする。本来、少年法は保護優先の立場をとっており、少年法研究の中心は、この保護段階にあるが、こうした現状認識からは、少年における刑事裁判の問題を焦点化し、保護手続と刑事手続の関係に遡った理論的な視点からの検討もまた重要である。

　保護主義の下で少年刑事裁判を語る意義を3点ほど指摘する。第1に、この段階の実体面、手続面における検討は、保護段階における多年に渡る研究の蓄積と比べると、なお十分なものとは言えず、近年、特に社会記録の取り扱いをめぐり多くの有益な論稿があるが、それも2000年の改正以降特に意識されるようになってきたにすぎない。そして、少年刑事実体法の詳細な検討については、それが成人刑事実体法とどう異なるのか等について、ほとんど空隙と言ってよい状況にあるが、保護主義によって顧慮される保護手続段階と比べ、刑事裁判に移行後、手続的に成人刑事裁判と基本的にほぼ変わらない現行法制度の下で、直截に刑罰権が作用する構造は、緩刑規定があるとはいえ、正視しておく必要がある。しかし、この点については、本章の直接の検討対象ではない[3]。

　第2に、仮に逆送率が少なく、あるいは今後少なくなるとしても、一人

の少年にとって、刑事手続、刑事処分の可能性を問疑されることは人生の一大事というほかなく、とりわけスティグマにともなう社会復帰にとっての障害は取り除いていかなければならない。そして、現にこの段階にいる少年達に対する適正手続保障、権利保障は、保護手続にある場合に比しても、変わらぬ重要性を有している。これは数量の問題ではない。

　3つ目は、そのために処理しておかなければならない、刑罰権の問題である。この点、従来の研究ではほとんど言及されないが、後述するように、とりわけエクイティ型「少年司法」の角度からいえば、刑罰権の帰趨が見えにくいものとなる。「少年刑法」を採用する法制度では、検察官の公訴提起が刑罰権を顕現させ、それが刑事裁判によって処理される。アボリッショニズム、あるいはグラマティカ流の社会防衛論[4]を採用するのでなければ、およそ民主的国家は国民代表を通じた立法過程を通じて刑法を制定し、分立された統治機構を通じてその刑罰権を実現しようとする。一方、国民の側には憲法規範を通じた権利の実現が保障され、少年法の解釈・適用においても、この権利論の視点は、いうまでもなく重要であり、近年は、児童の権利条約をはじめとした国際準則によっても、たとえば、児童の「成長発達権」の保障として確認されている。いずれにしても、刑罰権力という国家の権力作用との関係の中で権利論が展開される必要がある。

　そして、少年刑事裁判に対する検討の必要性ということでは、2009年に導入された、裁判員裁判との緊張関係が指摘される。「見て、聞いて分かる」という分かりやすさを追求した裁判員裁判の要請に対して、少年事件においては、刑事手続段階においても、否、刑事手続段階であるからこそ一層、たとえ分かりにくくても少年特有の問題性を炙り出した審理が求められなければならないはずであるが、プライヴァシー保護の問題も含め、社会記録の取調べ方法や、それに関係して情状鑑定の活用可能性など、多くの顧慮すべき課題が指摘されている。これに関して、現行制度を前提に、工夫しながらやっていこうとする実務の立場に対して、学説からは様々な提案がなされており、少年事件を裁判員裁判の対象から外すべしとする見解もみられる[5]。

この点について、私見は、少年刑事事件においても、なお裁判員裁判の対象であることを維持すべきとする。その理由は、裁判員裁判の対象外とすると、確かに、社会記録の検討等はかなりやり易くなるものの、一方で、裁判員裁判を通じて期待される、一般国民・市民における少年非行原因への理解や少年問題及び法の理念に対する理解度の向上が困難となることが懸念されるからである。むしろ、裁判員裁判への参加は、こうした少年法制度全体に対する理解を向上させる契機とするべきで、この貴重な機会を提供する意義は大きいと考える。また、裁判員裁判の対象外とすることで、国民・市民からは、益々「特別扱いで保護された少年」、あるいは「例外扱いされる少年」という少年像を強化することになり、却って少年の社会復帰にとって好ましくない事態を招来することも考えられる。このように、守秘義務を規定された裁判員よりもむしろ、少年のプライヴァシー保護や情操保護にとって有害なのは、不特定多数の、守秘義務もない傍聴人による裁判公開の方である。すでに制度上存在する少年審判の非公開性との連続性から、特別扱いとの批判は受けにくい上、一般論ながら憲法論としても公開制限が可能との見解もあり[6]、さらに進んで全面的な非公開を支持する見解も存在するが[7]、私見は、後述の家裁への刑事管轄権移転と連動して、立法論としての公開制限を支持する。

2. 保護手続から刑事手続へ　―その連続性と断絶性

　少年法1条の目的や理念は、刑事手続に移行した後の少年刑事事件にも及ぶと考えることは、通説の支持するところであり、適正手続保障、成長発達権、意見表明権、健全育成理念、科学主義[8]、懇切な審理及び家裁の証拠活用等において、その連続性についてはほぼ疑いのなく認められている。

　ところが、一方で保護手続から刑事手続への移行は、実は制度論として必然的なものではなく、大きな断絶性をも含んでおり、その目的、訴訟構造、審判対象、法効果、主たる強制の根拠等において、理論的懸隔が実は

指摘される。このことは学界や実務界でも意識されており、この断絶性を指摘し[9]、また成人後の起訴との関係で両者の断絶性に一定の懸念を表明するものがある[10]。

　ここでは、この断絶性は、どのような比較法的視座によって説明可能か、そしてどのような法的性質の違いによって生じるのかについて、簡単に私見を述べる。

　わが法が、その範とした初期のアメリカ少年裁判所制度の法的淵源については、諸説あり、一般には形式的に制定法起源説が有力であるものの、実質的には、コモンロー起源ではなく、衡平法、つまりエクイティ起源であると考えられている[11]。従って、旧少年法の導入以来、わが少年法には、パレンス・パトリエ思想に基づくエクイティ型裁判権が成立したのであり、それは、わが国では、愛護の思想から戦後の保護思想、健全育成理念へと展開した。一方で、周知のように、一般成人刑事法は、戦後刑事訴訟法がアメリカの影響を受けて大きく当事者主義化したものの、なお大陸型職権主義の色彩を残し、また実体法に至っては、戦後も一貫してドイツ刑法学の圧倒的影響下にある。そして、戦後刑事訴訟法に影響を与えたアメリカ法は、エクイティではなく、狭義のコモンローであった。従って、エクイティ型裁判権を持つ少年法と、そこに接木のように接続される成人型一般刑事法は、それが大陸法であればもちろん大きな隔たりになるが、いわゆる英米法だとしても、それはコモンロー型の裁判権であることから、「対人的に働く」エクイティとは、断絶が生じるのはむしろ当然のことである。

　もっとも、わが少年法は、要保護児童、要扶助児童までも管轄とせず、犯罪に近い領域を非行として捕捉しているので、厳密にはエクイティ型管轄そのものではない。これらの児童は、むしろ大陸型の二元的な法制度の下で、児童福祉法が担当している。

　以上のように、エクイティ型少年保護手続が大陸型刑事法に接続されるとき、元々異なる淵源から生じる理念や思考の相違を、合理的に説明する必要が生じる。1641年のスターチャンバーの廃止以来、刑事エクイティ

164　第3部　少年刑法の基礎理論

は少なくとも裁判管轄上は消滅し、初期のアメリカ型法制、そして現在のわが少年法制は、民事エクイティの系譜に属することから、もともと少年犯罪にかかる刑罰権の問題は、この管轄権の掌中に存在していないという見方も可能である。そうだとすると、少年にかかる犯罪と刑罰の問題について、最終的にその刑罰権の処理を行う機関が別途必要になる。そのために、わが少年法制では、特に重大な犯罪を念頭において、その処理を一般の刑事裁判所に委ねている。ここで刑罰権が処理されないと、刑罰でないものに刑罰的な作用が及ぶ可能性が生じる。もし、一切の逆送を廃止して保護一元化を図るならば、同時にその管轄対象事件を、刑法の領域から放逐する必要があるが、そうしない場合、犯罪処理、刑罰権処理はできず、結果的に既存の保護処分の刑罰化を招来する。そこで、立法上は、両手続の連続性を企図する逆送の余地を残すことが最低限必要となる。

もっとも、軽微な罪、現行法では罰金以下に当たる罪については、特別法によって立法上の非犯罪化が行われていると見ることができ、刑罰権の担い手である検察官の介在なく、家裁における終局解決が可能となっている。また、少年法46条1項が、犯罪少年に対する保護処分について、刑事裁判に対しても一事不再理効を及ぼしていることは、逆送を経由した刑罰賦課の可能性を残しながら、保護手続で実体的判断を行っていることを理由とし、これは予審免訴に近い性質を有するものと考えられる。これらの場合には、刑罰権の処理が理論的に完遂しているものと考えてよい。

このようにして、少年保護手続と少年刑事手続は、理念的連続性に基づいて、合理的に解釈される必要があると同時に、刑罰権の処理の可否を中心に大きな断絶があり、その処理のために、一般刑法、刑事訴訟法に準拠した少年刑法の領域の意義が看取されることになる。

3. 少年刑事裁判の意義

では、少年刑事裁判の意義とは何か。保護優先主義のもと、刑事裁判はできるだけ避けるべきであるとしても、刑罰権処理の観点からは、いかな

る場合でも回避すべきではなく、むしろ少年審判の理念を連続的に反映させて、刑事手続をリフォームしていくことが求められる。また、1990年代の非行事実の認定に関する議論を想起すれば[12]、例えば、事実認定の適正化や適正手続保障の観点から、刑事裁判に積極的意義を見出す見解も散見され、糺問的な少年審判よりも当事者主義化した刑事裁判の方が、少年の権利保障にとっては場合によってはむしろ好ましいとの見解も存在したのである。もしこれが正しいとすると、公明正大に事実を争いたいという場合は、刑事裁判の持つシステムや構造が、少年の権利保障に資することもありうる。ただ、私見は決して積極的に刑事手続や刑罰を用いるべしと主張するものではない。2000年の改正以降、検察官関与や、国選付添人制度、裁定合議制度など、一定の手当てがなされ、少年審判の糺問的性格が一定程度緩和されたことも銘記されるべきである。

さらに、刑事裁判に乗った場合でも、少年事件に関与する弁護士の数や力量は以前より向上しており、むしろ当事者主義の中で、積極的な訴訟活動を行える点や、裁判員制度や被害者参加制度等を通じて、国民・市民の納得性が得られることが、対象少年にとって、社会復帰へ向けての重要な要素になる可能性もある。

4. 少年刑事裁判における当事者等

しかしながら、その刑事裁判は、成人刑事手続と全く同じであってよいか。とりわけ、少年被告人を中心とした当事者の役割について、再検討が必要になる。この点、最先端の関係論的成長発達権の観点から訴訟関係者の法的義務を論じる見解もあり注目されるが[13]、ここではむしろ古典的な視点から述べる。

まず、少年被告人の主体的手続参加は、成人にも増して重要なものと捉えられる。私見は、個々の訴訟行為はもちろん、自身が行った過ちの結末に対して、子どもなりに、やはり納得して自己決定することが、その教育的効果として重要であると考える。

166　第3部　少年刑法の基礎理論

そこで、その自己決定を支援する弁護人の役割には、当事者主義構造の下で、もとより誠実義務を果たしつつ、一方で少年の最善の利益に向けたパターナリスティックな役割や、思春期心理・精神医療にも通じた、成人に対するよりもさらにデリケートなカウンセリングマインドが求められる。

　また、検察官も、単なる対抗者ではなく、これも少年の最善の利益に向けて父権的に関わる訴追官としてその役割を定義づけられるべきである。その根拠は、起訴強制にかかる家裁決定の連続性とそれを理由とする検察権の相対的制約から生じる。検察官は、刑罰関心に従いみずから訴追するのではなく、家裁決定に従属し、その範囲の中での後見的な役割が期待される。もちろんそれは、少年審判における検察官関与の場合より、刑罰賦課への直接的課題を含むため相対的に強いものとはなる。

　さらに、裁判所は、断絶性を考えれば、刑事裁判においてはよりアンパイヤとしての性格を強調されそうであるが、少年審判との連続性を意識すれば、非行の背景要因にも十分意を尽くした訴訟指揮が求められ、後見的見地からこれまた少年の最善の利益を顧慮した判断が求められるものとなる。

　これら刑事裁判用に再構成された当事者等の職責は、具体的刑罰権の存否及び範囲の確定という刑事裁判の審判対象を、しかし、侵食するものではない。

5. 少年刑事裁判における少年審判化とその限界

　以上からすると、本来あるべき少年刑事裁判は、かなり少年審判に近づくのではないかと思われる。実務上も、様々な工夫によって、少年のプライヴァシーや情操の保護に配慮されており、いわゆる、少年刑事裁判の少年審判化への方向性も模索される。しかし、前述のように、刑事裁判は刑罰権の帰趨を法的に決着できる唯一のステージであり、完全な少年審判への一致は、少年犯罪に対する刑罰権の放棄が前提となる。であれば、少年刑事裁判の場で、いかに少年保護手続で得られた成果が活用可能かという

第9章　少年の刑事裁判　167

視点が重要である。この点、少年保護手続は、少年司法の中心舞台であり
ながら、少年刑事裁判との関係では、予審又は専門化された予備審問的位
置に座しており、そこで調べられた少年調査記録については、基本的に、
刑事裁判において活用することが望ましい。刑事裁判における公開を予定
していないという見解もあるが、本来、逆送されるような重大事件こそそ
のような記録の精査が不可欠であり、必要でもあるので、その取調べ方法
を工夫した上で少年の処遇に生かすべきである。また、鑑別結果通知書を
鑑定に準じて証拠採用できるとすると、それとの整合性も考える必要があ
る。

　こうして、社会記録の取調べ方法については、プライヴァシー保護等の
配慮から、様々な方法が提案されているが、刑事訴訟法43条3項による事
実の取調べを根拠とするという考え方も注目される[14]。ただし、作成者の
証人尋問については、証人適格があるとしても、守秘義務から証言拒絶が
なされるであろうし、ラポール破壊の問題も懸念され、消極に考えざるを
得ない。もっとも、情状鑑定人として、家裁調査官やOBを活用すること
は行われており、原則化は困難としても、場合により積極に捉えられる。
いずれにしても、証拠調べの方法等について、裁判所と両当事者が、公判
前整理手続を活用して十分詰めることが肝要である[15]。

6. 立法的課題

　以上のことを踏まえ、立法的課題について3つほど、簡単に述べる。
　第1に、裁判の非公開ないし公開制限については、憲法上の制約をクリ
アしなければならないが、欧州型少年法制は、その刑事裁判を一貫して
非公開としており、公開要請は絶対的ではない。公正な裁判保障と少年の
最善の利益との調和のために、むしろ正面から公開制限を認めるべきであ
る。訴訟指揮を中心とした運用論に委ねることも、当面の方法として必要
であるが、裁判所によって扱いが異なる可能性もあり、また、根拠規定を
持たない状態は、逆に法治国家として問題がある。

第2に、かつて法務省から青年層の設置と連動して提案された、少年刑事事件の家裁への刑事管轄権移管という課題がある[16]。かつての改正要綱は、検察官先議を前提にした移管であったが、ここでは、家裁先議を維持した上で、逆送後の受訴裁判所を家庭裁判所とする、という案を提唱したい。これにより、特に共犯事件の処理において処分の大きな隔たりが解消され得、公開制限と連動して社会記録の取調べも十分行える。判決前調査とは切り離して先行して導入することも可能である。将来的には保護処分と刑罰の選択的賦課も課題となる。

第3に、起訴後の未決拘禁場所を少年鑑別所とすべきである[17]。逆送後のみなし勾留については一定程度少年審判規則によって手当されているが、起訴後は拘置所に移送されるのが通例と思われる。これが何年も続くような場合、例えば早期に少年院収容になった場合と比較して、空虚な身柄拘束が続き、教育的な働きかけに遜色をきたす。情状鑑定等の際に、人間的な関わりは可能であるが、恒常的に確保されるものではない。制度的な原則化が必要である。新少年鑑別所法2条4項の「未決在院者」はこれを予定しているのか、どの程度の関わりが可能なのか、なお検討が必要である。

7. おわりに

最後に、55条移送の際に考慮される保護処分相当性の法的性質とその扱いについて未熟な私見を述べる。

一般に、55条移送の判断は、有罪認定後の広義の量刑判断に含まれると考えられ、裁判所は検察官の求刑、弁護人の弁論いずれにも拘束されず、その専権として量刑判断を行うのであるから、そもそも検察官が立証責任を負う公訴事実（起訴状記載の訴因）の外にあると考えられ、保護処分相当性の不存在については、検察官に立証責任はないと考えられる。これを情状立証と考えた場合も、保護処分相当「性」という程度概念を、どの程度、それが不相当であると証明すればよいのか、その証明水準も不明であ

る。

　そこで、この概念を、先ずは実体法的に犯罪成立性の問題として罪体に組み入れると同時に、訴訟法的にも立証の対象として利益原則に従って考慮することが必要である。実体法的には、犯罪成立性ないし処罰可能性の問題に組み込まないと、刑事裁判で犯罪が認められながら、処罰されないという矛盾を説明することが困難となる[18]。そして、訴訟法的には、保護相当性判断が、上訴ではなく審級を同じくする地裁から家裁への「移送」判断であるとはいえ、訴因外のものであるとすると、厳格な証明の対象から外れる可能性もある。この訴因外の証明に関して、古くからの民訴法学における「解明度」概念を刑事訴訟に応用する最近の論稿が注目されるが[19]、あるいは、「要保護性の解明度」という領域を、少年刑事裁判において観念することが可能であるならば、訴訟法上、55条移送における裁判所の義務を高める方向性も考えられるかもしれない。とはいえ、刑事裁判が当事者主義を基調とする以上、要保護性解明度を通じて裁判所だけに期待するのではなく、保護処分相当性を訴因内のものと把握した上で、弁護人の有効かつ適切な支援を通じた少年被告人の主体的な活動によってその実質を実現していくことが重要である。

注
1）　角田正紀「少年の刑事裁判」法学教室423号25頁等（2015）参照。本章では屋上屋を架すことを避け、既存の論点等の紹介は避ける。
2）　正木祐史「20条2項送致の要件と手続」葛野尋之編著『少年司法改革の検証と展望』23頁以下（日本評論社、2006）、本庄武「保護処分相当性判断・再考」斉藤豊治先生古稀祝賀論文集『刑事法理論の探求と発見』571頁以下（成文堂、2012）等。
3）　本書第10章参照。
4）　フィリッポ・グラマティカ（森下忠他編訳）『社会防衛原理』（成文堂、1980）参照。
5）　例えば、丸山雅夫「少年刑事裁判と裁判員裁判」『社会と倫理』第25号188頁（2011）。また、角田・前掲注1）29頁は、年少少年、中間少年について裁判員裁判の対象から外すべしとする。
6）　浦部法穂「刑事裁判の公開と憲法」福島至編著『コンメンタール刑事確定訴訟記録法』202頁（現代人文社、1999）。

7）　山口直也「少年刑事被告人の刑事裁判のあり方に関する一考察」立命館法学2010年3号197頁（331号）。

8）　但し、科学主義の内容と射程について、渡辺一弘「少年法における科学的調査」専修法学論集第126号287－319頁（2016）参照。

9）　本庄武『少年に対する刑事処分』30頁（現代人文社、2014）。

10）　丸山雅夫「少年法と刑事手続との交錯」南山法学38巻2号184頁（2014）。

11）　宮原三男『少年法』63－68頁参照（弘文堂、1961）。また、本書第3章参照。

12）　荒木伸治編著『非行事実の認定』（弘文堂、1997）等参照。

13）　福田雅章「人間回復の理論と現実―原発事故から4年目のふくしま」（シャローム、2014）74頁以下、山口・前掲注7）187－192頁参照。

14）　山口・前掲注7）213－216頁。むしろ1項を根拠に、事実の取調べはこれに含まれるとも考えられる。

15）　角田・前掲注1）27頁。

16）　法務省『少年法改正要綱』7頁（1970）。

17）　中川孝博「犯罪少年に対する未決拘禁」武内謙治編著『少年事件の裁判員裁判』362頁参照（現代人文社、2014）。

18）　処罰阻却事由構成の可能性について、本書第10章参照。

19）　原田和住「刑事訴訟における解明度」岡山大学法学会雑誌65巻3・4号1076－1006頁（2016）。

第10章　少年刑法の理論

1.　はじめに

　わが国において、少年法学はもともと刑事政策ないし刑事法内部の一分野として発展してきたが、今日ではその専門化が進み、刑法、刑事訴訟法、そして刑事政策からも独立した固有の研究領域を形成しているといってよい[1]。それは、少年法が刑事法の一分野でありながらも、児童福祉法はもちろん、医学、心理学、教育学、社会学といった周辺諸科学の専門的智識（少年法9条）と密接に関連しており、極めて幅広い学際的検討が必要な領域であるため、刑事法の諸原理・原則を基本に据えつつも、刑事法的発想のみでは解決困難な諸問題を内包していることから、いわば当然の展開であるとも考えられる。そして、このような傾向は、ひとりわが国のみならず、他の少年司法制度を有する諸外国においても同様である。例えば、「少年刑法」という呼称が一般的なドイツにおいてさえ、J.ボーネルトが指摘するように、「少年刑法全体を統一的に教育法（Erziehungsrecht）として解釈することが可能」[2]なのである。

　しかし、一方で周辺諸科学の知見について研究が進むと、少年法は徐々に刑事法的発想特に刑法理論からは遠ざかり、福祉法・教育法的なアプローチ[3]から検討がなされ易くなり、刑法学ないし刑法学者からはもはや別物の哲理が支配する領域とみなされることになる。「大切なのは処罰ではなくて少年の立ち直りである」とか、「少年には可塑性があり、厳罰では何も解決しない」といった類のスローガンの連呼は、それら自体が正しいとしても、直截に目的論が前面に押し出され、従来の刑法理論と接合す

173

る形で説明がなさることが少ないと、少年事件については刑法の意義や役割が軽視又は矮小化されるものと受けとめられ、結果的に刑法学と少年法学との間に一定の懸隔が生じることになる。なるほど、少年法の福祉法的ないし教育法的理解に疑いがないとしても、特に犯罪少年については、発生する刑罰権の問題について理論的に処理すべき点があり、これを等閑視してひとり福祉的・教育的側面のみを論じることは、実は本来求めるべき福祉的・教育的側面をも歪めてしまう恐れがあることを銘記する必要がある[4]。その意味で少なくとも犯罪少年については、従来の刑法学との関係において、どのように少年法の理念を達成することができるかを追究しなければ、少年法の真の福祉的・教育的目的は実現できないと考えられる。

　そこで、本章では、正に未熟な序論的考察に限られるが、先ず少年刑法の意義と概念について述べた後、少年司法全体から刑事司法の一翼を担う手続構造を確認し、そうした手続構造の中で形成される実体法的内容について、わが国刑法学の判断枠組みをベースに、成人刑法とは異なる少年刑法理論の試論を展開する。そして、少年法をあえて「少年刑法」という観点から捉えることにより、却って少年法の理念が顕現することを示唆していきたい。なお、既存の学説等については、屋上屋を架すことを避け、最小限の言及にとどめる。

2. 少年刑法の意義と概念

（1）意義

　ここで、「少年刑法」として言及する場合、実体法としての刑法はもちろんであるが（狭義）、手続法としての刑事訴訟法も含む、広義の刑法を指すものとする。もともと刑法という実体法規範を実現するためには、刑事手続について規定する刑事訴訟法を通じた裁判の確定が必要であり、法効果も私的自治ないし私的制裁に委ねられた領域ではないのであるから、こうした広い意味で刑法を捉えることには合理性があり、実際、例えば英米法圏で'criminal law'という場合、通常、'criminal procedure'について

も含意されているところである。こうして、「少年刑法」と言う場合も、刑事実体法のみならず、刑事手続法の側面も重要な意義を有することになる。

　一方で、わが国の「少年法」という旧法以来の名称は、周知のごとく立法の経緯としてアメリカ法の影響を受けたことによるものであり、対象少年が犯罪少年に限られないという内容にも対応している。現行少年法も、犯罪少年の他、触法少年、虞犯少年を「審判に付すべき少年」としているので、そうした「少年法」という法律を研究する学問領域をも「少年法（学）」と呼んでいるのである。しかし、要扶助少年や遺棄された少年までをも管轄するかつての典型的なアメリカ型「少年法」[5]と異なり、わが国の対象少年は、犯罪に関係づけられた概念として、いずれも刑罰権との関係において問題となる概念であるのだから、講学上の名称としては「少年刑法」を使用するほうが、実は少年司法全体の体系を捉える際には意義を持つともいえるのである。実際、ドイツにおける「少年刑法（Jugendstrafrecht）」や、フランスにおける「少年刑法（droit pénal des mineurs）」はそのような名称の法律があるのではなく[6]、その実体法的且つ手続法的内容に即してそのように呼ばれているだけであり、刑事司法の一翼を担う観点が明確にされている。

（2）概念

　つまり、わが国の「少年法」概念は、実は犯罪等が起こる前にその虞がある場合、刑法上の責任能力を欠く場合、そして犯罪が成立すると考えられる場合について、その少年における手続や処遇を考えるものであるのに、「少年法」という、一見して刑罰権の作用が見えにくい名称のためか、その問題を解決しないまま目的論に直結した議論が行われやすい傾向を生じているのである。例えば、犯罪少年が逆送されないで保護処分で終結する場合、それが重大犯罪であるようなときにはマスコミ等でセンセーショナルに取り上げられることもあるが、それに対する専門家側からの説明として、「少年には可塑性がある」、「少年法には保護処分優先主義という原

則がある」、「パレンス・パトリエによって保護されるのである」等々と、成人の刑法理論の枠組みとは全く異なった角度からの説明が行われることが多い[7]。しかしこれらは、世間からの「同じような行為をしておいて、大人の場合には刑務所に入らなければならないのに、何故少年の場合は少年院で済まされるのか」等の疑問に対して、必ずしも納得のいく説明とはなってこなかったように思われる。重大犯罪であればあるほど、「彼が少年であったから」という事情は、「それは正当防衛であった」あるいは「その時心神喪失であった」というほどには、自明のことのようには理解されていない[8]。そうだとすると、これは本来少年事件の場合にも発生するはずの刑罰権を阻却ないし減少するための、説明道具としての（少年）刑法理論の貧弱さを物語っているとは言えないであろうか。従来の説明に加え、「少年刑法」の概念を定立した上で、理論的に犯罪成立性や刑罰権の問題に取り組む必要があるものと思われる。

　そこで、先ず、実体法的内容を実現する手続構造について確認しておこう。それは一般に「少年司法」と呼ばれる領域である[9]。

3. 少年刑法の位置づけと少年司法の構造

（1）少年刑法の位置づけ

　わが国で「少年刑法」という用語が使用されることがあるのは、少年法第3章「少年の刑事事件」に関連する場合、特に逆送後の刑事裁判において、緩刑規定（少年法51－60条）の適用が問題となる場合が多い。もちろん、逆送後は成人事件と同様、刑事裁判によって犯罪の成立及び刑罰権の確定を目指して手続が進行するのであり、この領域を「少年刑法」という概念によって把握することには異論もないところである。

　しかし、こうした現状には、二つの点から修正が必要であろう。一つ目は、逆送前にも、実は発見段階から家庭裁判所における審判に至るまで、国家刑罰権の問題は背後に存在しており、その手続は最終的な地点として逆送後の刑事裁判を想定したものとなっているため、たとえ保護手続上の

議論であっても、刑法上の観点から分析・検討が必要なこと、そして二つ目には、逆送後の刑事裁判においても、犯罪成立性の問題については、実は成人刑法理論がほぼそのまま適用されており、少年法1条に規定される理念から切り離されたものとなっている懸念が存在するため、これを独自の少年刑法理論の定立によって、少年用の実体法理論を適用できるようにする必要があることである。そこで、この二段階に対応する実体法理論を検討する必要があるが、まずは、その前提となる刑事司法における少年司法の位置づけ及び両者の関係構造について確認しておこう。

（2）少年司法と刑事司法の関係構造

　現在、およそ少年司法と刑事司法との関係をどうとらえるかについては、少なくとも2通りの考え方があるように思われる。一つめは、刑事司法とパラレルに少年司法を捉える思考であり、成人に対しては刑事司法、少年に対しては少年司法が存在し使用される、と分割して考えるものである。これによれば、成人刑事司法を支配する諸概念が、修正を施されつつも少年司法に平行移動的に適用されていき、そうしたタームが少年司法の議論においても使用される。これを仮に「準刑事裁判モデル（*quasi-criminal justice model*）」と呼ぶことにしよう。このモデルは、伝統的な国親思想に基づいた手続がしばしば適正手続に欠けることがあることを覚醒させ、とりわけ非行事実認定の場面において、刑訴法学のデュープロセス等に関する有益な成果を少年司法の領域にもたらした点で重要な意義をもった。

　しかし、この立場では、そもそもそれぞれの手続が何に向けて進行しているかについての検討、つまり処遇論が軽視されるきらいがあった。保護手続じたいの福祉的効果や実務の不開始・不処分中心主義を強調し、保護処分も刑罰同様の不利益処分であるから常にこれを避けるべきものとして手続が構想される傾向も指摘できる。かつての非行事実認定のための論争は、非常に重大な課題であったが、しかし、このモデルの優位に拍車をかけることになった。しばしば新聞報道等で見られる「成人の無罪にあたる

不処分」との表現も、このモデルが市民レベルで共有されていることを物語っている。けれども、そうであれば、手続上も最初から刑事裁判所に少年刑事事件を扱わせればよい話であるし、そもそも少年審判はまだ有罪無罪の問題を確定すべき場に至っていない。いずれにせよ、刑罰実現のための手続とパラレルに展開されるこのモデルにおいては、少年司法自体においても、刑事司法と同様に、手続のできるだけ前段階で刑罰権をそらすべきだとするダイヴァージョンが推奨され、修復的司法の導入についても、この段階で処理されるのが好ましいという論理になるだろう。具体的には試験観察などを利用して和解や仲裁等を試みるということになりそうである。

　しかし、このような「準刑事裁判モデル」的な考え方は、現行法のシステムと必ずしも調和的・整合的ではない。国家刑罰権の担い手である検察官は、いわゆる先議権を有しておらず、家庭裁判所の事件係属段階では、形式的にはまだ刑罰権の行使について主張を行っていない。もちろん、実質的には、処遇意見や検察官関与、そして抗告受理申立制度等の活用で刑罰権行使に向けた意思を表明することは可能であるが、まだ訴因を明示して刑罰権実現に向けた具体的な公訴提起を行っていないのであり、家庭裁判所における審判対象は、理論的にまだ有罪無罪の問題を扱うものとはなっていない。この訴訟課題は手続上、公訴提起後の刑事裁判によって確定されるものである。そうだとすると、刑事司法の角度から見ると、そもそもこの段階の「少年司法」じたいが、成人刑事手続から類型的にダイヴァートされたものだと考えることもできる。これは、実定法上少年の刑事事件においては、すべて家庭裁判所を経由していることが必要で、このことが少年刑事裁判の訴訟条件となっていることからも明らかである（少年法41条、42条1項、45条5号）。ただ、ダイヴァージョンという場合、一般的には非公式な司法前処理を指すので、公式な裁判手続を経由している現行少年司法制度は、むしろフランスの予審手続（procédure d'instruction）[10]に類するものとなっており、これを仮に「前刑事裁判モデル」（pre-criminal justice model）と呼ぶことが可能であろう。このモデル

においては、少年保護手続が少年刑事手続の前段階に位置する単線的システムを採用することとなり[11]、実体法的な「保護処分優先主義」は、手続法的には「保護手続前置主義」と表現することができる。このモデルでは、「刑罰でないのだから」として、安易に適正手続が遵守されなくなる危険性を警戒しなければならないが、迅速の確に要保護性を審判して保護処分の執行によって少年の健全育成を図るのを本筋とする。

4. 少年刑法の体系素描

（1）総説

　それでは、以上のような現行法上の単線的手続構造を前提に、保護手続段階と刑事手続段階に分けてそこで適用される実体法的内容を考察してみたい。なお、保護手続に移行する前の発見過程は、犯罪少年の場合は捜査段階となるので、これも刑事手続といえるが、後者については、実体形成過程を念頭に、逆送後の刑事裁判について考える。そこで、その前に、少年手続における特有の刑事実体法概念の必要性について確認しておこう。

　近代刑事法、特に大陸刑事法の基本的な発想は、国民の自由権保障との関係において、構成要件該当行為や捜査の端緒といった概念によって、国家の側から検討対象となる犯罪概念の始期を画しつつ、それ以前の行為や動機ないし原因、そしてその他の背景事情等については、犯罪発生後に裁判の場でとりわけ量刑事情として考慮の対象とされるに過ぎず、それが定式化された阻却事由とならない限り、少なくとも犯罪成立性の問題とは切り離されて論じられるものである。いささか極端な例を挙げると、長年にわたる虐待に耐えかねて家を飛び出し、お腹を空かしてコンビニで弁当を盗んだ14歳の少年も、それについて正当防衛や緊急避難等の刑法上の阻却事由によって正当化されるということは通常は難しいであろうから[12]、行為は窃盗罪を構成し、少年は犯罪少年となる、という理解となるであろう。これは刑法上全く正しく、それは裕福に育った少年が利欲目的から同じ行為をした場合と犯罪論上は異なるところはないことになる[13]。しか

し、前者の場合について、この少年が本当に大人と同じ意味で「罪」を犯したと言い切ってしまってよいのだろうか。伝統的に定式化されてきた犯罪阻却事由は、成熟した成人を念頭において論じられてきたものであり、手続法上「少年法」が刑事訴訟法の特別法となっているのと同様に、実体法上も刑法の特別法としての「少年刑法（狭義）」を構想し得るのではないかと思われるのである。そこで、一般刑法の三分説的体系に照らして、保護手続段階と刑事手続段階に分けて未熟な試論を素描してみたい。

（2）保護手続段階

保護処分は刑罰ではなく、家庭裁判所は科刑権を持たないのであるから、通常この段階では少年刑法の観念は維持できないと考えることができるかもしれない。そもそも公訴提起がまだ行われていないのであるから、刑事責任追及の可能性がない以上、そこで検討される実体法的内容も、刑法の適用ではないとも言えそうである。しかしながら、法効果の問題としていえば、直ちに刑罰を念頭に置いた検討がなされるのではなく、まずは保護処分等の可能性が検討されるという相違があるに過ぎない。また犯罪少年については、起訴強制のかかる逆送決定という中間処分を経由すれば、それは刑事責任追及への道筋へと至るのであって、罪の成立性については、人権保障、あるいは法治国家的な保障という観点からも、ある程度厳格な要件論を用意しておくことがむしろ望ましいといえる。そして、成人との共犯形態を考える場合、間接正犯となる場合を別論とすれば、制限従属形式説を採用する以上、少なくとも構成要件該当性と違法性については認定される必要がある。但し、通説的な成人刑法論は、規範的評価と可罰的評価を犯罪成立性の問題としてほぼ一体に捉えているところ[14]、保護手続における審判対象が窮極的には要保護性に収斂するものであるとすると、思考過程としては、この部分を論理的に切り離すことができるかもしれない。

実務上も、少年保護事件において、違法性阻却事由、責任阻却事由などが認められるときは、少なくとも犯罪少年又は触法少年としては処分でき

ないとするのが多数説であるとされ[15]、少年審判規則36条も犯罪少年について保護処分決定をする場合には、罪となるべき事実等を示すべきことを規定している。

　一般に、犯罪少年については、構成要件該当性、違法性の充足を前提にして、いわゆる責任要件必要説と不要説とが対立している[16]。少年刑法論の中心的課題は、この責任論であるが、従来の必要説と不要説の対立は、少年刑法論からみるとなお一面的な部分があり、また、構成要件論と違法性論についても、成人刑法と全く同一ではなく、少年刑法論の角度から再構成すべき点があるものと考えられる。

　そこで、まず、構成要件論については、審判対象である非行事実は、成人刑法にいう構成要件の範囲に限られず、虞犯概念を置いているので、成人刑法における基本的構成要件を、虞犯性にいう「罪」及び「刑罰法令」の基礎として捉え、少年法3条1項3号所定の虞犯事由とともに、「虞犯構成要件」を構成するものとして把握することになる[17]。すなわち、成人刑法論を基本にして考えると、犯罪少年を念頭に成人刑法の構成要件概念から出発して虞犯をそれに当てはまらない例外と考えてしまうことになりそうであるが、むしろ少年刑法論独自の立場からは、保護処分という効果を招来する実体法概念として法は虞犯概念を定置しているのであり、(非行)構成要件概念は、成人刑法よりも拡大した虞犯構成要件をベースに考えることができる。犯罪少年と触法少年についても、主観的構成要件要素を認め、その評価を構成要件論自体の中で行う場合は、特に規範的構成要件要素の認識について、構成要件論レベルで少年であることによる顧慮が必要になる可能性がある。

　次に、違法性論については、少年の行為と成人の行為の法益侵害性に差が生じると考えなければ、少年刑法論と成人刑法論に通有する結果無価値論によって一貫した違法性論を採用することができるであろうし、一方で少年の行為には主観的違法要素との関係で一定の影響があると考えれば、行為無価値論に与する違法性論に傾くように思われる。ただし、その場合でも、いぜん評価規範と決定規範の区別は維持でき、触法少年の行為に対

する正当防衛は承認されるべきであるから、あくまで客観的違法論は堅持されることになるであろう。

　なお、刑法体系の問題として、少年刑法において行為無価値論を採用しつつ、成人刑法において結果無価値論を採用することが可能であろうか。たとえばそれは、少年と成人の共犯事件の場合等に問題となる[18]。二元的人的不法（行為無価値）論の立場から、少年に対する行為規範性の重視を片面的に構成すれば、論理的には可能であるようにも思われるが、少年と成人の差異を、違法性の実質という問題の差異にまで高めるべきか又は高めることができるか否かについてはなお疑問があり、違法性論としては、どちらであるにせよ、両者は一致するべきであろうと思われる。本人が少年から成人になった場合や少年のまま逆送を受けて刑事裁判に移行した場合については、行為時の理論に基づいて評価を行うことになるであろう[19]。

　そして責任論については、主観的な要素が中心となるため、少年刑法理論の中心的課題となるが、先ず、責任要件の要不要論について整理しておこう。これに関する議論では、責任要件全体の要不要と、責任能力の要不要が時に混同されることがある。責任要件の要不要を論じる場合は、その要素をどう考えるかにもよるが、責任能力だけでなく、故意、過失、違法性の意識ないしその可能性、期待可能性等の責任要素についても問題になる筈であるが、多くは責任能力についての議論を中心に行っている。必要説が責任能力以外の責任要素についても必要としていることはほぼ疑いがないが、不要説がその他の要素についてどのように捉えているかは必ずしもあきらかではない。しかし、不要説を採る場合でも、不利益処分性を払拭できない保護処分の賦課を行うに際し、少なくとも過失は必要であると考えられるのであり、責任要素全てについて不要だとすることは、少年の最善の利益論を前提としても行き過ぎであろうと思われる[20]。そこで、保護手続段階における少年刑法上の体系論としては、主観的違法要素を承認し、構成要件段階に故意・過失を配置した上で、責任能力を含む責任要件自体についてはこれを不要とすることも可能であると思われる。違法性の

意識ないしその可能性については、責任能力不要説を採る以上、これも不要と考えるのが整合的であると思われるが、処分不利益性ないし制裁的側面を懸念するのであれば、少なくとも責任説を採用して最善の利益説とのバランスに配慮する必要があるだろう。また、期待可能性については、規範的責任論を前提に、もともと刑罰賦課と密接に関連する非難可能性と結びついたものであり、これも責任要件から外して良いと思われる。このように考えれば、構成要件的故意・過失の限度で（実質的な）責任は充足されるとした上で、責任要件を不要としつつ、これを要保護性要件[21]によって代置することにより、構成要件－違法性－要保護性というシンプルな体系が導出できるであろう。

　なお、実務においても多数を占めるといわれる必要説であるが、虞犯に共通する責任構成は困難であるうえ、既に様々な批判が学説上加えられているので、ここでは屋上屋を架すことなく、一点だけ指摘しておこう。

　必要説の問題点は、責任要件ないし責任能力を承認してしまうことで、14歳以上の少年に対して、実体法的に「犯罪」が成立・顕現してしまうことである。ここから、二つの理論的問題が生じる。1つ目は、「犯罪」が成立しているのに、その法効果が刑罰ではなく、保護処分等になるのであるから、犯罪成立性の内部（責任論に還元？）又は外部（処罰条件ないし処罰阻却事由の設定？）の問題として観念的刑罰権の処理が必要になる筈である。これが阻却されず、保護処分の賦課要件となる場合は、次の問題が生じる。すなわち、2つ目として、犯罪少年に対し保護処分を付することができるのはもちろん少年法が規定するところであるが、逆送された場合は、刑罰賦課が可能な実体法的内容であり、その背後には刑罰権が潜在しており、保護処分に付される場合であっても潜在的刑罰権が保護処分に化体し、その内容が必然的に懲罰的な法的性質を有するものとなってしまうのである[22]。その結果、処罰的色彩を有する保護処分は、その本来有する改善更生のための機能を十全に発揮することが様々な場面で困難となる。いわゆる「制裁論」はこのことを正面から認めようということだと思われるが、この考え方を徹底すると、たとえば、施設内処遇制度として、

少年院と少年刑務所をむしろ統合した方が首尾一貫するということになるだろう。いわゆる受刑在院者という概念と制度は、その象徴として理解されることになる。また、社会内処遇制度としての保護観察と電子監視等の社会内監視についても、ある意味それぞれ社会内制裁の一種として、量的差異の問題として把握されることになるだろう。

しかしながら、このような思考は、少年司法の意義を没却するものである。そしてこれは、少年司法に対して、現行の実定法的な刑事司法制度の構造を無視して「準刑事裁判モデル」的理解をしたがために、そこで適用されるべき実体法体系も成人の刑事司法に対応したものとしてパラレルに構想したことに起因するものであると思われる。しかし、先に述べたように、わが国の少年司法制度は、検察官の公訴提起を保護手続の後に置いて保護手続を前置した、単線的な「前刑事裁判モデル」であり、全体として刑事手続と刑罰の可能性を残しているという意味において、少なくと「少年だけが成人と異なり、処罰されない」という批判は当たらず、責任不要説の立場が厳罰派に口実を与えることにはならないし、刑事裁判の場で刑事責任の概念は当然審査され得るのである。実際には逆送率が低いので処罰されにくいというのは、現実の運用の問題であって、システムとして刑罰権の問題は担保されていることを看過してはならない。

なお、障害未遂及び中止未遂については刑の減免事由であるため終局決定の際の処分選択の問題として考慮すれば足りる[23]。また、共犯についても、成人刑法と異なり実定法上の縛りがないので、細かく狭義の共犯の区別をする必要はなく、行為支配性や役割の重要性等を勘案して正犯に対する終局処分を決定すれば足りるものと解する。そのため、少なくともこの段階では、理論的に統一的な正犯概念を妥当させることが可能であるように思われる。

(3) 刑事手続段階

逆送決定を受けて起訴強制がかかると[24]、まぎれもない刑事裁判が開始される。そこで適用される実体法は刑法であり、基本的に成人刑法の枠組

みが採用される。保護手続段階では、上述したようないわば簡易化された刑法理論が構想されたのであるが、この段階に至ると、法効果は最高で死刑にまで至る峻厳な内容となっており、厳格な犯罪成立要件をクリアしなければならない。先ず、構成要件段階では、保護手続におけるような、いわば曖昧な虞犯構成要件は存在しないが、逆に未遂犯のような刑の減免事由に関わる事由等についても、また予備や共犯等の修正又は拡張される加功形式についても、当然ながら、成人同様に構成要件該当性の問題として画定されなければならない。構成要件要素の意味認識に関わるような場合についても、少年であることによる顧慮が必要な場合もあるであろう。

　アイゼンベルクによれば、ドイツの少年刑法論においても、もちろん一定の状況を、一般刑法の規定や原則に従って、ある犯罪構成要件のもとに分類するのであるが、中には少年の典型的な行動様式であって、とりわけ主観的構成要件の審査において特別に顧慮すべきものがあるとされる[25]。というのも、一般刑法の構成要件は、成人の「社会的答責性（Sozialverantwortlichkeit）」から出発しているので、少年に相応しい法適用原則に注意が払われるべきだからであるという[26]。

　違法性論については、少年であることによる責任阻却事由以前に、違法性の問題として考慮できる場合があるように思われる。たとえば、主観的違法要素を承認する場合、事実の認識・認容や客観的注意義務違反の判断において主観的能力を考慮するならば、少年の能力は実質的に劣る可能性がある。また、「社会生活上必要な注意義務」などを考える場合は、社会経験の浅い少年は注意義務違反が認められやすくなる懸念もあるであろう。

　アイゼンベルクは、成人より少年が不利益に取り扱われることを避けるために、例えば暴力犯罪や殺人犯罪などの場合において、少年行為者という観点からの主観的な不法評価の問題を等閑視すべきでないとしている[27]。そして、少年、青年（Heranwachsende）達による、ハッシシ吸引後の、いわゆる「ロシアンルーレット事例」[28]において、たとえ、少年達が、「ある危険な遊び」を望んでいても、そのうちの一人が、くじを引いた被害者に死の結果が招来されることを考えていたか、という点に疑問を

呈し、認識能力に与えたハッシシ吸引の影響を払拭できず、また、そうした行為が、一般に死をももたらし得る客観的な危険性を持つということのみから、死の結果に対する認容が推論されてはならないとし、判例の口吻を引きつつ、「こうした事情のもとでは、死の結果は惹起されないということを、たとえ他の者全てがそうでなくても、被告人の場合は信頼することができる、という経験的事実」が存在するとしている。これは、正に認識ある過失と未必の故意（殺意）の境界設定にとって重要な意義を有する[29]。この点について、同判例は、「『未必の殺意』は、行為者において、行為がただ傷害だけではなく、もしかすると被害者の死にさえ至りうるという危険性を持っていることの知識すなわち認識を前提とし、そしてとりわけ行為者が、更なる行為は、こうした可能性ある死の帰結の開始であることを認容していることを要求する」としている[30]。成人であれば認容できるものが、少年においては認容されていないということも十分ありうることであろう。このように考えてくると、違法性の実質についても、結果の無価値だけでなく、少年行為者の行為無価値性を判断する必要があるのではないかと思われるが、さらなる検討が必要である。

　そして、責任論こそは、責任主義の見地からも、少年刑法論の最も重要な領域である[31]。故意や過失については、体系論上どこに位置づけられていても、いずれにせよ上述のような顧慮は必要であるが、違法性の意識ないしその可能性と期待可能性の要件、そして責任能力は、少年と成人とでは明らかに生物学的・心理学的あるいは社会的に異なるレベルにあると考えられる。違法性の意識を持てるか否かは、少年の道徳的・精神的成熟度に依存するであろうし、成人に対して期待できる適法行為が、必ずしも同様に少年に対して期待できるわけではないであろう。つまり、非難可能性も、少年と成人とでは程度が異なるということになる。

　ここでは、違法性の意識に関するドイツの議論を簡単に指摘しておこう。ドイツでは、少年裁判所法3条[32]における不法認識の規定が、刑法17条に規定される禁止の錯誤に加え、そもそも特別の意味を持つのかについて争われている[33]。

同法3条に独自の意義を見出す見解は、不法認識に「十分な成熟」を要求する3条に対し、刑法17条の「具体的に欠如した」不法認識は、他の理由によって欠けることもあり、また、17条における回避可能性あるいは原因において自由な行為の問題は、未成熟性によって欠ける不法認識に関して、真に対応していないのであり、それゆえ17条に対する3条の特別性は示されるとする。この見解によれば、成熟性の次元は、それが関係する者にとって、常に回避不可能な決定要素であって、時に不法認識の欠如をもたらすのであり、3条の意味において基本的に認識能力ある者が、それでも禁止の錯誤の審査を受ける場合、若者の成熟性に関連する特別な状況は更に特別な顧慮を要請するものとなる。少年であることに関係する発達や経験の不足は、錯誤が避けられた場合の17条二文の枠組みの中でも特別の方法で考慮されるべきであるとされる。すなわち、成熟基準に従って基本的に認識能力ある少年行為者にとっても、物事の事情を見通すことは難しく、そのほかの点では同じ状況にある成人に比べ容易に不法認識を失いやすいことが銘記されるべきということになる[34]。

　一方で3条の独自性を否定する見解は、刑法20条が責任を否定する場合とまったく同様に、これを、刑事成年（Strafmündigkeit）を否定する規定と捉え、認識能力の欠如によってそれが取り除かれるというよりは、ただ現実の不法認識の欠如を顧慮すべきであるとする。というのは、具体的に示された行為者の不法認識にもかかわらず、認識能力の欠如によって、未成熟がゆえにもたらされる免責が行われるとしたら、それは矛盾したものとなるし、正に責任主義に合致しないこととなるからである。その限りで刑法17条は少年裁判所法3条に優先することとされる。しかしながら、シュトレングは、未成熟性に基づく特別な側面の観点からは、不法認識に関する3条一文の規定は、17条に依拠した変種の類を表現しているのではなく、不法認識が欠如する成熟不足のために、回避可能性の問題に対するテストを除外するものとして、3条に独自の意義を認めることに肯定的である[35]。

　以上のようなパースペクティブは、責任能力に関する、是非善悪の弁別

能力や制御能力についても同様に考えることができる。この点、わが国では、主にこの責任能力の観点から、14歳以上20歳未満少年について、抑止刑論の立場を背景に、これを限定責任能力層と捉える見解が有力に主張されている[36]。確かに、ドイツにおいても、たとえばシュトレングは、少年裁判所法3条を、成熟が欠ける場合において、刑法19条、20条に加え、少年にのみ特別に適用される責任阻却事由を扱うものと理解しつつ、少年を限定責任年齢層として把握している[37]。また、アイゼンベルクは、少年刑法上の刑の減軽に関する少年裁判所法18条二文が一般刑法の枠組みが採用されないことを規定しているとはいえ、限定責任能力の評価は、行為の不法内容に影響を及ぼし、それゆえ少年刑法上の手続きの中で探索され、顧慮されるべきであるから、刑法21条の要件を満たす場合は、少年裁判部は刑法49条1項に従って、任意にその刑を減軽することができるとする[38]。

　なお、近時わが国では、ドイツの議論を参考に、答責性（Verantwortlichkeit）の概念を、①責任能力における答責性、②責任における答責性、の二段階に分け、それぞれ成熟性と特別予防の必要性を答責性概念の中に読み込む見解も主張されている[39]。

　これらの見解が展開されてきた背景には、何故少年の責任は成人より軽くなり、刑が緩和されるのかについて、必ずしも刑法理論の枠組みで十分解明されてきたわけではなく、一般には少年法上の理念によって、「更生可能性がある」とか「可塑性がある」等と説明されてきたことがあるように思われる。もちろん逆送後の刑事裁判にも少年法1条の健全育成ないし成長発達権の保障という理念が及ぶのであり、こうした言説は当然誤りではないのであるが、まずは、少年の刑事責任論の問題として処理しておく必要があるだろう。

　わが国の場合、刑法41条に基づき、14歳に達すれば、少年法上の顧慮を除けば刑法上成人の責任論とあたかも区別がないかのごとくである。しかし、例えばドイツでは、刑法19条に規定される14歳以上の少年の責任能力は、直ちに少年裁判所法3条に規定される少年刑法上の答責性の存在

と同義なものとはならない。同3条は、個々具体的な法違反に関して、行為時の少年が道徳的且つ精神的な発達に基づいた認識・制御能力を有することを要求しており、この答責性の証明に基づいて裁判所も判決を行わなければならない義務があるとされるのである[40]。

　わが国の議論として、実定法上の概念を欠く答責性要件を解釈論上導入するにはなお困難な面はあるが、他の責任要素の考察も含め、さらに緻密な検討が行われることが期待される。ただ、従来の成人の刑事責任論は、やはり回顧的な側面が強く、一方少年法上の要保護性論は未来志向的である。刑事裁判のレベルで保護処分を念頭においた要保護性概念を直列的に用いることは難しいが、少年法の理念と整合的な少年の刑事責任論を構築していくことは可能である。そして、そうした要件を、責任論の内部に位置づけるのか、あるいは一身的処罰阻却事由のような形で外部に位置づけるのか等、今後の課題は多く残されている[41]。

5. おわりに

　少年法は、刑法と刑事訴訟法の特別法でありながら、議論は手続法主体に行われており、実体法的議論については、保護手続において法効果が非刑罰化されて保護処分賦課が原則となる（保護処分優先主義）という程度の内容に過ぎず、法効果をもたらす要件論は、審判対象論としての非行事実と要保護性の認定論にほぼ解消されてきたように思われる。本章では、現行少年司法の構造を、保護手続が刑事手続に前置される、単線的な「前刑事裁判モデル」と捉えた上で、両手続を少年法1条に規定される健全育成ないし成長発達権保障の理念によって連続的に理解しつつ、そこで適用される実体法理論について未熟な試論を素描してみた。

　保護手続段階では、まだ公訴提起がなされていないため、形式的には国家刑罰権実現へ向けた請求が行われていないが、犯罪少年については逆送があれば起訴強制がかかり、刑事裁判へ移行することから潜在的刑罰権は伏在している。また、虞犯少年と触法少年についてはいかなる意味でも公

訴提起はありえないものの、責任要件以外については、やはり刑事実体法を観念することが可能であって、保護処分賦課のための要件を確認しておく必要があり、この段階でも少年刑法理論を構想することができる。そして、逆送後の刑事手続段階ではまぎれもなく刑法と刑法理論が適用されるのであるが、これを行為者が少年である場合少年刑法論としてどう内容と体系を整理したらよいか考察を試みた。

　両者ともその内容については試論的考察の枠組みを出ず、なお不十分なものであり、辛うじて問題点の存在を指摘しえたに過ぎない。そしてこうした傾向の理解と検討の方法論は、少年刑法を維持する国々においてさえ、いわゆる「脱刑法化」が唱えられてきた歴史的発展に照らすと、疑義も提出されうるだろう[42]。しかし、本章で述べたように、少年法の真の教育的・福祉的解釈を考えるのであれば、発生する刑罰権を減少、阻却、そして消失させるような理論的説明を行う必要があるし、また、反面で教育や福祉の持つ権力性や侵害的なパワーに対しても、十分な自覚に基づく歯止めやチェックが検討されなければならない。その意味で、責任刑法的な理解は、保護手続における非行事実認定が要保護性に基づく干渉・介入に対して一定の制限的機能を果たしている点に対しても、実体法的な観点からこれを支援しうるものであると考えられる。責任あれば刑罰あり、といった積極的責任主義については警戒が必要であるが、そもそも責任主義自体は成人だけでなく、少年についても妥当するものである以上[43]、少年刑法における責任の意義や少年刑法における責任主義について、さらなる検討が期待されるのである。そしてこの責任論については、少年刑法理論の中心的領域であり、諸外国の責任概念も参考にしつつ、回顧的な思考を踏まえながらも、未来志向的な概念に再構成していくことが重要であるように思われる[44]。

　M.アンセルによれば、「今日の少年法は、明日の刑法のあり方を示す」という[45]。今後の両分野の学問的交流が深まることを期待しつつ、一応稿を閉じることとしたい。

注

1) 少年法の伝統的教科書として、柏木千秋『改訂新版新少年法概説』（立花書房、1951）、平場安治『少年法（新版）』（有斐閣、1987）、菊田幸一『概説少年法』（明石書店、2013）澤登俊雄『少年法入門〔第5版〕』（有斐閣、2011）等があり、代表的注釈書として、団藤重光・森田宗一『少年法（新版第2版）』（有斐閣、1984）、田宮裕・廣瀬健二編著『注釈少年法〔第3版〕』（有斐閣、2009）、守屋克彦・斉藤豊治『コンメンタール少年法』（現代人文社、2013）等がある。また、実務的観点から、裁判所職員総合研修所監修『少年法実務講義案（再訂補訂版）』（司法協会、2012）がある。さらに、近年では、守山正・後藤弘子編著『ビギナーズ少年法〔第2版補訂版〕』（成文堂、2009）、丸山雅夫『少年法講義〔第2版〕』（成文堂、2012）、同『ブリッジブック少年法入門』（信山社、2013）、関哲夫『入門少年法』（学事出版、2013）等の公刊にみられるように、大学における専門科目としての教育を念頭においた展開がみられるところである。

2) 比嘉康光『ドイツ少年刑法の研究』172頁（成文堂、2010）。

3) 福祉法と教育法の理念も大きく異なり、これ自体検討すべき重要事項であるが、基本的な方向性として刑事法理念からの隔たりの大きさという点については共通するところがあるので、両者の相違については、本章では深く立ち入らないこととする。

4) 筆者は、これまでにも特に保護観察における刑罰権の作用について論じてきた。さしあたり、吉中信人「保護観察の犯罪予防機能」犯罪と非行158号78頁等（2008）参照。

5) 周知のごとく一口にアメリカ型といってもそのヴァリエーションは様々であるが、特にウィスコンシン州デインカウンティ等における地域知見的な研究として、服部朗『アメリカ少年法の動態』（成文堂、2014）が有益である。

6) 法源は、ドイツにおける、„Jugendgerichtsgezetz“、フランスにおける、《Ordonnance n° 45-174 du 2 février 1945 relative à l'enfance délinquante》となっている。

7) このような説明方法が従来の少年法学の主流であり、刑法学者自身もあえて（特にドイツ流）刑法理論とは異なった観点から少年法の説明を行うことにむしろ少年法学のレゾンデートルを見出してきたのかもしれない。なお、パレンス・パトリエについて、本書第3章参照。

8) もちろん心神喪失については、刑法学の内外で刑法39条の意義をめぐり様々な疑義や解釈が長きに渡り議論されているところであるが、本章における検討対象を超える。

9) 合衆国では、"juvenile justice" と呼ばれ、連合王国では、'youth justice' と呼ばれることが多い。'juvenile' にはそれだけで「非行少年」というニュアンスが感じられる。See, Nobuhito Yoshinaka, Recent Changes in Youth Justice in Japan, *The Hiroshima Law Journal* Vol.33 No.4（2010）, p.27.

10) フランスの予審制度については、高内寿夫「フランス刑事訴訟における予審の機

能（一）（二）（三）（四）（五・完）―予審制度の成立と展開―」國學院法政論叢 12－16頁（1991－1995）参照。

11）立法論的には、少年司法システムを複線化して、アプリケーションである少年刑法と少年福祉法を二元的且つ重層的に付し得る構造が望ましいと考えられる。See, N. Yoshinaka, Historical Analysis of the Juvenile Justice System in Japan, *The Hiroshima Law Journal*, Vol. 20 No. 3, 1997, p.301.

12）但し、殺人と正当防衛の場合について、岡田久美子「日常的被虐待者による殺人と正当防衛」一橋論叢第118巻第1号（1997）参照。

13）刑罰化の方向であるが、刑法225条等のように構成要件じたいを目的的構成として、ある程度類型的な要素を射程に収めることは可能あろう。

14）但し、鈴木茂嗣「規範的評価と可罰的評価」小野慶二判事退官記念論文集『刑事裁判の現代的展開』19頁以下（勁草書房、1988）参照。

15）裁判所職員総合研修所監修『少年法実務講義案（再訂補訂版）』・前掲注1）272頁。審判調書への記載について、少年側から法律上犯罪の成立を妨げる理由となる事実が主張されたときは、その重要性にかんがみ、例えば「正当防衛の主張」、「責任能力不存在の主張」のような標目を設け、少年等のその他の陳述と区別して記載するのが相当とされる。

16）この論点についての文献は枚挙に暇がないが、さしあたり、三宅孝之「少年審判における責任能力」同志社法学56巻6号（大谷實教授古稀記念論集）583頁以下参照（2008）。また、近時の町野説と佐伯説の対照を素材に不要説の立場から検討したものとして、丸山雅夫「少年法における保護処分と責任要件」中谷陽二他編『精神科医療と法』（弘文堂、2008）があり、最近の実務傾向として、これまで以上に必要説の立場が強くなっていると指摘される

17）虞犯構成要件該当事実の要素としては、一般的な犯罪の蓋然性で足りると解される。澤登・前掲注1）94頁等参照。

18）本書第7章参照。

19）川端博『刑法総論講義（第2版）』288頁（成文堂、2006）参照。

20）これを実質的責任と呼ぶことは可能であるかもしれないが、むしろ少年審判段階では厳格な意味での「刑事責任」は問われないのであるから、シンプルに「要保護性」要件によって責任要件は代置されると考えた方が良いように思われる。

21）要保護性要件の内実は、保護原理に基づくものであり、また、本人に起因する要素に限られないなどの特徴を指摘できるが、詳しくは別稿に譲りたい。

22）このような、いわば「刑罰の亡霊」論および「消失」概念について、拙稿「フランスの少年保護観察制度―保護観察の形態に関する研究序説（3）・（完）―」一橋研究20巻1号68頁、本書第6章参照。

23）心神耗弱や親族相盗等についても同様に考えることができる。

24）起訴強制手続について、本書第8章参照。

25）U. Eisenberg, Kriminologie, Jugendstrafrecht, Strafvollzug, 5., neugestaltete und erweiterte Aufl., Carl Heymanns（1996）, S.125.

26） Ibid.

27） U. Eisenberg, a.a.O., S. 16.

28） 但し、事案は、弾丸の一つ入ったピストルを順番に撃つ類のものではなく、湖岸の斜面に突き出た木の枝に括ったロープに首を掛けて遊ぶものであった。U. Eisenberg, a.a.O., S. 123.

29） U. Eisenberg, a.a.O., S. 126.

30） BGH NStZ, 1983, S.365.

31） 成人刑法論については枚挙に暇がないが、少年刑法論に示唆を得る上でも、特に、川端博『責任の理論』（成文堂、2012）、安田拓人『刑事責任能力の本質とその判断』（弘文堂、2006）、アルトゥール・カウフマン（甲斐克則訳）『責任原理　刑法的・法哲学的研究』（九州大学出版会、2000）が有益である。

32） その一文は、「少年は、その道徳的、精神的発達に従って、行為時にその行為の不法を認識し、そしてその認識に従って行為するために彼が十分に成熟している場合は、刑法上答責である。」と規定する。

33） これに関する先駆的研究として、神田宏「ドイツ少年裁判所法第三条と禁止の錯誤―少年の刑事責任序説―」近畿大学法学第45巻第3・4」号（1998）、特に116－123頁参照。ここでは、刑法17条の下位事例として少年裁判所法上の成熟概念を捉えるディーマやボーナートの立場と、刑法的禁止の錯誤は行為者が既に成熟していたことを前提とする法命題と捉えるヴォルタ／クービングらの見解について検討が行われている。

34） F. Streng, Jugendstrafrecht, C.F. Müller（2003）, S.27.

35） F. Streng, a.a.O., S.27-28.

36） 岩井宜子「保護処分と刑事処分の関係について」家裁月報第32巻第12号5頁、所一彦「少年保護再論」新倉修・横山実編著『少年法の展望』（現代人文社、2000）8頁、渡邊一弘「刑法と少年法の関係　責任の要件をめぐって」澤登俊雄・高内寿夫編著『少年法の理念』（現代人文社、2010）108頁等。

37） F. Streng, a.a.O., S.26.

38） U. Eisenberg, a.a.O., S. 126.

39） 塩盛俊明「刑事責任能力と答責性概念―ドイツにおける刑法と少年刑法の交錯」広島法学30巻1号177－179頁等参照。

40） U. Eisenberg, a.a.O., S.114.

41） 逆送後に刑事裁判が行われ、犯罪成立性に問題がなく有罪認定が可能であるにも拘わらず、少年法55条の移送が行われる場合の保護処分相当性は、一身的処罰阻却事由に類する機能を果たすように思われる。一身的処罰阻却事由概念の存立根拠と犯罪概念への還元可能性等について、松原芳博『犯罪概念と可罰性』325頁以下（成文堂、1997）参照。

42） 但し、ドイツにおいても少年刑法の教育法的理解に対する疑義は、これまでにもしばしば加えられており、必ずしもドイツ少年刑法学の全てが脱刑法化を志向してきたわけではないであろう。Vgl. Müller, Siegfried; Otto, Hans Uwe, Damit

Erziehung nicht zur Strafe wird – Sozialarbeit als Konfliktschlichtung, KT-Verlag, 1986.

43) 神田・前掲注32) 121頁。

44) 塩盛・前掲注38) 179頁にいう、「自ら行った犯罪的行為に対して、自ら応答し得るだけの成熟性を有することを前提としながら、自ら行った犯罪的行為を自己答責的に引き受け、それを自らの成長発達に活かす権利を保障すること」を内実とする「新しい答責性概念」は、少年の応答的地位を承認し、これを権利論として構成する点で注目に値するが、なお、未来志向的な観点から再構成の余地があるように思われる。

45) 森下忠『刑事政策大綱〔新版〕』309頁（成文堂、1993）。M.Ancel, La défence Social Nouvelle, Editions Cujas, 1981, p.268. によれば、この見解は、とりわけ、M.ピナテルによって、1958年のストックホルム社会防衛会議、1961年のベオグラード同会議における、特に若年成人の問題に関する研究において擁護されてきた。

第11章 少年刑法における責任概念

1. はじめに

　わが国の刑法学において、責任概念を表現する用語はいくつか存在する。犯罪論体系の一要件として、伝統的に「有責性」が、ほぼ「責任」と同じ意味で使用され[1]、また、いわゆる予防的責任論との関係では、「答責性」という用語もしばしば使用されている[2]。答責性の概念はこれにとどまらず、被害者の自己答責性[3]や少年刑法の文脈でも議論されており、特に後者については、ドイツ少年裁判所法（Jugendgerichtsgesetz）第3条の見出しが、„Verantowortlichkeit" となっていることから、わが国でもこれに影響を受けた議論が展開されているところである[4]。しかしながら、ドイツ語圏における研究に比べると、その他の国々における責任概念の検討はなお十分とは言えず、今後少なくとも英語圏[5]およびフランス語圏における責任をめぐる概念の深い検討は更に期待されるところである[6]。

　本章では、その足掛かりとして、フランス刑法における責任概念の検討を、少年刑法の議論を素材に行うこととする。フランスにおいても、わが国と同様、少年司法に関する研究の中心は、少年に対する再教育の可能性や保護の必要性といった観点から、手続論や処遇論であり[7]、そのこと自体はもちろん重要なことであるが、実体法的な考察はどちらかというと後回しにされる傾向があった。しかし、とりわけ2002年9月9日の法律（la loi n° 2002-1138 du 9 septembre 2002 d'orientation et programation pour la justice：以下単に2002年法とする）は、その11条で刑法122－8条を改正し、1項で18歳未満少年の犯罪（重罪、軽罪、違警罪）について、是非弁別能力

195

（discernement）⁸⁾ある場合の刑事責任を承認する旨を明記した。このこと
は、わが国における議論の文脈からすれば当然のことのようにも思われる
が、刑事責任の下限年齢を規定していないフランスでは、13歳未満少年
についても、この是非弁別能力さえあれば教育的処分に付し得ることを正
面から認めることとなり⁹⁾、1912年7月22日法以来、13歳未満少年に対す
る刑事無答責を承認したとする学説の理解と動向に対し、一定の整理と再
確認を要請することとなった。

　そして、わが国の議論においても、少年における責任とはいったい何か、
を考えることは、少年への教育・保護の必要性や成長発達権の保障と矛盾
することではなく、むしろ刑法上の責任概念を止揚し又はこうした理念
との整合的な理解も可能であり、さらにこれらに対し新たな地平を提供し
得ることが銘記されねばならない¹⁰⁾。逆送があればその後に問題となるの
はまぎれもなく刑事責任であり、少なくともその場面での少年の刑事責任
の検討について、保護処分優先主義を理由に放置しておいて良いはずがな
い¹¹⁾。

　さらに言えば、保護処分における責任（能力）要件の要否論も¹²⁾、必要
説・不要説にかかわらず、その多くは、14歳以上の少年については成人
における責任概念がほぼそのまま妥当することを前提とした議論となって
いるようにも思われる。もちろん必要説をとる論者が、特に実質的責任能
力概念を採用する場合については、おそらくその違いが意識されているの
であるが¹³⁾、なお、弁別能力、制御能力、さらには非難可能性等といった
責任の諸要素が成人刑法における構成要素とどう異なるのか、そして逆送
されて刑事裁判所で行われる刑事裁判の場においても少年審判における実
質的責任概念が妥当するのか等、必ずしも明らかでないのである。一方不
要説をとる場合も、いったん逆送されると少年であっても成人刑法におけ
る責任概念がそのまま妥当するのか、それとも異なるのか、そうである場
合、どう異なるのか等、責任概念の内実は、要否論の陰に隠れてさほど深
く探求されてこなかったのではないかと思われるのである¹⁴⁾。

　そこで、以下、フランスにおける近時の論考を頼りに、将来におけるよ

り深い検討の準備作業として、未熟な考察を試みることとする。

2. フランス刑法における責任概念

　まず、一般刑法における概念について確認しておこう。フランス刑法学[15]においても、諸家の体系によって責任要件をどう位置づけるかは様々であるが、主観的要件の内実については、これを、帰責性（imputabilité）と有責性（culpabilité）に区別することが、実務上および学説上ほぼ確立しているといってよい。この2つから、刑事責任（resposabilité pénale）が構成されるのである。この3つの概念は、時に刑事責任における「三位一体《trinité》」であるといわれる[16]。そして、考察の順序としては、帰責性をまず確認し、その後有責性の検討に移るのが一般的である。というのは、有責性はいわゆる是非弁別能力の存在を前提としているからである[17]。ここで、有責性は、罪過（faute）を起こしたことに結び付けられる概念であり、故意や過失の検討が中心に行われる場である。それに対し帰責性は、その前提として、行為者における「明白な意識（conscience claire）」と「自由な意欲（volonté libre）」の存在を要求しており、「自由意思（libre arbitre）」という上位概念における2本の柱を構成する。具体的には、前者が行為選択能力を、後者が行為決定能力に対応することになる[18]。また、Y. マヨーによれば、帰責性とは自由意思や是非弁別能力など、哲学的な次元の問題であるのに対し、有責性は、行動原因を導く心理学的違いを考慮した、よりテクニカルな側面を有する問題であるとされる[19]。

　さらに、帰責性は、2つの側面を有しており、責任（responsabilité）の要素であると同時に制裁評価（appréciation de la sanction）のひとつの要素でもある。それゆえ、帰責性は、罪過と結果とを連結する客観的帰責性（imputabilité objective）と、行為を理解しそれを意欲する能力、すなわち、制裁を受けるに相応しい適性に対応する主観的帰責性（imputabilité subjective）とに区別される[20]。

第11章　少年刑法における責任概念　197

わが国の議論としてみると、帰責性論は責任能力論に、そして有責性論はそれ以外の責任論に対応することになりそうである。そして、帰責性の判断が論理的に先行するのだとすれば[21]、いわゆる責任前提説に対応する思考であると一応評価できよう。本章ではこの議論に立ち入ることはしないが、明白な意識と自由な意欲が無ければ少なくとも故意の問題に到達できないのだとすればこのことは正しいが、故意の概念とその体系的位置づけをどう考えるか次第では、帰責性や責任能力に先行する故意概念・過失概念は構想可能なように思われる[22]。なお、これに関連して、「帰罪性（imputation）」という用語がある。これは、何者かの仕業として非難や罪過を向ける行為について論じられるもので、帰責性が結果に属する概念であるのに対し、帰罪性は過程に属する概念である。この概念は帰責性・有責性両者の内容を含むようにも思われ、その場合両者の差異があいまいになる可能性があり、そのためか学説で取り上げられることは少ないが、帰責性と一線を画すものとして一応注意が必要であろう[23]。

　いずれにせよ、フランスにおける帰責性論の考察対象は、意識と意欲の欠如に関する典型的な場合として、18歳未満未成年者および心神喪失等の2つを中心に行われているが、本章では、特に前者について取り扱うものである。

3.　フランス少年刑法における責任概念

（1）少年における責任概念の展開

　フランスにおける刑事成年年齢は、1906年4月12日の法律以来、改正を重ねた現行1945年2月2日のオルドナンス[24]（以下単に45年オルドナンスという）に至るまで、18歳とされており、この上限については、今日に至るまでほとんど問題とされていない。それに対して下限については、様々なニュアンスのある説明が学説ではなされてきた。それというのも、実証学派の影響を受けた1912年7月22日の法律（以下単に1912年法という）が、13歳未満の少年を刑罰領域から放逐し、これを民事裁判所の管轄にのみ

属させ、是非弁別能力の審問を廃止し、その結果反駁できない刑事無答責の推定（présomption irréfragable d'irresponsablilité）[25]を享受しうることとなったものの、同時にこの法律では、13歳未満少年を、年齢に相応しければ教育処分に付し、また刑事コロニー（＊傍点筆者）への収容も可能としていたからである。さらに、45年オルドナンスも、18歳未満少年に対する是非弁別能力の審問を廃止し[26]、少なくとも相対的刑事責任能力の判断を行うことになっていなかったが、一方で18未満少年の刑事無答責を規定していたわけでもなかった。このことは逆に、13歳未満少年に対する是非弁別能力の審問を廃止したはずの1912年法が、実は13歳未満少年の帰責性ないし是非弁別能力を前提としているのではないかが問われることになった。実際、現行45年オルドナンスでも、教育処分等の賦課は可能であって、そこではやはり帰責性が前提とされていると考えられているのである[27]。

　そもそもこうした問題の背景には、1956年12月13日破棄院刑事部判決（いわゆるラブーベ判決）[28]で示された口吻があった。この判決は、「1945年2月2日のオルドナンス第1条と第2条は、少年の刑事無答責の原則を示している」と述べたが、この事案は、実は6歳の少年の行為に関わるものであり、ここでは、「幼児（infans）」、すなわち行為を理解し意欲する能力が十分に成熟していない者の帰責性が焦点となっており、13歳未満ましてや18歳未満少年について全て刑事無答責を宣明したものではなかった[29]。逆に、1984年5月9日破棄院大法廷判決[30]においては、不動産を破壊し又は損壊した9歳と半年の少年に対し、帰責性と有責性の双方を備えるとしてその責任を認め、この少年を有罪としている[31]。このような判例の立場からすると、もともとフランスで13歳を刑事責任年齢として画定しているとはとても言うことができない[32]。しかし、その後成立した1992年新刑法では、少年の是非弁別能力については言及せず、ラブーベ判決が射程とした、幼児のみが帰責性を欠くとする内容を明確に採用することはしなかった。旧122−8条1項と2項は、基本的に、有罪と認められた18歳未満少年に対する教育的処分の賦課と、13歳以上の少年に対する

刑罰賦課を承認していたにすぎないのである。

（2）2002年法の成立と是非弁別能力判断の復活

　ところが、新刑法成立から10年後の2002年法11条は、刑法122 - 8条を、1項で「是非弁別能力を有する少年は、その対象となりうる保護、援助、監督、教育の処分を定める特別法によって規定される条件に従い、有罪と認定された重罪、軽罪、違警罪について刑事責任を負う」（＊傍点筆者）とし、2項では、「この法律は、年齢を理由として恩恵を受ける責任の緩和を考慮しながら、13歳以上18歳未満少年が有罪宣告を受け得る刑罰と同様に、10歳以上18歳未満少年に対して宣告され得る教育的制裁について定める」と改正した。ここにおいて、「有責性、帰責性、責任の3部作」が法文中の骨格を形成し、待たれていた責任概念の明確化がもたらされたとされる[33]。すなわち、18歳未満少年はもはや無答責ではなく答責的存在であることが原則となった。但し、それはJ. プヤンヌが言うように「条件付き責任」であり[34]、そこでは、是非弁別能力ある少年のみが答責主体となり、判決裁判所によってこの能力があることの確認がなされることが、刑事責任承認の前提とされる[35]。この結果、是非弁別能力を欠く少年については、刑罰だけでなく、45年オルドナンス15条以下に規定されるあらゆる教育的処分の対象にもなりえないことになる。もっとも少年係裁判官は、対象少年が同時に民事法上の要保護少年である場合は、民法375条以下に規定された教育処分を言い渡すことは可能である[36]。

　少年の刑事責任について、長い間沈黙を続けた後、ようやく条文上規定された是非弁別能力の考慮に対しては、立法者が特に定義を示していないこともあり、なお疑義が生じないわけではない。しかし、これは精神障害等により是非弁別能力の欠如や減弱が生じる場合について規定する刑法122 - 1条の場合も同じことであるし、また、少年の責任を判断する際には、こうしたフランス人に共有される感覚の基準を裁判官が考慮しないと考えるのも現実的でない[37]。さらに、民事法上はしばしば未成年者の是非弁別能力を前提として権利が承認されており、法律上、あるいは司法上も、

未成年者に対しては同じ態度で扱われることが好ましいはずである[38]。

　ともあれ、この改正は、ラブーベ判決の線に沿って、刑事法上完全無答責となるのは、十分な是非弁別能力を欠くために帰責性が排除される幼児（infans）のみであることを意味することとなり、児童の権利条約40条3項a号に規定される刑事責任年齢における最低年齢の設定について正面から抵触する可能性が生じることとなった。かつて提案された、1990年のいわゆる「少年刑法改正草案」は、第2条でこれを10歳としていたが[39]、これは欧州でも低い方の部類に入ることなどもあり、批判も加えられていた[40]。そこで、2008年「少年刑事司法に対する70提案」（いわゆるヴァリナール報告）は、その第8提案において、少年非行の現状に鑑み12歳を適切であると判断しつつ、第9提案において、12歳以上少年の是非弁別能力の存在を推定し、これの立証を不要とした[41]。しかし、2009年の「少年司法典草案」（いわゆるレジェール草案）では111－1条で最低年齢を13歳としている[42]。そうだとすると、これまで伝統的に定立されてきた13歳という区切りを法律的にも確定することになるだろう。いずれにせよ、児童の権利条約を批准しているフランスとしては、この最低年齢の設定は今後も重要な課題のうちの一つである[43]。

（3）刑事責任の緩和と少年の刑事責任

　刑法122－8条2項および45年オルドナンス2条2項は、教育的制裁と刑罰の賦課について、年齢に応じた刑事責任の緩和を規定している[44]。これは、少年に対し教育処分の選択ができない場合であっても、少年であることによる責任の緩和がもたらされることで、処分の軽減を帰結することになる。憲法院も、2002年8月29日の判決において、少年司法に関して、フランスの法律によってこの基本原則が支持されることを承認した[45]。ここで注目すべきは、法文が一致して、「刑の緩和」ではなく、「（刑事）責任の緩和」という表現を用いていることである。緩和された責任の法的帰結が刑の緩和ということにはなるが、ではなぜ責任は緩和されるのか。もちろん、同じ行為であっても政策的に成人より少年を重く処分できない又

はすべきでないとは一般的に言い得るので、「未成熟な少年であることによってその責任が成人の責任レベルから緩和される」と説明することはできる。しかし、少年の責任を、こうした後ろ向きで消極的な側面からのみではなく、むしろ前向きで積極的な観点から説明することはできないであろうか。もともと、45年オルドナンスにおける責任概念は、社会防衛学派、特に新社会防衛論の理念によって支えられてきた。そこでは、「責任の教育」や「責任の感覚」という表現が重視され、責任があることが介入の出発点というよりは、むしろ責任感覚を醸成しあるいはこの感覚を取り戻すことが介入の目的であり、刑事責任とは犯罪者・非行者の将来に向けて方向づけられた概念とされている[46)]。「責任とは、責任の感覚なのである « la responsabilité, c'est le sentiment de responsabilité »」[47)]。こうした思考からすると、責任の教育目的は、少年が非行・犯罪の外形的側面を呈する行為を行いさえすれば、行われた犯罪類型（重罪、軽罪、違警罪）やその年齢、さらには主観的事情にかかわらず、個人に対する刑法の介入を命じることで開始され、その目的にかなった教育的処分の賦課が可能となるのである[48)]。45年オルドナンスが是非弁別能力の審問を廃止したのは、こうした教育目的や教育の必要性から責任概念を構成すれば、もはやこの能力の有無を問うことは重要でないからであろう[49)]。

（4）「責任化」と「刑罰許容性」の概念

13歳未満の刑事責任について、既にJ.H.ロベールは、「幼児でない少年は、成人と同じ条件で責任を負い、その帰趨も、彼が行ったことの法的帰結の性質によってでしか他の犯罪者（つまり成人犯罪者＊筆者注）と区別できない」として、帰責性、有責性の判断において成人と少年は異なるところはないと述べていた[50)]。そして、近時はこの考え方を更に進め、「刑事無答責の幼稚なフィクション」[51)]を捨て去るべく、少年の責任における再認識の方向性が看取されている。これは、責任緩和の原則を承認しつつ、将来に向けられたプロセスの観念を顕現した少年の「責任化（responsabilisation）」概念を定置し、実際に使用可能な少年の責任概念の

再認識を考慮するものである[52]。こういった再認識は、「少年に価値を与える道具となり、社会化し、市民権にアクセスする道具となりえる」[53]と考えられてきた。このように、責任という観念に積極的な意義を与え、むしろ責任を担えるような価値ある存在になることを「責任化」の内実と捉えるならば、責任を負うことはネガティブなことではなく、大人になりゆく少年にとってポジティブな側面を有するものとして把握することが可能となる。こうした思考は、正に上述の新社会防衛論の思考と軌を一にするものであり、わが国でも、少年審判段階における責任を主に念頭に、早くから澤登俊雄によって、「保護処分適応能力」として、未来志向的な責任能力概念が展開されており[54]、また、最近では刑事裁判段階を主に念頭に、ドイツの答責性議論を参考に示唆するものもある[55]。

　そして、少年刑法における責任概念を検討する場合には、上述した成人刑法における3つの責任概念を前提として、さらに考慮すべき要素、すなわち、「刑罰許容性（capacité pénale）」[56]という第4の概念を確認しておく必要がある。これは、犯罪者・非行者が制裁から利益を引き出す適性のことであり、犯罪学的な概念である[57]。レベル的には主観的帰責性の支配圏に位置づけられるが、主観的帰責性が応報（retribution）に重心があるのに対して、刑罰許容性は社会的再適合性の観念（idée de réadaptation sociale）に依拠している。もちろん、成人司法の場合も、制裁に応報や見せしめだけでなく再適合や修復的な照準があることは十分認識されているが、この刑罰許容性の概念は、少年の社会化が司法手続において優位を占める少年司法の処分においては特に必要なものであると考えられている。

　ただし、帰責性と刑罰許容性は、相互に密接な関係を持ちながらも、それぞれが自律的な概念であり、重複するものではない。そして、刑罰許容性は、犯罪よりもむしろ犯罪者に関心を持つことに繋がるが、さりとて責任の概念を曖昧にするものではない[58]。責任という法律学的概念の検討において、刑罰許容性という犯罪学的概念を持ち出すことは二律背反ではなく、その意義や内容を正しく把握すれば、両者の概念を互いに肥沃なものにすることができる[59]。少年の刑事責任を理解し、識別するには、彼又は

彼女の「責任化」を促進する目的をもって、将来は自らの行動の意味を理解することを可能にするプロセスであるようなアプローチが殊に有益なのである。

　以上のような「責任化」や「刑罰許容性」の概念は、なるほど、これまでの後ろ向きの責任概念から、少年本人の責任の自覚を含めた前向きな責任概念の把握という意味で、肯定的に捉えることは可能である。しかし、こうした概念の必要性は、実は近時フランスにおいてみられる厳罰化政策の反映とみることもまた可能なのであろう。特に2002年法が、10歳以上から賦課可能となる、教育的制裁という、教育処分と刑罰との中間項を設定したため、この処分の賦課根拠や原理を説明する概念操作が必要になったこともまた事実である。13歳という刑罰賦課の年齢基準を低下させないで教育的制裁賦課の根拠説明を行うには、10歳からの「責任化」を促し、あるいは責任概念から自律性を有する「刑罰許容性」の概念を持ち出すことが必要であったとも考えられる[60]。仮にそうでないとしても、安易な「責任化」の推奨は、少年をとりまく環境的負因から目をそらせ、全ての原因を少年に「帰罪」させてしまう危険性を孕むことにも注意しておかなくてはならない。

4. 比較考察 ―わが国少年司法の構造と責任概念

（1）総説

　フランスやドイツ等の大陸型少年法は、一般に「少年刑法」という呼称を持ち、刑事裁判所の管轄権の中で教育的な処分が選択可能となっている[61]。言い換えると、同じ裁判所が教育処分と刑罰の双方の科刑（処分賦課）権を有しているのである。それに対しわが国では、まず家庭裁判所に全件が送致され、そこで保護処分等が賦課されないで検察官に事件が逆送された場合に、その後刑事裁判所が管轄権を行使し、初めて刑事裁判すなわち刑罰の世界に入っていくことになる。従って、大陸型では「少年刑事裁判」という土俵で実体法的概念も一元的に把握することが可能であるの

に対し、わが国では家裁での「保護手続」、刑事裁判所での「刑事手続」それぞれにおける実体法的概念が存在するので、両者の異同を押さえておかなくてはならない。

　これを責任概念についてみると、フランスでは、少年係裁判官の審問や少年裁判所等[62]で帰責性、有責性、そして刑罰許容性が確認されることで刑事「責任」が同定され、逆にどれかを欠くことで刑事「責任」は認められないことになる。刑事裁判所の管轄権の掌中で同定される刑事責任の問題は、手続と実体が一致し、理論的にも明快である。これに対しわが国では、仮にフランス流の実体的な責任構造が妥当するとしてもそれは逆送後の刑事裁判において比較対象となるにすぎず、保護手続とりわけ少年審判において形成される実体法的概念としての「責任」が同じように構想可能かについては改めて検討が必要であろう。そこで、以下、少年審判段階と少年刑事裁判段階の2段階に分けて検討してみよう。

（2）少年審判段階

　まず少年審判段階では、まだ公訴提起が行われていないのだから、刑罰権の帰趨について論ずる場ではないとすると、帰責性や有責性という刑事責任概念の定置が相応しいのか問題となる。しかし、一方でわが少年司法は、保護手続を経由して刑事手続に移行するという単線的な少年司法制度を採用しており[63]、犯罪少年が逆送されないで保護手続段階で終結する事件の場合のことを考えると、責任必要説を採った上で、この段階で実質的に刑事責任の問題について片づけておくべきであるとすることにも十分意味がある。また、少年審判の対象少年は犯罪少年に限られないから、その意味でもこの段階で実質的な「責任」をある意味不問に付さないで考える必要があるかもしれない。さらに、保護処分優先主義という思考から逆送を避けたい付添人は、この少年審判段階で責任能力の存否を争うことを当然考えるであろうから[64]、逆送後の刑事裁判を待たないと責任能力について争えないとすると、少年を早期に手続きから解放することができない。そして、審判段階でも刑事裁判段階と同じように責任能力の問題を構想す

ることは、手続の連続性という観点からも理解しやすい面がある。ただ、いわゆる実質的責任一元論が、少年審判と刑事裁判の両局面で責任概念を同様なものと考えているのか、異なると考える場合、どのように異なるのか、については、必ずしも明らかではない。もし同じものであるとすると、少年審判と刑事裁判の違いは相対化し、少なくとも責任に関しては、第一審の刑事裁判は少年審判の覆審に近い構造であると捉えることになる。

　しかしながら、現行少年法の手続構造からすると、少年審判の開始は公訴の提起でなく、少年審判の対象は訴因でもない。手続法的には、適法な保護手続を経由していることが少年刑事裁判の訴訟条件となっているのである。つまり、法律的に、少年審判段階はまだ「刑事責任」追及の場に至っておらず、理念的あるいは立法論的にはこの段階を「刑事責任」の追及と考え、責任の量的差異に応じてその処遇メニューが異なるだけだと考えることは可能であるとしても[65]、検察官は、刑罰権の実現を求めて公訴提起をまだ行っていないのであり、そのような「同質論」は、何より現行の少年司法システムの実定法解釈として無理があるといわざるをえない。家庭裁判所も刑事管轄権を有して、保護処分と刑事処分を状況に応じて使い分けるような制度とはなっていないのである。フランスにおける、少年係裁判官の審問、少年裁判所、少年軽罪裁判所、少年重罪法院の裁判は、いずれもれっきとした「刑事裁判」であるため、いわゆる「少年刑法」論として、責任概念についても一元的、同質的に議論可能であり、それだからこそ「刑罰許容性」の概念が「刑事責任論」の場面で登場してくることになる。わが国の少年審判では、刑罰適応性等が問題になる場合も、それは「刑事責任」を直截に問うのではなく、要保護性判断にとって重要な資料となるからである。確かに、保護処分と刑事処分は質的に異なると考えても、「制裁」として両者に共通する面があることは否定できない。しかし、だからといってこれが量的な差異として相対化されてしまうことにはならないし、その根拠となる「責任概念」にも当然質的な差異が生じるものと考えられる[66]。

　結局、この段階における日仏少年司法における責任概念の比較考察は、

その構造の差異から、並列的に論じることはなお難しいことがわかる。ただし「少年の責任」の本質論として、フランス少年刑法の責任論が参考にならないという訳ではなく、差異に注意した上で、今後なお検討が必要であるものと思われる。

（3）少年刑事裁判段階

　以上に対して、検察官送致を経て事件が刑事裁判所に係属した後は、まぎれもなく「刑事裁判」の場で「刑事責任」が問われることになるが、わが国では14歳以上の犯罪少年に対する「刑事責任」の性質をいかに考えるかというテーマは、保護処分優先主義という理念のために、かえってあまり深く追究されてこなかったように思われる。しかし、少年の刑事処分に対する緩刑制度や、不定期刑論、死刑の問題など、政策的に定置されている諸制度の根拠となる「刑事責任」の内実をもう少し掘り下げて考えてみる必要がある。

　具体的にみると、14歳以上20歳未満の犯罪少年の刑事責任をどう位置づけるかについては、かねてから、抑止刑論の立場を背景に、これを限定責任能力[67]層と捉える見解が有力に主張されている[68]。そして、近時この立場から持論を展開する渡邊一弘は、「刑罰による責任非難が否定される場合の処遇システムの機能をふまえ、『刑法で問うに足りる責任』を検討する立場から、少年法における保護主義と刑法41条とを連続的に理解し、犯罪少年については、少年法により保護主義の理念が採用され、要保護性判断を通じた個別的調査により刑罰適応性に応じた処分が決定され、また刑罰が科される際にも少年法において科刑上軽減的な特別規定が設ける必要がある年齢層とされていることをふまえて、犯罪少年については完全な責任能力主体とは見なせないという意味で限定責任能力者層と想定しうる」[69]としている。この所説は、保護手続、刑事手続のいずれについても犯罪少年の責任判断という観点から論じられており、保護手続すなわち少年審判の段階の判断においても限定責任能力概念類似の発想が当てはまるのか、必ずしも明らかでないが（おそらく保護手続ではむしろ要保護性判断

を通じた相対的刑事責任能力層と同等に評価されるものと思われる）[70]、いずれにせよ逆送後の刑事責任同定の場面では、限定責任能力層と考えることになるものであろう。少年法51条以下の様々な緩刑的規定は、一応説明できるし、また、刑事未成年者と成人との間に中間的な年齢層を設け、刑の減軽を認めてきたという歴史的な発展過程にも合致するのである。しかしながら、「限定責任能力」とは、刑法39条2項の概念にほぼ限定されてきたのではないか、そして、同条同項のような実定法規定を持たないため、論者も認めるように、解釈論の「試み」の域をでていないこと[71]、なども　あるためか、なお多くの支持者を得ているとはいいがたい。むしろ、少年法をもっぱら一種の限定責任能力制度と把握するというアプローチは、少年法が刑事法とは独自に有する積極的意義を軽視することにつながるとする見解も存在する[72]。これらの批判にはもっともなところもあるが、刑の減軽とその根拠である責任の減少あるいは緩和について、少年法の理念や目的からの説明は行われるが、必ずしも責任論内部からの説得力ある理論的な代替説明が行われてきたわけではない。

　ところが、近時責任論内部から、ドイツの議論を参考にしつつ、未来志向的な責任概念を再構成する、いわゆる「二段階答責性説」が主張されるにいたった。この説を採る塩盛俊明は、答責性の概念を、①責任能力における答責性、②責任における答責性、の2段階に分け、前者は「精神的・心理的な不完全さ」がその後の成熟によって補われる場合として、「成熟性」の観点から行われる責任能力判断とし、後者は「精神的・心理的な不完全さ」がその後の成熟によって補われない場合として、特別予防の必要性から行われる責任判断として把握する。①の場合は、「たとえ成人であれば適用される „Schuld" が積極に解される場合であっても、少年がその道徳的、精神的発達に基づいて行為時にその行為の違法性を理解し、またはその理解に基づいて行為するために彼又は彼女が十分に成熟していないときは、刑法上答責でない」とし[73]、②の場合は、「『答責性』ないしは『帰属性』判断を導入しつつ、これを少年法の理念に照らして特別予防の必要性に収斂し、ここでも „Schuld" が存在する場合であっても、当該少年に特

別予防の必要性が無ければ、答責性（ないしは帰属性）を阻却する」とするのである[74]。そして、答責性概念の内実として、少年の「応答的地位」を積極的に認め、「自己答責の引き受けが（非行）行為の克服や責任非難からの解放をもたらし」、「少年が『自ら行った犯罪的行為に対して、自ら応答し得るだけの成熟性』を有することを前提としながら、自ら行った犯罪的行為を自己答責的に引き受け、それを自らの成長発達に生かす権利を保障すること」としている[75]。塩盛の立論は、ドイツの議論状況をもとに、逆に刑事裁判における責任論から出発しているので、少年審判段階における責任論については語られていないが、逆送後に成人刑法における責任論がそのまま適用されるとやはり少年にとっては苛酷な場合もあるため、それを控制する理論として理解可能である。しかし、この説も限定責任能力説と同様に、実定法上の根拠を欠くため、例えば「要保護性」のような共有概念として安定するまでには、なお学問的な洗練と同時に実務的な受容が必要であろう。

　ドイツの議論同様、既述のフランスにおける責任概念の議論も、基本的に刑事裁判段階の刑事責任に関するものであるから、わが国における逆送後の責任概念の議論に一定の示唆を与えることも可能であろう。フランス流の責任概念の構造からすれば、①客観的帰責性、②主観的帰責性、③刑罰許容性、④有責性、が問題となり、これらのハードルを越えて⑤責任、が認められることとなる。②の段階については、旧45年オルドナンスの立場を変更し、是非弁別能力の確認が必要的となり、「責任化」が進んできたと言えるが、これがなければ教育的処分も賦課しえないのは、わが国少年審判における責任能力必要説と類似しているところがある。そして、③の段階で少年の社会再適合の可能性や制裁から利益を引き出す適性が審査されることで、少年刑法における「少年の社会化」の優位を保障し、刑罰選択の慎重さが担保されることとなるだろう。

5. おわりに

　以上、大変不十分ながら、フランス少年刑法における責任概念を検討しながら、わが国少年司法の責任概念に対し示唆が得られないか考察してみた。大陸型少年法制に属するフランスは、ドイツと同様、その議論は、少年「刑法」の土俵で、刑事裁判所の管轄権の中で行われている。従って、保護処分優先主義（手続的には「保護手続前置主義」と考えられる）を採用し、議論の中心舞台が保護手続ないし少年審判となるわが国の少年法の議論とすり合せるには、先ずは逆送後の刑事裁判の場が比較しやすい。刑法の次元で鍛えられてきた責任概念は、刑罰権の影響を踏まえながら、それをどうやって教育や更生の目的に繋げていくかについての経験を有している。逆にわが国では、いったん逆送されると、理念として少年法の原則が及ぶとはいっても、具体的にどのように成人刑法論と異なるのか、それほど研究が深められているわけではない[76]。ドイツにおける「答責性」の概念や、フランスにおける「刑罰許容性」の概念は、刑事裁判における少年法の理念を貫徹するための道具概念として機能することが期待される。

　もっとも、大陸法が形式的には刑事裁判だといっても、「教育思想」や「社会化思想」等の影響によって、少年刑事裁判はかなり保護・教育的であり、わが国と異なり、逆に非公開裁判でもある。そういった意味では、大陸法型における刑事裁判・処分は、機能的、実質的にはわが国における保護手続・処分とあまり変わらないともいえるだろう。しかし、比較の土俵として国家刑罰権の実現を企図した裁判であるか否かは、やはり法的に重要であるし、現在のところ、この違いを乗り越えて保護手続・処分（日）と刑事手続・処分（仏）の比較研究を正面から行うには、筆者の能力は不十分に過ぎる。そして、保護処分と刑事処分とは、法的性質が異なるのは当然としても、それを「少年の（法的）責任」という視点から統合的に考究し、その本質論に迫ることは重要な課題である。その意味で、本章は、まだ少年の刑事責任論のうち、主観的帰責性論の一端をほんの僅か指摘し

得たにすぎず、ようやく登山口の入り口に到着したところである。客観的帰責性論や刑罰許容性の内実はもちろん、少年にとっての有責性論についても課題を残したことを自覚しているが、これらは今後の課題としたい。

注

1) 西田典之『刑法総論』（弘文堂、2006）191頁、伊東研祐『刑法講義　総論』（日本評論社、2010）236頁等。本章では、「有責性」をフランス刑法体系における用語として使用するが、「責任」については、わが国における犯罪成立要件の一つとして使用する場合と、フランス刑法体系における「帰責性」および「有責性」の上位概念として用いる場合とがある。

2) 周知のとおり、これは、ロクシン刑法学をわが国に紹介した先学の功績に依拠している。予防的犯罪論に関する文献は枚挙に暇がないが、代表的なものとして、C.ロクシン著・宮沢浩一監訳『刑法における責任と予防』（成文堂、1984）、特に、高橋則夫訳「刑法上の体系カテゴリーとしての『責任』と『答責性』」71頁以下参照。

3) 塩谷毅『被害者の承諾と自己答責性』（法律文化社、2004）等。

4) 塩盛俊明「刑事責任能力と答責性概念—ドイツにおける刑法と少年刑法の交錯」広島法学30巻1号参照。

5) 三宅孝之「イギリス刑法における責任能力の改正論議」島大法学第48巻第4号1頁以下、佐伯仁志「少年法における責任能力—アメリカ合衆国での議論を中心として」中谷陽二他編『精神科医療と法』（弘文堂、2008）63頁以下、辻脇葉子「少年の『責任』概念の形成—『青年期』の社会的構成とアメリカ少年司法の変容—」情報コミュニケーション学研究（明治大学）第1巻26頁以下等参照。

6) 比較刑法学的な視点のみならず、国際刑法学の発展という近年の潮流との関係でも、特に刑事責任の同定という観点から、法系間の責任概念の異同を整理しておく必要がある。

7) 手続論や処遇論を含む最近の論稿として、大貝葵「非行少年への多様かつ重畳的な保護の構築の必要性（一）：少年保護の法制度における日仏の二元構造比較による考察」大阪市立大学法学雑誌第58巻第1号、および同「非行少年への多様かつ重畳的な保護の構築の必要性（二・完）：少年保護の法制度における日仏の二元構造比較による考察」大阪市立大学法学雑誌第58巻第2号参照。

8) この概念の位置づけ自体も一個の問題であり、必ずしもわが国における議論の文脈でいう「是非弁別能力」概念の位置づけと一致せず、責任能力論内部に封印されているわけではないので、端的に「ディセルヌマン」といったほうが良いかもしれないが、機能的には重なることに疑いがないので、本書では従来の訳語を踏襲する。

9) 逆に、教育的処分を受けるにも、是非弁別能力の存在が認定されなければならな

いことになる。また、同条2項は10歳以上18歳未満少年の教育的制裁（sanctions éducatives）および13歳以上18歳未満少年の刑罰（年齢に応じた減軽が可能）の賦課を規定しているので、13歳未満少年で問題になるのは、教育的処分と教育的制裁の賦課とこれに応じた責任概念の検討ということになる。

10）特に、塩盛前掲論文179頁参照。

11）吉中信人「少年と責任」刑法雑誌第52巻第3号480頁参照（2012年5月19日日本刑法学会第90回大会ワークショップ）。

12）この論点についての文献は正に汗牛充棟であるが、近時の町野説と佐伯説の対照を素材に分かりやすく検討したものとして、丸山雅夫「少年法における保護処分と責任要件」中谷陽二他編『精神科医療と法』（弘文堂、2008）85頁以下が有益である。

13）佐伯仁志「少年法の理念—保護処分と責任—」猪瀬慎一郎他編『少年法のあらたな展開』（有斐閣、2001）40頁等。

14）斉藤豊治「少年法における要保護性と責任」澤登俊雄・高内寿夫編著『少年法の理念』（現代人文社、2010）62 – 63頁は、保護事件と刑事事件の双方に妥当する責任の概念の可能性や、逆送後の少年の責任について、不定期刑との関係も含め問題提起を行う。また、高内寿夫「現行少年法における『責任』概念について」法政理論（新潟大学）第35巻第4号103頁は、「少年の責任」について、「とくに執行段階における責任について述べた観点は、基本的に少年の刑事処分執行の場面でも当てはまると思われる」とされる。

15）フランスの犯罪論体系については、末道康之『フランス刑法の現状と欧州刑法の展望』（成文堂、2012）13頁以下参照。

16）R. Otténhof , Imputabilité, culpabilité, et responsabilité en droit pénal, Archive de politique criminelle, Pédone, 2000, n° 22 p.71 et s.

17）P. Salvage, Droit pénal général, Presses Universitaires de Grenoble, 1994, p.41.

18）Id., p.42.

19）P.Kolb,L.Leturmy, L'essentiel du Droit pénal général, 2e）édition,Gualino éditeur,2002, p. 35.

20）J. Castaignede, « La responsabilité pénale du mineur : évolution ou révolution ? », RPDP, 2004, n° 2, p.274.

21）Id., p.278. によれば、「帰責性のない有責性は責任を排除する « la culpabilité sans l'imputabilité excult la responsabilité » 」とされる。但し、この表現からは、有責性の判断を先行させ、帰責性の欠如を責任阻却事由と考えることもなお可能である。

22）わが国の体系を前提として、塩盛俊明「刑事責任能力の体系的位置づけ」広島法学第32巻第3号112頁参照。

23）J. Castaignede, op.cit., p.274.

24）Ordonnance n° 45-174 du 2 février 1945 relative à l'enfance délinquante. Version consolidée au 07 août 2013.

25）« irresponsablilité » であるので、「無責任」といった方が正確かもしれないが、ロ

クシン流にいえば、„Schuld"が残る可能性もあるので、本章では差し当たり、従来の訳語に従い、「無答責」とする。

26) M.-L. Lanthiez, « Minorité de l'agent et caractère objectif de l'infraction pénale » ,RPDP, 2009, n° 2, p.329. これは、後述するように、社会防衛学派の知見の影響によるものとされる。

27) 以上について、吉中信人「フランスの少年司法制度」広島法学第20巻第1号57頁（特に注10)）参照。なお、その際における筆者の帰責性の理解にはなお不十分な点があった。

28) Cour de cassation,Chambre criminelle, du 13 décembre 1956, 55-05772, Publié au bulletin. この事件は、遊んでいた6歳の少年が、他の友達の右目を傷つけ、傷つけられた子どもの父親が私訴原告人となって損害賠償を求め、ストラスブールの少年裁判所に訴訟を提起したものであった。

29) J. Castaignede, op.cit., p.276.

30) Cour de Cassation, Assemblée plénière, du 9 mai 1984, 82-92.934, Publié au bulletin.

31) J. Castaignede, op.cit., p.276.

32) D.Cipriani, *Children's Rights and Minimum Age of Criminal Responsibility: A Global Perspective*, Ashgate, 2009, p.100.、p.197. も、「是非弁別能力を有すると判断され違法な行為を行ったと認められた全ての子ども達は、刑事上責任があると考えられる」として、フランスにおける刑事責任年齢を0歳とし、'doli incapax test' の可能年齢を0－18歳としている。コモンロー上の'doli incapax test' が、実質的に是非弁別能力（discernement）テストに対応することになるのは良いとしても、同書が1956年ラブーベ判決を考慮していないのは、フランスが判例法の国ではなく、法源となるその後に成立した新刑法122－8条が同判決の趣旨をことさら反映していないことによるのではないかと思われる。なお、同書によれば、フランスの他に、キューバ、コンゴの刑事責任年齢が同様に0歳とされている。

33) J. Castaignede, op.cit., p.277.

34) J. Pouyanne, « Le nouveau droit pénal intéressant les mineurs ou la difficulté d'être entre protection et répression », Droit pénal, Mai 2003, Chron. 14 , p.7.

35) J. Castaignede, op.cit., p.278.

36) 吉中信人「フランスの少年保護観察制度　―保護観察の形態に関する研究序説（二）―」一橋研究第19巻第2号74頁参照。

37) J. Castaignede, op.cit., p.278.

38) Ibid.

39) 澤登俊雄編著『世界諸国の少年法制』（赤池一将）（成文堂、1994）284頁以下参照。

40) J. Castaignede, op.cit., p.279. 1985年少年司法運営に関する国連最低基準規則（いわゆる北京ルールズ）4条が、情的成熟性の問題を考慮してあまりに低い年齢を設定しいないよう勧告していること問題となりうる。吉中・注27)・60頁参照。キャステニュドは、いわゆるイギリスのバルジャー事件について、欧州人権裁判所が、

第11章　少年刑法における責任概念　213

10歳の少年について刑事責任を帰することが欧州人権条約3条違反に当たらないと判断したことに言及しつつ、仮にフランスが10歳に下限年齢を設定しても、欧州人権裁判所の判断に合致するだろうとしている。

41) Commission de propositions de réforme de l'ordonnance du 2 février 1945 relative aux mineurs delinquants, «Entre modifications raisonnables et innovations fondamentales: 70 propositions pour adapter la justice pénale des mineurs», 2008., pp.70-76.

42) Comité de réflexion sur la rénovation des codes pénal et de procédure pénale, « Code de la justice pénale des mineurs », 2009.,p.2.

43) これに関する詳しい検討は別稿に譲る。

44) « atténuation »については、これまで「宥恕」と訳されることが多かったが、わが国少年法51条等に倣い、現代的な「緩和」という表現を用いる。

45) Cons. Const. 29 août 2002, JO 14953, à propos de la loi du 9 septembre 2002 qui a fixé le regime pénal des mineurs dans le C. pén.

46) M. Ancel, «Examen de conscience de la défence sociale, le problème du traitement du délinquant», RSC 1978, p.945.

47) C. Lazergers, «Le concept d'imputabilité dans les doctrines de la défence sociale», RSC 1983, p.315.

48) M.-L. Lanthiez,op.cit., p. 330.

49) 勿論、理論的には責任論内部の問題として、決定論的根拠が背景にあるものと思われる。

50) J. H. Robert, Droit penal général, PUF, Thémis, 5ème éd., 1999, p.547 n° 387.

51) F. Renucci, «Le droit pénal des mineurs entre son passé et son avenir », RSC., 2000 -1, p.92.

52) J. Castaignede, op.cit., p.277.

53) C. Lazerges, « De l'irresponsabilité à la responsabilité pénale des mineurs délinquants ou relecture des articles 1 et 2 de l'Ordonnance du 2 février 1945 »., RSC. 1995-1, p.152.

54) 澤登俊雄「保護処分と責任の要件」『団藤重光古稀記念祝賀論文集第3巻』159、167頁（有斐閣、1984）。また、高内・前掲注14）95頁以下は、「少年による『責任の自覚』」について言及し、斉藤豊治「14歳の犯罪と少年」法律時報第69巻第10号3頁は、「刑罰では責任が前提であるのに対し、保護処分では責任を自覚させることが目標であるといってよい」としている。

55) 塩盛・前掲注3）179頁参照。

56) 直訳すると、「刑罰能力」のようになるが、もう少し内容に即して、さしあたり「刑罰許容性」とした。わが国では類似概念として「刑罰適応性」がしばしば使用されるが、文脈が異なり、また両概念の異同についてはなお明らかでないため、この訳語を用いる。

57) Voir R. Merle et A. Vitu, Traité de droit criminel, T.1 Droit pénal général, Cujas,

7e）éd., 1997, n° 617- p.774 et s.

58）J. Castaignede, op.cit., p.274.

59）Id., pp.274-275.

60）Voir J. Castaignede, op.cit., p.281.

61）勿論、独仏間でも、法的性質において教育的処分の捉え方は異なる。吉中信人「非行少年処遇における保護処分の意義」広島法学第28巻第4号60－61頁参照。なお、ドイツの教育的援助処分について、本書第6章及び、Vgl. Nobuhito Yoshinaka, Eine kleine Reflexion über die Erziehungsbeistandschaft, *Hitotsubashi Jouornal of Social Sciences*, Vol. 20. No. 4., 1996, S. 143.

62）刑事司法と少年裁判への市民参加に関する2011年8月10日の法律（loi n° 2011-939 du 10 août 2011）はヴァリナール報告の提案に沿って、「少年軽罪裁判所 « le tribunal correctionel pour mineurs »」を創設した。これは、従来の少年裁判所には、厳格さや厳粛さが欠けるとの批判に応えるため、16歳以上18歳未満の累犯少年を対象に、裁判長となる少年係裁判官を含む3人の裁判官（刑事訴訟法399－2条に規定される一定の暴力的犯罪についてはこれに2人の市民参審員が加わる）によって構成される軽罪裁判所の特別部である。憲法院は、2011年8月4日の判決で、少年裁判所の場合と同様、少年係裁判官が裁判長となることは、公平性の観点から、2013年1月1日からは違憲となるとしている。Voir Article 8 et Article 24-1 à l'Ordonnance n° 45-174 du 2 février 1945 relative à l'enfance délinquante. Version consolidée au 07 août 2013.

63）See N.Yoshinaka, 'Historical Analysis of the Juvenile Justice System in Japan', *The Hiroshima Law Journal*, Vol. 20 No. 3, 1997., p.301.

64）近年の裁判例において必要説の立場が強くなってきたといわれる背景には、付添人弁護士の関与が増加してきたこともあるのではないかと思われる。勿論、このこと自体は好ましいことである。

65）平野龍一『刑法の基礎』（東大出版会、1966）86頁参照。

66）町野朔「保護処分と精神医療」猪瀬他編・前掲注13）88頁は、「刑罰による責任非難の可能性がない少年についても、社会的非難が可能な場合はある」とされ、非難可能性の質的な相違を示唆されている。

67）英米法では、類似の概念にいわゆる「減弱責任（diminished responsibility）」があるが、抗弁として観念されることや、訴訟能力概念との関係も検討する必要があり、本章では触れることができない。

68）岩井宜子「保護処分と刑事処分の関係について」家裁月報第32巻第12号5頁、所一彦「少年保護再論」新倉修・横山実編著『少年法の展望』（現代人文社、2000）8頁等。

69）渡邊一弘「刑法と少年法の関係　責任の要件をめぐって」澤登俊雄・高内寿夫編著・前掲注14）108頁。

70）渡邊一弘「少年の刑事責任能力」刑法雑誌第51巻第2号173頁参照。

71）渡邊・前掲注67）108頁。

72）斉藤・前掲注14）83頁。
73）塩盛・前掲注4）177頁。
74）塩盛・前掲注4）178頁。
75）塩盛・前掲注4）179頁。
76）実体法的にも成人の刑事責任概念と区別された少年の刑事責任概念について指摘するものとして、Katsunori Kai, 'Juvenile Criminal Responsibility and Punishment in Japan', *Waseda Bulletin of Comparative Law*, Vol. 29., 2011, p.5.

第4部

少年法の展開

第12章　改正少年法と被害者の権利拡大

1.　はじめに

　犯罪被害者救済に関する課題は、極めて総合的な対策が重要な領域であり、司法における施策で全てが解決されるわけではない[1]。しかし、司法がそこで果たす役割には、いぜん大きなものがある。そして、とりわけ刑事司法において「忘れられてきた存在」ともいわれる被害者であるが、まだしもこの領域では、公開裁判のもとで一定の配慮はなされていたといい得るし、平成12年には、いわゆる犯罪被害者保護関連二法の成立によって、被害者等の意見陳述権（刑事訴訟法〔以下、「刑訴法」という〕292条の2）を含む重要な被害者対応がなされた[2]。また、実務・学界における議論も、それ以前から盛んに行われており、多くの有益な成果が得られている[3]。これには、わが国における被害者学の発展が寄与するところが大きい[4]。さらに、刑事法の専門外の人々からも、大きな関心が払われてきた[5]。

　ところが、こと少年司法における被害者に対する配慮については、これまで研究成果も比較的少なく[6]、例えば、刑事司法との関係でどのような分析視角を持つべきかといった基本的な課題の追究さえ十分ではなかったように思われる。少年司法における被害者対応は、少年の健全育成理念や審判の非公開という点で大きく成人刑事司法と異なっており、刑事司法の単なる適用拡大の問題で済まされるものではない。この健全育成の理念に関し、瀬川晃教授は、「この壁を壊さずに乗り越えなければならないという点で、少年審判における被害者の地位の問題は特殊性を有している。」

とされ、刑事司法から分離した形で少年審判における被害者の地位について議論する必要性を示唆されている[7]。

　そこで、本章においては、司法外の様々な被害者支援策や刑事司法における被害者対応問題の重要性を視野に収めつつ、諸先学の成果を踏まえながら[8]、少年司法内、とりわけ審判段階における手続参加の問題について、若干の比較法的考察をしてみたい。その前に、改正少年法で得られた被害者対応の規定を概観しておこう。

2．改正少年法における被害者への配慮

　平成12年に成立した改正少年法における被害者関係の規定は、情報提供に関するもの（5条の2、31条の2）と意見聴取に関するもの（9条の2）とに分けられる。以下これを順に検討する[9]。

　まず5条の2は、（被害者等による記録の閲覧及び謄写）として、審判開始決定があった後に、被害者等[10]又は弁護士に対する非行事実関連記録の閲覧謄写を認めるもので、法制審議会の改正案[11]では取り上げられなかったものであり、少年審判規則7条2項の規定を被害者等にまで拡大し、法律条文に格上げしたものといえる。従来から取り上げられていたのは、31条の2（被害者等に対する通知）であり、こちらは終局決定後において、少年・法定代理人の氏名や住所・居所、決定年月日、主文・理由の要旨を通知する規定となっている。

　これまで情報提供については、その主体をめぐり議論があったが[12]、法改正によって一応の決着をみたことになる[13]。しかし、この規定によって警察の連絡制度や検察の通知制度[14]が否定されたわけではない。被害者の知る権利と少年のプライヴァシー権との調和の視点から、各機関の分業を明確にしたうえ、バトンタッチの問題も含め、関係各機関がよく協議する必要がある。いずれにしても、少年および付添人の同意を得るような運用が期待される。

　なお、捜査機関による通知制度と同様[15]、この5条の2および31条の2

の規定は、権利あるいは請求権ではないと考えられる[16]。これは、刑訴法の規定同様「申出」としたうえ、閲覧又は謄写を「させることができる」（5条の2第1項）としているところからも明らかである。31条の2第1項については、通知「するものとする」としている点で若干家裁の責務が強くはなるが、権利の承認にまでは至っていないと解される。さらに、これらの許可や通知は、司法行政上の措置と考えられ、裁判所の許否の判断に対して不服申立が認められない[17]。少年の健全育成等との関係や事後審査の困難性等を考慮すると、とりあえずは妥当な落とし所というべきである。

被害者の権利と少年のプライヴァシー保護との調和という点では、5条の2第3項（31条の2第3項も準用）が、情報を得た被害者等による濫用を禁じる一方で、裁判所の条件付与を認めず[18]、且つ罰則を設けていないのも妥当な線と評価できる。さらに、情報の必要性は、民事上の損害賠償請求に資する面もあり、「申出」期間を3年としたのは、民法724条の消滅時効との関係で整合性が認められる。

次に、9条の2が、（被害者等の申出による意見の聴取）を定める。これも、主に事実認定の適正化を目指した法制審の改正案中では落とされていた点である。これは、刑訴法の規定と異なり「陳述」そのものではなく、「陳述の聴取」の承認であり、審判への参加を認めたものではない。ただ、これまでも被害者の在廷については、少年審判規則29条から可能と解されてきた。なお、ここでも「申出があるときは……聴取させるものとする」と規定しており、5条の2よりも強めではあるものの、権利性はなく、また不服申立もできないのは情報提供の場合と同様である。調査官に聴取させる際は、少年担当の調査官とは別の調査官が担当するべきであろう[19]。

以上のような改正は、被害者に対する配慮として重要なものである。ただ、検討事項はなお存在する。とりわけ、被害者の審判廷への参加の是非については議論があり、次に諸外国の制度も交え考察する。

3. 手続参加に関する比較法的考察

　近年わが国でも修復的司法観の支持者は多く、少年司法にも何らかの形で被害者の参加を認めるべきだとの意見も有力である[20]。しかし、多くの支持者も審判段階への立会ないし参加には消極的であり[21]、ダイヴァージョンの一形態として加害者−被害者間の刑事調停を構想するか、あるいは処分執行段階ないし釈放前にこれを認めるという考え方のようにみえる[22]。さて、この問題をわが国で十分に検討するための準備作業として、諸外国では、少年審判における被害者参加をどう扱っているか、若干の国について概観する。

　まず、アメリカは、司法外の被害者支援がかなり進んだ国であるが、それでも被害者側からの少年裁判への出席要求は強く、いくつかの法域では、被害者影響供述（以下「VIS」とする）が処分前調査に付け加えられ、少年の処分に対して意見を提出する機会が与えられてきているほか、1996年までに22州が少年犯罪被害者対策立法を行い、その中の規定には少年裁判所手続において聴聞の機会を与えるものが多いという[23]。同じくイギリス（イングランドとウエールズ）も司法外における支援が充実していることで知られるが、こちらではアメリカのVISに対しては比較的冷淡であって、成人のばあいでさえ批判的な見解が多いようである[24]。宣告段階とはいえ、被害者の参加は刑法の基本原則に反すると考えられており、比較的わが国の議論に近いものがある。ただし、比較的軽い事案を取り扱う青少年犯罪者パネルは、被害者の出席を許可することができ、そのばあいパネルの同意を得て付添人の同伴を認めることもできる（1999年青少年・犯罪証拠法7条4項a号及び5号）[25]。なお、伝統的に英米法系の国々には、理念のレベルに私訴的発想があり、イギリスでは制度としては認めているが、現実には私人訴追は行われていないに等しい[26]。

　次に大陸法系の国々はどうか。まずドイツでは、成人に対し認められている私人訴追と附帯訴訟は、少年に対しては認められない（少年裁判所法

80条1項3項)[27]。これは、私訴原告人としての被害者は、教育的な考慮にもとづいた気配りもなしに、個人的な報復欲求の視点と主観的な権利の貫徹のみからあまりに安易に訴訟をせきたてるからだ、とされる[28]。なお、刑訴法上の被害者に対する損害賠償の規定も少年手続においては適用されない（少年裁判所法81条）。その他の刑訴法上認められている被害者の権限が少年事件で認められるのか否かは明確でない[29]。ただ、少年裁判所法48条は非公開原則を規定するものであるが、2項で被害者の出席を認める。また、被害者が殺された場合は、その親族が出席できる。被害者側弁護士の立会も可能である[30]。これに対してフランスでは、少年事件であっても附帯私訴当事者となることができ、それは少年係裁判官の段階から少年裁判所、少年重罪法院に至るまで可能である（1945年2月2日のオルドナンス6条）。ただ、少年事件の場合、直接に事件係属を果たせず、検察官の訴訟行為に参加することになる[31]。

　最後に、イタリアでは、少年刑事手続法（1988年共和国大統領令448号「少年被告人の責任に関する刑事手続規定」）31条5項が刑事訴訟法90条を準用しており、犯罪被害者は、記憶を述べ、証拠の基本要素を示すために予備聴聞に参加する。同条の規定は裁量的でないが（*La persona offesa partecipa*）もちろん必ずしも出席する必要はないと解される。ただし、同法10条は、少年裁判所においては、犯罪によって被った損害の返還や賠償を求めて私訴権を行使することはできない旨規定している。なお、イタリアにおける少年に対する予備聴聞は、1人の司法官と、男女1人ずつ2人の名誉職裁判官の計3人によって少年裁判所で行われる[32]。

　こうしてみると、わが国での大方の見解と異なり、欧米諸国では、少年審判においても被害者の手続参加がそれなりに行われていることがわかる。このうち、被害者にとってもっとも強力な地位を保障するのは、附帯私訴原告人の地位を得られるフランスのシステムということになるだろう。ただしそれは、同時に少年の立場を追いつめ易いということにも繋がる。両者の権利のバランス等を考慮すると、ドイツまたはイタリアのように、成人事件の場合には認める私訴権を少年事件において遮断し、被害者

としての地位にもとづく出席権を認めるという方向が望ましいのかも知れない。

4. おわりに

少年裁判ないし審判の非公開性という原則は、ほぼ世界共通であり、成人の場合には傍聴という手段で得られる情報が、通常では得られないという問題があった。そこでわが国でも、今回の改正により一定の情報提供と意見聴取という手当が施され、これは大きな一歩として評価できる。しかし、手続参加には、これらに吸収し尽くせない問題も含まれている。わが国の少年司法の構造は、大陸法のものとは異なっており、両司法構造の差異を踏まえたうえでなお慎重に検討する必要はあるが、少なくとも審判過程に、正式な「出席者」として被害者は参加する権利があるものと思われる[33]。これに対しては少年を萎縮させ、少年が益々心を閉ざすことになるとの懸念が従来より提出されているが、むしろ少年の非行克服にこそ、被害者遺族等の「気持ち」を知ってもらうことが不可欠なのである。

既に心理学は、他者に対する偏見が、その対象に関する無知や接触のなさから生じることを実験科学的に示しており、人間に対する理解の不足は、人間に対する偏見を生む[34]。被害者にとっても少年にとっても、審判という場でお互い接触する機会を持つことができれば、被害者の「知りたい」という欲求も充足され、不必要な応報感情を醸成する契機も減少していくのではなかろうか[35]。その場合、審判を指揮する裁判官の果たす役割がこれまで以上に重要なものとなるのは、今更いうまでもない。

注
1) 周知のように、アメリカのNOVAやNVC、ドイツの「白い環」等の活動が成果をあげており、狭義の司法外、または司法との連携による被害者サポートの充実度が、司法のレベルにおける支援のあり方に影響を与えている。伝統的に被害者の手続参加に消極的であった英米法系の国々や、それが制限されたドイツにおいて、

司法前の刑事調停システムや司法後の国家補償制度が早くから発達してきたこと
は偶然とは思われない。また、司法外においては特に各種市民団体やNPO等のサ
ポート体制が重要な役割を果たしている。

2）　特集「犯罪被害者保護関連二法の成立と展望」現代刑事法第2巻11号（2000）所
　　　収の各論文等参照。

3）　最近の重要なものだけでも、特集「犯罪被害者の保護と支援」現代刑事法第2巻2
　　　号（2000）、特別企画「犯罪被害者と刑事手続」季刊刑事弁護第22号（2000）、特
　　　集「犯罪被害者の保護」ジュリスト1176号（2000）、特集①「犯罪被害者の保護
　　　と救済」ジュリスト1163号（1999）等に所収の各論文など、枚挙に遑がない。

4）　諸澤英道『[新版] 被害者学入門』（成文堂、1998）、宮澤浩一・田口守一・高橋
　　　則夫編『犯罪被害者の研究』（成文堂、1996）、カイザー／クーリー／アルプレ
　　　ヒト（宮澤浩一・田口守一・高橋則夫編訳）『犯罪被害者と刑事司法』（成文堂、
　　　1995）、宮澤浩一『被害者学の基礎理論』（世界書院、1956）等参照。

5）　さしあたり、新恵里『犯罪被害者支援―アメリカ最前線の支援システム』（径書房、
　　　2000）、河原理子『犯罪被害者』（平凡社新書、1999）等参照。また、少年問題が
　　　中心であるが、被害者側からのものとして、児玉昭平『被害者の人権』等がある。

6）　服部朗・佐々木光明『ハンドブック少年法』（明石書店、2000）351頁以下は、「被
　　　害者」と少年法の問題につき、これまでの議論状況等をコムパクトに紹介する。

7）　瀬川晃「少年審判と被害者の地位」ジュリスト1152号（1999）99頁。

8）　本章は、村越一浩「少年事件と被害者」現代刑事法第1巻第5号（1999）を踏まえ
　　　ており、これに屋上屋を架さないよう努めたので、併せ参照のこと。

9）　詳細は、入江猛「少年法等の一部を改正する法律の趣旨及び概要」現代刑事法24
　　　巻（2001）29頁以下の該当部分を参照。

10）　本法で被害者等とは、「被害者又はその法定代理人若しくは被害者が死亡した場合
　　　若しくはその心身に重大な故障がある場合におけるその配偶者、直系の親族若し
　　　くは兄弟姉妹をいう」となっている。刑訴法231条2項、292条の2第1項等を踏襲
　　　したものと思われるが、「被害者等」がこのような伝統的な例示に今後も限定され
　　　るべきかについては検討を要する。範囲を拡大しすぎることは問題であるとして
　　　も、事実婚における伴侶等、もう少し現代社会の実状に適合させるべきではなか
　　　ろうか。なお、「被害者」とは、刑訴法230条等の解釈から、当該犯罪又は刑罰法
　　　令に触れる行為により直接の被害を被った者を指すものと考えられる（村越・前
　　　掲注8）72頁参照）。

11）　被害者通知制度について、審議内容の詳細は、瀬川・前掲注7）参照。

12）　村井敏邦「少年事件と情報公開」法学セミナー527号（1998）70頁は、被害者の
　　　同意を前提として、「審判官が少年と附添人の意見を聞いた上で、審判に関する情
　　　報をマスコミを通じて伝達するという方法は考えうる」とし、岡田悦典＝岡田久
　　　美子「被害者ケアと法的支援の構想」同76頁も同様の口吻を示し、いずれも捜査
　　　機関による情報提供に消極的である。これに対し、川出敏裕「犯罪被害者に対す
　　　る情報提供」現代刑事法第2巻2号（2000）20頁は、「捜査機関と家裁とで判断の

質に格段の差異は生じ」ず、また健全育成の観点のみから家裁に委ねるのは現実的でないとして、捜査機関による情報提供を承認する。

13）ただし、5条の2ではその主体が「裁判所」、31条の2では「家庭裁判所」となっている。前者は、おそらく逆送後の刑事裁判所をも想定したものと解されるが、「第二章少年の保護事件」の章中に刑事事件の手続規定が存在することになるのは、「第5条（管轄）」の2としても、多少の違和感がある。

14）家庭裁判月報第52巻11号1頁以下参照。

15）捜査機関における通知制度の権利性については、川出・前掲注12）19、20頁参照。

16）龍岡資児「犯罪被害者等の保護を図るための公判記録の閲覧謄写と民事上の争いについての刑事訴訟手続における和解の制度の導入」現代刑事法第2巻11号（2000）36頁参照。

17）龍岡・前掲論文37頁参照。座談会「少年法改正（下）」ジュリスト1153号（1999）87頁において、川口宰護判事は、終局決定後の通知を受訴裁判所の判断とするが、刑事上の規定と異なり、「『刑事被告事件の係属する』裁判所」、のような限定を付していないこと、また決定確定後3年まで通知ができることなどを考慮すると、疑問もある。

18）犯罪被害者等の保護を図るための刑事手続に付随する措置に関する法律3条2項では、使用目的の制限と適当と認める条件の付与を承認する。

19）井垣康弘「『裁判所の窓から』みる少年法の課題と改革」法学セミナー 551号（2000）61頁参照。この中で井垣判事は、「被害者側担当調査官」の制度を提唱されている。

20）このこと自体にも議論はあるが、紙幅の都合上検討は別稿に譲る。

21）津田玄児「被害者の人権と少年の人権」澤登俊雄先生古稀祝賀論文集『少年法の展望』506頁（現代人文社、2000）等。なお、座談会「少年法論議で何が問われているか」法と民主主義第352巻（2000）で、前野育三教授は、「現行法の手続構造の中へ被害者を参加させるということで考えるべきではなかろうというのが私の意見であります。修復的司法のやり方で参加させるのでないといけないだろうと思います」（12頁）、とされ、新倉修教授は、「現在の少年法を前提とする以上は、被害者も加害少年、非行少年の健全育成に役立つ存在にならないと、厳しい言い方をすれば、審判廷に入る資格はないといわざるを得ません」（15頁）とされる。座談会・前掲注17）88頁の川口意見、川出・前掲論文24頁も否定的。なお、団藤重光他著『『改正』少年法を批判する』（日本評論社、2000）所収の斉藤豊治教授、新倉教授の各論文も否定しているが、同座談会の井垣意見（前掲注19）論文も同様）は肯定的で、むしろ審判廷を遺族等の語る場にしようと構想されている。法改正なしで可能かについては疑問もあるが、注目すべき見解である。

22）座談会「少年法論議で何が問われているか」・前掲注21）25頁等参照。

23）Dean Champion, *The Juvenile Justice System: Delinquency, Processing, and the Law*,2nd ed. pp.326-327, Prentice-Hall, Inc.（1998）.

24）M.Davies, H.Croall & J.Tyrer, *Criminal Justice: An Introduction to the Criminal*

Justice System in England and Wales, 2nd ed. Longman Group Ltd., p.378（1998）. 例えば、Zenderは、被害者の公判における役割を認め、被害者の精神的利益や裁判所が犯罪被害に釣り合った宣告刑を下すための情報が得られる点を評価するが、それ以上の関与は、被害者が検察官の裁量を制限することとなるし、被害者の主観性が裁判所の客観性を損なう危険があることを指摘している。

25）ただ、出席は当然ながら義務的でない。青少年犯罪班は、事前に被害者の意見を聴取したうえ、手続に反映する努力をし、必要があれば、パネルと分離して加害者－被害者間の面会を行うことができる。なお、スコットランドを含む、イギリス少年司法の最新の動向については、三宅孝之「イギリス少年司法の動き」団藤他・前掲注21）232頁以下を参照。

26）Id. p.121. わが国ではイギリスが私訴制度の国であるという誤解がよくあるが、1985年に公訴局ができる以前は、殺人を含む重大犯罪を担当する公訴長官（The Director of Public Prosecutions=DPP）と、治安判事裁判所の管轄犯罪である通常犯罪を担当する警察によって公訴が行われていた。私人による訴追はほとんど行われておらず、現行法上もまれである。しかし、これらの訴追は、それぞれ、法廷弁護士（barrister）と事務弁護士（solicitor）によって助言又は指導されるシステムを持ち、これがため、イギリス刑事裁判をして、民事裁判的あるいは私人訴追的色彩のものと感じさせていたのであろう。しかし、公訴局の創設後は、こうした在野法曹の関わる比率は大幅に下がり、同時に被害者の関与は少なくなったといえる。

27）Vgl.Eisenberg,U., *Jugendgerichtsgesetz*, 7. Aufl., Verlag C.H. Beck, 1997. S.731.

28）Schaffstein,F./Beulke,W., *Jugendstrafrecht*, 12. Aufl. Kohlhammer, 1995. S.212.

29）Albrecht,P.A., Jugendstrafrecht, 2.Aufl.,Verlag C.H. Beck, 1993. S.375.

30）Brunner,R./Dölling, D., *Jugendgerichtsgesetz; Kommentar*, 10., neubearb. Aufl. Walter de Gruyter, 1996. S.409-410.

31）J.-F.Renucci, *Droit pénal des mineurs*, Masson, 1994 pp.179-181. 1983年7月8日の法律は、予審段階にも本案裁判にも、少年裁判機関における犯罪被害者の保護を強化した。

32）E.Gaviano, *Elementi di Diritto Minorile,* Edizioni Simone, 1991 pp.71-73. 公判段階については74頁以下を参照。なお、イタリアでは1995年いらい修復的司法の動きが少年司法から始まっており、1998年には少年刑事手続法9条、27条、28条等に加害者－被害者調停プログラムが導入された。

33）少年審判規則29条の解釈から法改正は必要でなく実務的に対応できるとする見解もあるが、これは在廷の規定に過ぎず、30条との関係から被害者は意見陳述できないと考えられ、権利性は極めて脆弱というほかない。ただし、常時在廷する必要はないだろうし、さしあたり弁護士たる付添人のみ出席できるとする案も考えられる。

34　麦島文夫他著『新版心理学要論』（有斐閣双書、1987）11頁。

35）接触の場が審判である必要はないとの反論もあるが、これについては、修復的司

法の時期的問題とも関連して、別稿に譲らざるを得ない。

第13章　わが国少年法の最近の改正

1.　はじめに

　わが国では、実務家や研究者による少年司法[1]の多大な議論にも拘わらず、法に違反した子どもたち・少年達を取り扱う日本の制度を、他国の法域の観察者に、より良く理解してもらうための試みは、これまでのところほとんど行われていない。法概念というものは、国境を越えて、いつもうまく翻訳されるとは限らない。しかし、それにも拘わらず、その差異に対して可能な限りの慎重さをもって臨むならば、異なる法域間の法制度について相互理解を得ることができるだろう。もっとも、わが少年司法制度の詳細な検討は、本章の目的では必ずしもない。日本における少年非行（youth offending）[2]に対する対応の発展に関して、主要な傾向を把握したいと願う人々にとっては、枝葉末節の検討は、啓発的なものではないであろうからである。

2.　少年法改正における近年の動向　―発展と形態

　1990年代後半以降における、少年犯罪を厳罰化する立法改革の世界的傾向[3]に呼応して、21世紀初頭の日本においても、1949年少年法に対して3度の改正（2000年、2007年、2008年）が行われた。他のほとんどの法域と同様に、わが国においても、少年の暴力的行動に対する世間からの強い抗議が、より刑罰的な対応を招来し、社会を守るための法や政策が強調されたのである（Cf. N. Bala et al., 2002）。

良く知られた、「少年Ａ」事件[4]は、2000年改正の引き金となったように思われる。そこでは、家庭裁判所に犯罪的行為を行った14歳から15歳の少年を、起訴強制のかかる検察官に送致することが認められた。この改正以前は、たとえ刑法41条が14歳未満の少年は刑事責任を問うことができず、それゆえ有罪認定され得ないと規定していても、検察官は14歳の少年を起訴することができなかった。換言すれば、実体法上14、5歳の少年は刑事責任を問えるにも拘わらず、彼らは、手続上免除されていたのである。

　さらに、2007年の改正については、12歳の少年が行為者となった「種元駿」事件[5]と「御手洗怜美」事件[6]が、大きな影響を与えたことは疑いないであろう。そこでは、刑法を犯したとされる14歳未満児童の調査権限を警察に付与するだけでなく、少年院への収容年限を11－13歳についても拡大することを認める規定を導入したのである。そして最近の2008年改正は、とりわけ、あらゆる側面で犯罪被害者の権利を拡大した2004年犯罪被害者基本法の成立以降、被害者に少年審判や少年刑事裁判になんらかの形で関与する必要性が認識されたことにより行われたのである。

　こうした一連の改正は、多くの学者、特に少年法を専門とする研究者達によって批判されてきた。少年を厳罰に処すことは、少年非行を解決することには繋がらず、それゆえ、法に背いた児童や青少年を保護するという原則（保護主義原理）を損なうものであるということである。また、刑罰権を強化する規定と比べて、少年の権利を保障する規定は十分ではないとも指摘されている。厳しい制裁の強化は、非行から少年を遠ざけることにほとんど影響力を持たないと思われるうえ、より厳しい対応が長期的にみて少年犯罪を減少させ、それにより社会の保護を改善するという証拠はどこにもないということは、確かに認めなければならない。しかしながら、これらの言説は、少年犯罪に対する世間や被害者の感情を処理することの課題を置き去りにしている。批判者達は、合理性が、合理性あるとの事実によって、不合理な感情を克服できるとの、揺るぎない信念の上に立っているかのようである。

わが国における少年司法制度が、西洋少年司法にいう「福祉モデル」の一つであると看做されてきたことには、ほとんどの者が同意するであろう。最近の立法的対応の進展は、福祉モデルから司法モデルを反映する制度への移行を特徴づけるものであり、非行に対する処罰や責任（accountability）に焦点を合わせるものとなっている。しかし、これらの改正が福祉モデルから司法モデルへの明確な方向転換であると考えるのは時期尚早であろう。というのも、これらは、わが国少年司法制度の基本構造を変更するものではないからである。大多数の少年事件は、いぜんとして家庭裁判所の保護手続によって処遇されており、これは、地方裁判所における刑事手続とは全く異なっている。原則として、重大な事件のみが成人の刑事裁判法廷へと移されうるにすぎない。一方で、福祉モデルの特徴には非形式性と法の適正手続保障の欠如があることは認めなければならないだろう。もともとこのモデルでは、子どもの法的権利の承認は極めて限られたものとなっている。他方で、現行制度は刑事手続において不定期刑を維持しており、更生のために必要な限り少年の収容を続けることが可能となっている。あらゆる意味において、日本の法域では、強い福祉的志向を有する少年司法制度が行われ続けているといってよい。

3. 被害者の関与　―キウイ司法（Kiwi Justice）へ向けて？

　今日、少年法廷の手続へ被害者の関与を増やしていこうとすることは、どの法域においても中心的課題である。最近の2008年改正は、家庭裁判所の少年審判手続における被害者の傍聴に関する規定を設けたが、学界において、その必要性と正当性に関して大きな議論を巻き起こした。被害者の参加に否定的な見解は、たとえそれが重大事件に限られるにせよ、少年は、被害者の存在によって威圧されがちであり、それゆえ事件の詳細について話すことをためらうであろうとされるが、肯定的な見解は、被害者関与は、自分の事件について何が起こったのかについて全貌を知りたいという被害者のニーズを強調する。

改正少年法のこの新しい制度は、やはり2008年に改正された1948年刑事訴訟法に導入された、被害者参加人制度[7]とは異なっている。傍聴被害者は少年に質問できず、裁判所に意見を陳述することもできない。立法者は、少年と被害者の利益の衡量を企図したものと思われる。この利益衡量アプローチは、しかしながら、日本の少年司法制度に修復的司法の哲理を導入するものではない。審判に被害者が現在することができるにすぎないのである。さらに言えば、わが国においては、修復的司法の世界的認識にも拘わらず、司法前においても司法後においても、法定の制度として、いかなる修復的介入も利用可能ではない。確かに、千葉県や関西地方では、主に、被害者・加害者面会を含む修復的介入を提供しているNPO等も存在しているが、それらの新しい試みは少年司法制度と公式な繋がりを持っていない。多くの他国の法域では、修復的司法の手続は、ディヴァージョンプログラムと結合される傾向がある。ニュージーランドの有名な家族集団会議（FGC）は、多くの少年を裁判所の手続から逸らすことで、世界中の立法のモデルになった。わが国では、少年審判手続じたいがディヴァージョン方策の一環とも考えうるが、「ニュージーランドモデル」を基に、裁判所外に新たな修復的司法制度を導入すべきである。そこでは、少年、保護者、親戚、地域の人々、被害者、それに良く訓練された進行役が参加する非公式の会議が執り行われるのである。ディヴァージョンはもともと成人の司法制度や矯正制度から逸らすものであるが、今や公式な少年法廷の手続の一部としても承認されるべきである。この意味において、ニュージーランドにおける家族集団会議の手続は、非行少年を、真に彼らの行為について責任を問うもの（accountable）として扱うポテンシャルを持ち、伝統的な司法と適正手続的価値に沿いながら、福祉的目的を導入する可能性を持つものである（Cf. G. Mousourakis, 2007）。伝統的な、「福祉対司法」という論争を止揚するために、何らかの修復的司法アプローチが、日本の少年司法制度の中に定立されるべきである[8]。

4. おわりに ―少年犯罪と少年司法に対する社会感情

　最後に、被害者関与じたいが、少年犯罪に関する厳罰化政策を必ずしも促進するものとは限らないということには注意しなければならない。確かに、一般の人々は、犯罪を行った少年よりもその犯罪の被害者の方に共感を持つ傾向がある。しかし、社会感情はメディア報道に影響されがちであり、それはしばしば扇情的でもある。そのような報道は「モラル・パニック」の感情を惹き起こし、少年を厳しく処罰するべきだと、裁判所の判断を要求する。では、われわれは、「民の声は神の声」であるとして、厳罰化少年司法政策を採用すべきなのであろうか？

注

1）　英語圏において、'youth'は、通常"juvenile"が意味するものよりも広い年齢層の若者達のことを意味する。主に、前者は英国、後者は豪州クイーンズランドや合衆国で使用される。日本では、20歳未満で法違反のある未成年者を表すのに、"juvenile"の方が普通であるように思われるが、英国ではネガティブな含意もあり、本章では両者を相互互換的に用いることとする。

2）　ここでは、少年法が対象にする少年が「少年非行」であるとし、虞犯少年を超える領域を含む可能性のある"juvenile delinquency"という用語を避けた。この概念が、19世紀以降概念化され形成された歴史的経緯については、See, P. Cox et H. Shore（ed.）,*Becoming Delinquent: British and European Youth, 1650-1950*, Chapter 1（P. Griffiths, Juvenile Delinquency in Time）, Ashgate, 2002.

3）　例えば、英国1998年犯罪及び秩序違反法、2001年アイルランド児童法、2002年カナダ少年刑事裁判法等。

4）　1997年3月、14歳の少年が10歳の少女をハンマーで襲い致命的な怪我を負わせ、別の少女をナイフで刺した。2か月後には11歳の少年を絞殺し、切断した頭部を小学校の正門前に置いた。「酒鬼薔薇聖斗」という名前を使用したこの少年が、被害者の頭部に残したメッセージの中で、警察を嘲っていたことがわかり、国民は息を呑んだ。身柄拘束後、「少年A」として知られる彼は、決して更生できず、問題性を解消して社会には戻れないだろうと強い懸念を示す専門家達もいたが、法務省の職員達は異なる考え方を持っていた。当時少年院では、最大2年の処遇を原則としていたが、彼らは、6年5か月に渡る特別の更生プログラムを立ち上げた。3人の精神科医を含む約10名の専門家チームが、少年の経過をモニターするため

に任命された。報道によれば、東京都府中市の関東医療少年院での処遇初期には、少年Ａは、「人間と野菜は同じだ」と主張していたという。2002年2月に、職業訓練を受けられる、仙台の少年院に移送された後、彼は、「遺族に対し、個人的に謝罪の意を伝えたい。正規の仕事を得て、残りの人生、自分の行為を償うためにできることなら何でもやりたい」と語った。職業的技能を身に着けた後、彼は同年11月に関東医療少年院に再び戻され、更生プログラムの最後の段階に入った。その期間、専門家は彼を残虐な行為の遂行に駆り立てた性的サディズムと反社会的性向は過去のものである結論づけた。退院前に、少年Ａには、「自分自身の安全のために」、新しい身分が与えられた。彼は非開示とされた住所に居住している（毎日新聞2004年3月10日）。

5) 2003年9月、長崎家庭裁判所は、4歳の種元駿君を殺害した12歳の少年を、児童自立支援施設で、更生のため1年間過ごすべしとの決定を下した。報道によると、この12歳の少年は、2003年月1日、駿君を誘拐し、彼を裸にして性器を切断し、立体駐車場の屋上から投げ下ろした。日本の刑法は14歳未満の非行者の犯罪的行動に対し責任を問うことを禁止している。裁判所は、12歳少年の脳波を測定し、心理テストを行った精神科医により提出された鑑定書を吟味してこの決定に至った。報道によれば、この精神科医は、この少年が他者との交流を困難にする障害に罹患していると結論づけた。しかしながらこの鑑定書は、この障害は今回の憎むべき犯罪とは直接の関係を持たないと強調した（毎日新聞2003年9月29日）。

6) 2004年6月1日、11歳の少女が、彼女の昔からの親友である御手洗怜美さんを、誰もいない教室に呼び出し、怜美さんの後ろに回ってその喉をカッターナイフで切り裂き、殺害した。この少女は、12歳の怜美さんが、彼女のことを「デブ」みたいと仄めかしたことで、明らかに取り乱していた。怜美さんとこの少女は、かつて、インターネットの繋がりを通じて堅い友情で結ばれていた。彼女らは自分のウェブサイトを立ち上げ、頻繁にメールを交換し、他方が何をしているか緊密に注視し続けていた。不幸にも怜美さんにとって、投稿の一つで友人のことを「重い」と仄めかしたことが、この11歳少女によって行われた死刑執行スタイルの冷血な殺人遂行の引き金になってしまったようである。少女は栃木県にある児童自立支援施設に収容された（毎日新聞2004年12月27日）。

7) この制度は、むしろドイツにおける公訴参加（*Nebenklage*）制度に類似するように思われる。

8) 福祉モデルと司法モデルの対立を迂回するために、かつて英国では、財源を少年司法制度から、非行に陥る危険のある子どもたちに対する、もっと事前対策的な、予防活動に振り向けるべきであるとの指摘があり（Audit Commission, 1996）、それは、1988年犯罪及び秩序違反法によって公式に記載された、少年司法に対する新しいアプローチを支える主要な哲学的基盤の一つとなった。単に起こったことに対して反応するよりもむしろ、その前に少年犯罪を予防しようと試みることの価値に対する認識が増大しているのである。この傾向は環境犯罪学の発展と軌を一にするものかもしれない。今や、「予防モデル」といったものが少年司法制度

に出現しつつある。それは、第一に、子どもたちが非行を行うことを予防する必要性を強調する。これは、正に、「非行を芽のうちに摘む」アプローチに他ならないが、この考え方が子ども達の福祉と矛盾しないのか、なお定かではない（Cf. J. Graham, 2002, J. Graham et C. Moore, 2006）。

終章　少年処遇政策のデザイン

1. 再考　—解釈論と立法論

　これまで見てきたように、少年法に関する議論は、現行法に対する解釈を中心に行われるのが通常である。わが国で、大正少年法いらい既に少年法という法律と学問領域が確立し、実務上も理論上も定着しているのであり、解釈論を展開する必要があることは至極当然のことである。しかし、法律家、特に学説の役割としては、現行法に対する正しい解釈を行うことだけではなくて、先例踏襲的で、ともすると保守的になりがちな実務の傾向に新しい駆動力を与え、また、当然と思われている考え方や法政策に対しても、全く異なった視点を提供し、将来の立法へ向けて、別の選択肢や方向性を示唆することもまた、意義のあることのように思われる。条文の技術的で精緻な解釈も大切であるが、そこから抜け出て、大きな視点から法制度全体を捉えなおすことで、本来あるべき法政策のありようが見えてくることもあるだろう。むしろ、価値中立的に見える解釈論が、それは立法論であると他の言説を批判するとき、妥当で論理的であるとされる法解釈も、その源流は自身の背後仮説に由来するものではないか、いつも自覚的に検証することが肝要である。

　もっとも、現行少年法の成立いらい、幾度に渡り、法務省を中心として法曹三者から改正案が提示されたり[1)]、法制審議会の中間答申がなされたりしてきたのであるし[2)]、2000年以降は実に4度（2000年、2007年、2008年、2014年）にわたり大きな改正が行われ[3)]、少年非行に対する世の中の関心の高まりに呼応して、学界でも少年法改正に関する議論が、様々な文献を

通して盛んに行われてきたのである。しかし、これらの改正提案も、なお、現行少年法制度を抜本的に見直すものではなく、ほとんど少年法内部の議論にとどまり、また批判者も提案側に対する反対論に終始し、概ね、とにかく現行法を改変するなという議論が殆どであって、新たな制度設計を行うものではなかった。その意味で、少年法改正反対論は、実は保守的な思考・行動様式であるが、通常は進歩的な言説であるとみられている。

この終章では、現行少年法の枠組みを超えて、もっとズームアウトした視点から少年法制を構想するとしたらどうなるかを含めたグランドデザインを考えるため、まず、非行現象を少年法内部において語ることの問題性と現行少年法の性質を踏まえた後（第4章参照）、少年司法制度における複線化政策について確認する（第2章参照）[4]。そこで構想される少年刑法システムについて試論的素描を示した上で（第7-11章参照）、最後に処遇のモデル論についての私見を敷衍する（第5、12、13章参照）。その他、各章で述べられた知見やエッセンスを随所に織り込んで再考する。

2. 非行現象を語ることの意味

少年法の問題を語る際には、非行現象の増減や現況に言及されることが多い。このことは、メディアはもちろん、専門家が執筆した教科書等でも、「少年非行の動向」といった形で一章を設けて検討され、近年の非行の特徴や傾向が論じられることがある[5]。しかし、なぜ少年法という法律を論じる際に、少年非行の現実や状況を論じなければならないのであろうか[6]。例えば刑事訴訟法を論じる際に、「最近の犯罪状況」として、一章を設けて検討することはほとんど考えられない。犯罪の動向と刑事訴訟法の解釈問題とは一応分けて論じられ、現実のマクロな犯罪状況の分析等は、一般に刑事政策領域の話であると考えられているのである。つまり、現実の犯罪状況がどうであれ、刑事訴訟法の理念や解釈に影響を与えないということは、当然のことと理解されている。成人犯罪が増加しても、刑事訴訟法を改正せよ、という話には普通ならないのである。それに対し、少年非行

の動向と少年法はセットで論じられることが多く、「少年非行が増加している」という言説がなされるとき、「だから少年法を改正すべきだ」という議論に直結しやすく、これを批判する論者も、「それは少年法の話ではない」というのではなく、「いや、少年非行は増加などしていない」という反対の仕方をする傾向が強く、このやりとりはあたかも伝統芸能のように続けられてきた[7]。後者の論理は、「増加していないのだから改正すべきでない」というものであり、いわゆる保護派の立場によくみられるが、非行現象の動向や増減によって少年法のありようを考える論理であるから、一見すると、いわゆる厳罰派に反対しているようであるが、非行現象と少年法は連動すると捉える立場であり、実は両者とも前提を同じくするものである。つまり、「増加していないから」改正の必要はないのであるが、もし仮に「増加していれば」あるいは将来「増加すれば」、論理的には改正することになる筈でなければならない。その時になって、別の論理で、「増加はしたが、少年には可塑性があるのであり……」等という話であるとすると、これは、非行の増減は少年法のありようとは実は関係がなかったということを告白するに等しい。

　また、仮に、今の少年法は昔の少年非行の状況に対応して生み出されたものであるから、現在のように、少年非行の質的状況が大きく異なる以上、それに対応した少年法に改正される必要がある、ということが言われた場合、もし、その通りに非行の形態やそれを生み出す環境等が異なっているのであれば、少年法もそれに応じて変化する必要があるということにはならないだろうか。少年法の誕生は、歴史的には国家の救貧政策や救貧法と深く関係しており[8]、子どもは物質的な貧しさから非行に陥るのだから、彼らを罰するのではなく、援助や支援の手を差し伸べる必要があるのだ、ということであったのなら、現在のように経済的水準や文化的水準が向上した日本で発生する少年非行に対処する少年法は、やはり、それに応じて改変される必要があるということにはならないのだろうか。100年前は言うに及ばず、戦後の混乱期と、21世紀を迎えた現在の少年非行が、ほとんど同じであると考えることは、社会学者の緻密な研究を待つまでもなく、

経験的に同意しがたいことであろう。産業構造、生活形態、家族形態、高度情報社会、高度消費文化社会等、あらゆる視角から世の中は変化しており[9]、こうした社会の中のいわば構成概念である少年非行だけが、あたかも石ころがずっと石ころであるかのように不変であると考えることは困難である。この社会の変化は一見厳罰派を利する材料とされ易いので、保護派であれば、「いや少年非行の本質は今も昔も変わらないのだ」と反論してしまいがちである。本当は少年非行の本質が変化しているかもしれない場合でも、連動の論理を前提にすれば、このような反論をせざるを得ないことになる。

　もちろん、少年法は実体法でもあり、裁判規範性だけでなく、機能としての行為規範性もあると考えられ、少年非行と少年法の関係を全く断絶したものと捉えることも現実的ではなく、また、おそらく学問的にも正しいとは言えない[10]。しかし、少年非行が社会で騒がれるたびに巻き起こる論争、つまり、少年法の変動を期待する者が少年非行の変動を、少年法の不変を図りたい者が少年非行の不変を、それぞれ主張し、事実認識の相違について応酬する実りの少ない論争は、今後は、もうそろそろ止めにしても良いのではなかろうか。もちろん、少年非行の動向を正確に把握し考察することじたいは、意義のあることである[11]。また、現実の「少年」にどのような非行が多く、あるいは少なく、非行形態はどうであるのか、等を知ることで、今の「少年」のリアリティを感得し、空虚な「少年」概念に基づいた抽象的な議論に陥ることを避けることが可能にもなり得る。しかしながら、少年非行の状況と少年法のあり様を直截に結びつける論理を維持する限り、少年法という規範は事実認識論の下僕となって、論者の背後仮説に従って右往左往する結果となるであろう。

3.　現行少年法の性質

　現行少年法第1条は、（この法律の目的）という見出しで、「この法律は、少年の健全な育成を期し、非行のある少年に対して性格の矯正及び環境の

調整に関する保護処分を行うとともに、少年の刑事事件について特別の措置を講ずることを目的とする。」としており、この文言からは、「非行のある少年に対して……保護処分を行う」ことと、「少年の刑事事件について……を講ずる」という、いわば、個別の少年に対する事件の処理、もっと実質的には、処遇を行うことを規定していることが読み取れるが、それを超えた非行現象という社会の動向にどう対処するのか、といった内容がこの法律の目的であるとは謳われていない[12]。しかし、これまで述べてきたように、世間はもちろん、法解釈を行う専門家さえもが、「少年非行が増えている。だから少年法を改正すべきだ」という言説に対して、「いや、少年非行は増えていない」とか、逆に「いや増えているのであり、増えていないという見方は誤っている」という論陣を張る傾向がある[13]。これは、世間や専門家の間に共有されている見方、つまり、少年法の役割を、非行を抑止しこれに対処するものと考える思考に根ざすものである[14]。けれども、少年法の規定や体系は、そうした一般予防的な役割を想定しているというよりは、個別の非行少年の処遇を通じて再び非行に陥らないようになることを企図された、特別予防的な法律であることを示している。現行少年法は、「少年非行対策法」ではなく、「非行少年処遇法」なのである。別の言い方をすれば、少年法は、「少年非行」に関する対策法ではなく、「非行少年」に関する処遇法である、ということになる。この現行法の性質に関わる最初の重要部分の認識を見誤ると、少年法に関する議論は、あたかも、ボタンを掛け違えたかのように、常に全般的な非行対策法としての役割を期待され、それに応じた解釈が行われることになる。この理は、非専門家の場合、論理が単純で、しかもしばしば感情的であるため見えやすいが、専門家の場合、法解釈という理性的にみえる衣を纏っているため一見して分かりにくく、背後仮説が彼・彼女にとって好ましい法解釈を指導する場合、法解釈自体も歪められて、かえって見えにくいものとなる。

このように現行少年法における本来の法的性質を確認することは、重要であるが、しかし、それほど難しいことではない。けれども、筆者の問題関心は、もっと先の立法政策にある。というのも、少年法という図の輪郭

を描くためには、実は、地としての少年司法、さらには、行政的施策をも含む少年処遇政策全体を視野におさめ、包囲集中的に分析・綜合する必要があるからである。

4. 少年処遇における立法政策

（1）社会問題としての少年非行と少年法

わが国における少年法をめぐる議論が、とりわけ、専門家と社会との間で錯綜する一つの理由には、少年非行が社会的な問題として取り上げられる際に、しばしば、少年法の専門家が、少年非行問題を、その背景思想を含め、少年法という枠組みの中で説明し尽くし、それ以外の「少年司法」あるいは「少年処遇制度」の可能性をさして顧慮していないかのように見えることがある。そこでは、少年司法は少年法の適用が全てであり、また、さらに広い少年処遇のあり方についても、あたかも少年法の理念しか存在しないかのように論じられることもある。しかし、保護主義の原則にせよ、パレンス・パトリエ思想にせよ、それによって非行問題を全て解決できる魔法の杖ではない。もっとも、近年は、例えば、少年院等に収容された少年の被虐待率が高いことが認識され、少年非行問題と児童虐待の問題が密接に関わっており、児童虐待防止法や児童福祉法という、福祉法領域における研究の重要性も、専門家の間では自覚されており、少年法研究者の問題関心も、その外延を広げつつある。いずれにせよ、非行少年の問題をひとり少年法の負担とするのではなく、いわば適切な役割分担の顧慮を通じて本来の少年法の守備範囲を限定し、さらに、あるべき立法の配列を考えてみることが必要である。そこで、以下検討する。

（2）少年処遇における3つの基本的法体系

少年司法における少年法の負担を軽減し、個別の非行少年処遇という本来の役割に専従させるためには、少年法の他に何が必要であろうか。

先ず、「少年非行対策基本法」という、少年非行対策に正面から対応す

る立法が必要なのではないか、という点である[15]。現在、法務省、警察庁、文部科学省等の各省庁や、都道府県警察および各自治体で行われている少年非行対策を総合的に評価・検討し、また、学界における犯罪予防論等の知見も十分参酌して[16]、基本法を取りまとめ、立法化することが考えられてよい[17]。こうした基本法が世の中にも周知されれば、非行対策はこの新法の役割であることが「見える化」され、少年法は処遇法として、これまで加えられてきた、いわばお門違いな批判を避けることができるだろう。この対策法は、法的には、もはや少年司法の枠組みを越え、各自治体や警察はもちろん、地域、学校、家庭の責務等を規定した、行政法領域に属する基本法であり、現在の少年警察活動規則等も法律のレベルに上げて民主的統制に服せしめるとともに、児童の権利条約等の国際準則の水準から、少年の基本権保障を規定することが求められるだろう。これまで、こうした統合的な基本法が不在であるために、処遇法にすぎない少年法が、一般的な非行対策という、本来企図されている以上の役割を期待されてきたのである。

　では、「少年非行対策基本法」が起動すれば、少年法は「非行少年処遇法」として純化されるとして、それで十分なのであろうか。現行法解釈としては「非行少年処遇法」としての理解が正解であるとしても、立法論としては、更なるリフォームも可能である。具体的には、むしろ、少年法を少年刑法として再構成しつつ、児童福祉法の適用範囲を拡充し、非行少年に対する福祉的処遇をより充実させることである。現行少年法は、犯罪少年を典型として、触法、虞犯と、犯罪周辺の概念を管轄領域に取り込んだ、実は「少年刑法」としての実体を含んだ法律であるのに、「保護」優先主義のもと、検察官への逆送が例外的であることから、刑罰権の処理は一見すると分かりにくく、後置された刑事裁判上で解消される構造となっている[18]。ここに、保護処分が少年の要保護性に対応するものであるにも拘わらず、刑罰的性質が残留したかのような状態が生まれているのである[19]。これは、「保護」の側面からみると、刑罰権に汚染されており、「保護」として純化されていないと言えるし、「刑罰」の側面からは、純粋な刑罰で

終章　少年処遇政策のデザイン　243

ないがために、たとえ不利益な処分であっても、それ自体では刑罰権の処理ができないものとも言える[20]。そこで、新たな「少年刑法」システムによって刑罰権の処理を刑罰に担わせることにより明確化し、ハイブリッドな性質を持つ保護処分から刑罰的性質を払拭するとともに、更に、児童福祉法の適用領域を拡大して「福祉」の利用を重層的に可能にすることが考えられるのである。具体的な制度論として展開することは、なお多くの困難があり、また、あくまで現段階における架空の試論に過ぎないが、さしあたりの未熟なデッサンを描いてみよう。

（3）少年刑法システムの試論的素描

　検察官が、少年法42条によって少年の被疑事件を家庭裁判所に送致する場合、これはもちろん公訴の提起ではない。ところで、非行事実（少年法17条4項参照）は、刑事事件における公訴事実（刑事訴訟法256条3項参照）よりも広い概念であり、また、もとより、少年審判に訴因制度は採用されていない。さらに、少年審判の対象は非行事実だけでなく、要保護性をも含むものである。そこで、刑事裁判における審判対象が訴因であるとすると、もし、少年の当該被疑事件のうち、訴因を特定の上、家庭裁判所に公訴提起をすることができれば[21]、少なくとも訴因を除く公訴事実や[22]、非行事実、要保護性の部分について、理論的には、なお、家裁の判断領域は残されていることになる。そこで、まず検察官は起訴状一本主義に基づいて公訴を提起し、刑罰権の帰趨を刑事裁判によって明らかにし、この手続で刑罰権を解消する。この刑事裁判の成果を活かし、認定事実の拘束力を後に家裁に送致される同事件の少年審判に及ぼし、それを基礎として家裁は要保護性判断を行う。第1段階の刑事裁判によって有罪・無罪が決せられるが、有罪の場合、執行猶予を必要的とし（刑訴法350条の29参照）、第2段階の少年審判で、更に要保護性に対応した保護処分等の必要性を検討する[23]。無罪の場合も、要保護性が残れば、第2段階で保護処分等の可能性は検討される。このことは、現行法上も、触法事件、虞犯事件においては有罪・無罪と関係しないことからその可能性はあり、特段問題とするに

は当たらない。そしてこの場合、保護処分は、刑罰の代替物ではなく、純粋に要保護性に対応したものとなるので、二重の危険にも該当しないと考えられる[24]。予断排除原則との関係から刑事裁判を先に行うことになるため、通常以上に迅速な裁判が要請され、裁判員裁判の対象から外し[25]、集中審理ないし連日開廷を原則としつつ、公開制限を行うべきであろう[26]。こうした手続においては、刑事と保護を架橋する弁護人・付添人の役割が一層重要となるが、法律家としての弁護士に加え、非法律家であるソーシャルワーカーとしての「少年援助士（仮称）」を創設し[27]、両者の協働で新しい「付添人」活動を行うことが期待される。

さらに、専門職化された「児童福祉士」のケアによる、「教育的援助処分」を創設し[28]、これを家庭裁判所が職権で、公訴提起段階から重層的に付するような制度設計を考えることにより、刑罰権を処理しつつ、保護と福祉の両輪によって少年の適正手続保障と立ち直り支援に最善を期するべきであると思われる。これらの実施に際しては、省庁間の連携が鍵となり、両者は法務省と厚労省の所管ということになるが、現在もそうであるように、実際には国家制度が提供する「保護」と各自治体の提供する「福祉」との連携協働ということが重要な課題となる。

5. 処遇モデル論再考

それでは、次にあるべき非行少年処遇のモデル論についても再考してみよう。この点に関し、筆者は社会復帰において被害者等や地域社会との関係修復を人道的且つ穏健に考慮する「新しい再統合モデル」を提示している[29]。これは、現在の到達点である「司法福祉」的なモデルでは、一方では被害者等の関与が明確でないこと、他方では、地域社会との関係性が不透明なこと、から、これらを視野に入れた上で、少年自身の最善の利益を企図した保護処分や刑罰を含む処遇を考えるべきだと思われたからである。その背景には、手続の適正や福祉的配慮の意義のみならず、終局処分の意義を等閑視せず、少年司法を一貫するトータルなケースワーク過程を

終章　少年処遇政策のデザイン　245

視野に収めていたということがある。この私見は、基本的にはなお維持すべきだと考えられる。抽象論はともかく、具体的な少年の立ち直りを考えたとき、被害者等の問題を全く埒外におくことは困難である上、関係修復が難しい場合も、できる限り融和の方向を探るべきであるし、少なくともその努力を行い、その試みを評価するようにすべきであろう[30]。また、少年が社会復帰する際の地域社会に対しても、そこに生活する一員として、関係修復への努力を怠るべきではないであろう。従来のモデル論は、行為者本人の問題に収斂されすぎており、少年を取り巻く人間関係や、あるいは帰住する環境の調整という側面が、あまり視野に入れられてこなかったように思われる[31]。

　しかしながら、この「新しい再統合モデル」の「新しさ」は、実はこれらにとどまらず、少年の「非行予防」をも積極的に取り込んだものである[32]。但し、そこでいう「予防」とは、少年処遇論の文脈では、状況的犯罪予防ではなく、社会的犯罪予防を中心に捉えられなければならない[33]。そして、ブラティンガムとファウストのいう、3段階の予防論のうち、第2次段階、第3次段階を視野に収めるべきであろう[34]。このような、予防の観念を少年処遇論に盛り込むことは、本来は決して「新しい」ことではない。第2次予防に関しては虞犯概念が既にそれに対応しており、福祉法領域の不良行為少年概念も、社会的犯罪予防方策との関係でこれに取り込んで考えることができる。また、少年法が企図する特別予防は正に第3次予防論の範疇に位置づけることができる。それにもかかわらず、予防論は、少年処遇論にとって正面から論じられることは少なかった。少年非行現象をマクロで論じながら、具体的な非行予防論はほとんど法執行モデルの枠内に矮小化され、少年法の厳罰化論に結びつきやすい傾向を生じさせていた。厳罰派も保護派も、非行が起こってしまってから、それを厳しく罰するか、保護するかという土俵の中におり、非行に至る前にどう予防するか、という点については、どちらも議論を深めようとはしてこなかった。それは、少年処遇論を、ひとり少年法だけの問題に矮小化してきたことに対応しているように思われる。その意味で、この「新しい再統合モデル」

は、少年処遇における「非行予防の再発見」を含意するものである。

6. 少年処遇制度における三本の矢

　本章では、非行少年処遇を、立法政策の面からみれば、少年非行対策法、少年刑法（少年法）、児童福祉法、の、いわば「三本の矢」によって対応し、これらの権限分配とともに、非行現象と少年法解釈の分離、刑罰権処理と福祉的対応の重層化及び複線化制度の可能性を確認してみた。一方では、刑罰権の処理を行わなければ、保護処分に刑罰権が化体してしまうため要保護性は汚染されて処遇内容は懲罰性を帯有し[35]、他方で福祉的対応は、刑罰を受けると否とに拘わらず純粋にその必要性が認められなければならない。さらに、少年法から非行予防の役割を少年非行対策法に委譲し、拡張された福祉的対応を児童福祉法に任せることで、少年法を少年刑法として再構成することができる。そして、処遇モデル論として、「新しい再統合モデル」を観念することで、非行予防、特に社会的犯罪予防方策の充実を図りつつ、被害者等や地域社会との関係修復を企図する司法制度のあり方を総合的に捉えていくことができる。後者は、手続きの前段階でダイヴァージョンとして行うよりもむしろ、処分執行段階以降、再社会化へ向けてのソフトランディングとして考慮されるのが良いのではないかと思われる。関係修復は、先行する少年の非行克服へ向けた処遇の後、ゴールに近い場面に位置づけられるべきであろう。早い段階で修復や和解を促すことは、表面的な謝罪を導き問題解決に至らないばかりか、その結果ダイヴァージョンがなされると、被害者の意向によって、本来取り組まれるべき要保護性の解消が行われなくなってしまう可能性がある。

　そして、第1章で述べたように、少年に対する特別処遇に対して社会の理解を得るためには、少年処遇における「新しい再統合モデル」の採用と並んで、成人処遇を駆動する少年処遇論を念頭におき、むしろ成人処遇の実質を向上・改善し、その懸隔を解消していくことが近道ではないかと思われるのである。

注

1）　1980年代までの改正論議は、1965年の最高裁「最近の少年非行とその対策—少年法改正をめぐる諸問題—」が口火を切ったものの、ほぼ法務省主導の側面があり、1966年「少年法改正に関する構想」、1970年「少年法改正要綱」に対して、最高裁と日弁連から「意見」が提出される構造であり、検察官先議や関与、そして青年層の設置等をめぐる重要な法律的争点に関して、三者間の一種縄張り争い的な様相も呈していた。こうした側面は、14歳という刑事責任年齢を分水嶺とした、法務省と厚労省（旧厚生省）の「保護」と「福祉」との境界線でもあったが、今日、第一種少年院の下限年齢は、少なくとも11歳までの少年を収容可能とし、従来の「福祉」領域に「保護」の進出を承認するものとなった。

2）　1975年の「部会長試案」（いわゆる植松試案）に対する反対もあり、1977年「中間答申」が示されたが、1984年の最高裁「少年事件処理要綱モデル試案」、日弁連「少年法『改正』答申に関する意見」が出され、改正論議は膠着状態に陥った。1990年代に入ると、否認事件や共犯事件の処理に対して、もともと糾問的構造を有し、非行事実認定については脆弱な側面もあった審判構造に対して、裁判官の側から、検察官関与の是非について問題提起が行われた。そして、山形マット死事件（1993年）、調布駅南口事件（1993年）等を契機に、議論は少年審判における非行事実認定の問題に集中し、裁定合議制度、一定事件における検察官関与、国選付添人制度等の導入が検討された。しかし、神戸児童連続殺傷事件（1977年）を頂点として、90年代後半の改正論議の重心の置きどころは、旧20条をめぐる処分可能年齢の引き下げや、生命侵害に対する特別の考慮等が中心となり、法技術的な論点というよりも、「少年に対する処分の甘さ」や「被害者への顧慮」といった、より本質的なテーマに移行していった。それに対し、法律家は、法律書に掲載されていないこのような生の厳罰論を諫める力を持つことはできず、教科書的な従前の法律上の理念を連呼し、その枠組みの中から中の正当性を、ある種感情的に述べることになった。少年法に対する考え方は180度異なるように見えるが、いわゆる厳罰派と保護派の扇情的な対立は、実は通底するところもあるだろう。改正賛成派は法律家の言う法律的な理念そのものを疑問視し、その枠組みの外にいるのであり、90年代前半までの法律的な論争とは異なり、残念ながら議論はほとんど噛み合うことがなかった。そして、両者の懸隔は、現在に至るまで埋まることはなく、いぜんとして平行線のままであるように思われる。

3）　澤登俊雄『少年法入門〔第6版〕』（有斐閣、2015）252 – 265頁等参照。

4）　See, Nobuhito Yoshinaka, Historical Anayisis of the Juvenile Justice System in Japan, *The Hiroshima Law Journal*, Vol. 20, No.3, 1997, pp.37-39.

5）　しかし、全体としてみると、専門家の手になる教科書等は、必ずしも非行の動向を規範解釈の問題と連動させてこなかった。例えば、宮原三男『少年法の理論』（弘文堂、1961）、井上勝正『少年法—解釈と実務』（日世社、1971）、菊田幸一『少年法概説』（有斐閣、1980）、平場安治『少年法〔新版〕』（有斐閣、1987）、等。最近でも、裁判所書記官研修所監修『少年法実務講義案（改訂版）』（司法協会、

2002）は、その実務上の性格から当然であるが、菊田幸一『概説少年法』（明石書店、2013）、武内謙治『少年法講義』（日本評論社、2015）、川出敏裕『少年法』（有斐閣、2015）、植村立郎『骨太少年法講義』（法曹会、2015）等、マクロな非行動向にはさしたる関心が払われていない。

6）　ここには、少年法のいわゆる「科学主義」に対する誤解ないしは拡大解釈が潜んでいる可能性もある。つまり、少年法9条等に規定される方針は、個別の少年に対するもので、マクロな非行現象を、科学的知見をもとに分析・総合するような大それたものではなかったが、非行現象の動向に注意を払う少年法解釈は、全体としての「科学性」を装うことが可能となった。これは確かに、思弁的な法解釈学の軛から、新しい法領域である「少年法」を解き放つことを可能にもしたが、特別予防の法である少年法の解釈からは、本来、個別の少年の処遇に収斂されていくものでなければならなかった筈である。「非行少年」に対する科学主義と、「少年非行」に対する科学主義は区別する必要がある。もとより、後者それじたいは、いぜん重要な課題である。科学主義については、岡田行雄『少年司法における科学主義』（日本評論社、2012）、渡辺一弘「少年法における科学的調査」専修法学論集第126号（2016）等参照。

7）　公刊された統計をもとに述べる場合も、論者の背後仮説によって、それをどのように切り取るか、どの時期に焦点を当てるか等が異なってくる。巨象のどこを触るかによっても、対象の叙述はある意味自在に行われ得る。専門家の手にかかれば、尾を触り、「象とは細長い動物である」と言えなくもないのである。さらに、暗数の点は言うに及ばないが、ある社会における犯罪や非行の構成的側面は、いぜん無視できない部分があり、公式統計がAであるからBである、と言うことには、当然のことながら留保が必要である。ある社会における世帯数や人口をもとに何かを述べることとは質的な違いがある。まして、犯罪や非行の質的変化を規範学解釈に連動させることには、さらなる困難がある。

8）　本書第3章、山口幸男『司法福祉論（増補版）』22－24頁（ミネルヴァ書房、2005）等参照。

9）　吉中信人「現代社会と犯罪予防活動」広島法学39巻3号（2016）28－32頁参照。

10）　本書第4章参照。

11）　既に研究領域として独立したものであるが、近年の文献として、差し当たり、前田雅英『少年犯罪』（東京大学出版会、2000）、土井隆義『〈非行少年〉の消滅』（信山社、2003）、岡邊健『現代日本の少年非行―その発生態様と関連要因に関する実証的研究』（現代人文社、2013）等参照。

12）　団藤重光・森田宗一『新版少年法』（有斐閣、1968）2頁は、「少年法は、非行少年処遇のための基本法である。」としつつ、続けて「少年の非行対策並びにその健全な育成をはかるための種々の関係法規の中心をなしている。」としている。ここでいう、「非行対策」が一般予防の意味で使用されているとすると疑問がある。

13）　少年非行は増加しているという非専門家の言説に対して、これを感情的な印象論として専門家が批判する場合、たとえそこに理性的に正しい核心が含まれていて

も、この批判者にも通底する感情に対して敏感に反応する「専門家」は、批判者へ向けて、同じ土俵で一見理性的な反論を加えていくことになる。実はこうした「専門家」には、二重の捻れ現象が生じている。

14）さらに、背景として、19世紀後半以降の近代学派の実証主義的方法論や、救貧政策あるいは児童救済運動等の流れが、事実に即した少年法政策の土台となっているであろう。

15）「対策」という言葉には、否定的な含意もあるので、「少年非行予防基本法」の方が良いかもしれない。ここでは、従来の少年法議論が、少年法の非行対策としての責任を前提にしているところがあるため、「処遇法」に対する「対策法」の対照を際立たせるため、さしあたりこの言葉を用いた。

16）犯罪予防論について、吉中・前掲注9）、同「市民参加型犯罪予防に関する環境犯罪学的考察」広島法学31巻3号（2007）、Nobuhito Yoshinaka, Crime Prevention in Japan: The Significance, Scope, and Limits of Environmental Criminology, *The Hiroshima Law Review* Vol. 30, No. 2（2006）等、及び引用文献等を参照。少年非行においては、とりわけ社会的犯罪予防の知見が重要である。

17）これまでも、昭和57年「非行防止対策の推進について」、平成9年「青少年対策推進要綱」、さらには、平成15年「青少年育成施策大綱」等に基づいて、少年非行対策は主要な施策と位置付けられ、関係省庁は継続的に少年非行対策に取組んでおり、また、総務省による政策評価も行われていて、立法化へ向けての素地は存在する。また、内閣府は、少年非行対策の推進を担い、これに関する事項の総合調整や関係行政機関の事務の連絡調整を所掌しており、犯罪予防論に関する学問的発展も踏まえた上で、省庁間、組織間の垣根を越え、立法化へ向けた積極的な役割が期待されるところである。

18）少年法46条1項が、犯罪少年に対して保護処分の外部的効力を承認していることは、政策的な訴訟障害事由と考えられるが、2項ないし3項の場合は、国家刑罰権の担い手である検察官の関与があるため、むしろ理論的に位置づけることが容易である。検察官関与のない不処分や不開始の場合をも含めて遮断効を及ぼすには、むしろ後置された刑事裁判と一連のものとする「前刑事裁判モデル」に従い、再訴は二重の危険禁止に該当するという構成も考えられるであろう。

19）この現状を直截に認めれば、少年院と少年刑務所の差異は、サンクションとして相対化されることになり、また、「受刑在院者」の法的性質もこの文脈で理解が容易である。そして、少年審判における責任要件必要説も、この現状を合理的に理解しようとする試みとして評価できる。しかしながら、責任要件の充足を認め、刑罰権の実現を承認すれば、そのサンクションは刑罰でなければならないが、現行法上、少年法24条1項に掲げる保護処分は、刑法9条所定の刑種には含まれていない。何よりの問題は、国家刑罰権の担い手である検察官がまだ公訴提起を行っていないので、不告不理の原則にも反し、家庭裁判所があたかも糾問的に刑罰権を行使することを合理化することとなってしまう。このように、いわゆる制裁説は、少年審判を成人の刑事裁判とパラレルに位置づける、「準刑事裁判モデル」の

思考に親しむものであるが、実体法的にも手続法的にも無理があり、支持することができない。そこで、現行法の解釈としては、保護手続の経由ないし少年審判は刑事裁判の訴訟条件であり、刑罰権は逆送後の刑事裁判によって担われていると考える、「前刑事裁判モデル」に従って理解するのが妥当なのである。本書第10章参照。

20） その意味でも、システムとして、後置された刑事裁判手続と一連のものと考えることが必要となる。

21） これはもちろん、家庭裁判所の刑事裁判権を新たに認めるための、裁判所法31条の3等の改正が前提となる。

22） 訴因変更を予定した潜在的な審判対象であるが、この場合は、要保護性判断の対象となるので、あえて除外するには及ばないであろう。

23） ここでも当然ながら、執行猶予要件や期間の改正等が前提となる。あるいは、執行猶予としないで、保護処分の先執行主義を採用した上で、刑法に、事後の保護処分執行を条件とした刑の免除規定を新設するという方策も考えられる。

24） 保護処分が少年院収容であるような場合も理論的には同様であり、実務上も直近の非行が虞犯事件であるような例は存在しており、少年事件の場合には、過去の歴史的一回的事実の認定を念頭においた事件単位原則や行為主義をあまり厳格に解すると本質を外れることもあるであろう。

25） 筆者は、現行法解釈との関係では、少年事件を裁判員裁判の対象とすることを維持するべきとしているが（本書第9章参照）、制度設計を再構成する場合、特に年少少年への弊害が大きいことも勘案し、一律に対象外とする方が好ましいと考えた。

26） もっとも、ここまでラディカルに制度改変を図らずとも、逆送と55条移送をセットにしつ必要的とするか、家裁の科刑権を承認することでも、刑罰権処理が可能となるが、刑罰権作用のオルタナティブを認める発想では保護処分の懲罰的性質が残存してしまうのである。

27） 家庭裁判所調査官、法務教官、保護観察官等、行動科学の専門家・経験者のOB/OGから人材を得ることが考えられてよいだろう。

28） フランスにおける民事処分としての教育的援助処分（mesure d'assistance éducative）と、二重書類（double dossier）の実務が参考になる。吉中信人「フランスの少年司法制度」広島法学20巻1号（1996）75頁等参照。

29） 本書第5章参照。

30） 例えばドイツ少年裁判所法10条1項7号は、いわゆるTOAモデルの実践として、既に被害者との和解に努めることを独自に評価している。

31） 少年法24条2項所定の環境調整は、人が正に家族や地域社会といった周囲の環境との関係性の中で生きており、その関係が良好なものとなることによって更生が実効性あるものとなることを予定しているのである。

32） 本書第13章注8）参照。

33） 犯罪予防論のモデルについて、吉中信人「市民参加型犯罪予防に関する環境犯罪学的考察」広島法学31巻3号（2007）4－6頁参照。フランス少年司法における社

会的犯罪予防論ないし、社会的犯罪予防活動について、同「フランス少年司法の比較法的考察」一橋論叢116巻1号（1996）147 – 150頁参照。ここでは、社会内犯罪予防活動を以って、フランス少年司法の福祉優先制度を支える、各論的理由の一つとしている。

34）吉中・前掲論文（2007）5頁。

35）一般市民・国民には、少年院と少年刑務所の差異が分かりにくいことや、保護観察における有権性がケースワーク関係を侵蝕する可能性があることなど、保護処分のハイブリッドな性質を想起することができる。保護処分に刑罰権が化体してしまうと、その内容が害悪の賦課となる。刑罰権を解消するための実体法的理論が、すなわち、実体法的（つまり狭義の）少年刑法の理論である（第10章参照）。

エピローグ　―少年法を語ることの難しさ

　大学で少年法の授業を始めたころは、少年法の本当の難しさについて、まだよく分かっていなかった。そのころは、定評のある教科書や、権威ある先学の言葉を借りて、判例や通説を説明し、学生に語ることで、あたかも自分で理解した気になっていたのである。もちろん、制度の仕組みや条文の解釈を説明するだけなら、それでもあまり問題はないのかもしれない。しかし、制度の背景にある思想や柱となる理念などの、根本的な部分の説明については、教科書に言葉で綴られていても、自分で本当に納得して口に出していたのではない。例えば、国親ないしパレンス・パトリエという少年法制を支える基本思想についても、どの教科書にも書いてある通り一遍な説明の「言葉」を理解し、それをオウムのように口に出していたにすぎないのである。自分の中から紡ぎ出された言葉ではなく、他人の言葉を覚え、あたかも自分でもそう思っているかのように使ってきたのである。

　しかし、必ずしも公刊する訳ではなくても、ある程度、本質的な研究の進展とともに、自分の人生経験や考え方が豊かになってくるに従って、覚えていた活字としての「言葉」に、「実相」が追いつき、それまで自分が良く分かりもせず使っていた言葉や概念の本当の意味が分かってくる瞬間のあることが経験されるようになってきた。もちろん、まだ全てが分かったというにはほど遠いが、自分自身が経験を重ねることで初めて見えてくるものがあることを感じることができた。20代や30代のころは、単に少年法という法律に多少詳しく、外国法の知識がある程度で、少年非行を含む少年問題について大上段に語ることに、非常にうしろめたさを感じていた。まだ何も人生というものを分かっていない若造が、人生の中における少年期の意義を語り、「少年とは……」と述べることに、我ながら非常に嘘臭さを感じていたのである。大学教員に対する世間の幻想のような権威

253

化が、研究者を勘違いさせてしまうこともあるだろう。むしろ、高校を卒業して就職し、厳しい世間の中で揉まれてきた、20代、30代の青年の方が、頭でっかちの青二才に比べ、どれだけ人生というものについて、豊かに語る資格があるだろうか。私はかつて、鑑別所はもちろん、少年院、少年刑務所と、少年司法フルコースの経験をした、まだ20代半ばの人の話を一晩かけて直接聞いたことがあった。その時には、家庭人となって小さな子どもを慈しみ、可愛がり、すっかり更生していたが、彼の語る一言一句には重みがあり、どこかで聞いてきたような空虚な話ではなく、私の心を打つものがあった。少年期にこれだけ凄絶な体験をしてきた人間に対し、「少年とは」「少年法とは」と書物で学んだに過ぎない学者が何か意味のあることを語ることができるだろうか。もちろん、だからといって、少年法研究者も非行少年にならなければ何もものが言えないということではない。しかし、人生の機微も分からないで知識だけを大量に持っていても、それはどこまでも他人の言葉を覚えたということ以上ではない気がする。ナウマン象命名のルーツとなった、地質学者ハインリッヒ・エドムント・ナウマンも、„Wissen macht gelehrt, aber erst das Leben macht die Wissenden weise.“（知識は人を博学にするが、人生での経験こそが、知識あるものを賢者にする）という有名な言葉を残しているが、最近になって、自分自身が賢者というにはほど遠いけれども、ようやくこの言葉の含意を、味わうことができるようになってきたように思う。

　このように、少年法を語る難しさは、それがどこか人間存在の本質的なものに関係していることから、語り手が、いかに人間という存在に対して深い洞察力と幅広い経験値を有しているのか、人間や少年に存する光も闇も見据えた上でものごとを語っているのか、そうした、いわば人間の力が問われるところにあるのではないだろうか。私自身、今でも語る資格があるのか疑わしいが、20－30代のころは、この点に関し、自分の言葉で語ることにまったく自信が持てず、もっとテクニカルに語れる法領域に自らの逃げ場を見出してきた。一般に、世間には、少年法の理念に対する理解は浸透しておらず、少年の「闇」の部分をことさら強調したような論調が

多い反面、学者や実務家が書いたものには、少年の「光」の部分を特に照射した論稿が多いように思う。これは、おそらく、前者が「人間不信」、後者が「人間信頼」という価値観に基づいており、これらの対立は、ともすると二者択一式になり、「厳罰派vs保護派」という具合に、相互に排斥するものと捉えられ、陰陽的な対立とはみなされていない。しかし、この両者は、いずれもそれなりに正しい側面を指摘しているのであり、どちらかのみで人間や少年というものが説明できるとは思われない。人間存在の深い闇を見据え、これから目を逸らさず、正視した上で、しかし人間の光を希求する態度こそが、大切なのではないか。深いところでは光を求めながらも、現実には、様々な闇を抱えてしまうのが、人間であろう。そうだとすれば、その闇から少年を引き揚げるために、時には強制力の強い手段を使わなければならないこともあるだろう。刑罰の使用を少年法は承認しているが、その場合の内容は、人道的であり、科学的知見に基づいた、社会復帰に役立つようなものでなければならない。

　未熟な考察の旅に終わりが近づいてきた。本書では、自分なりに少年司法や少年処遇論について考えてみたが、所詮人は見たいものを見て、聞きたいものを聞いているのだろう。私は、常々「なぜ自分はそう思うのか」という点について、人一倍精査しないと前に進めないところがあり、自分の考えが誰の影響を受け、なぜそう思うようになったのか、それは誰かの考えを盗んでいるのではないか、気にはしてきたつもりであるが、結局は独りよがりの旅であったかもしれない。けれども、これからも、単に知識のコレクションに耽溺し、あるいは権威のエピゴーンになることは極力避けたいと願う。そして、知識や概念の誘惑から離れて、自らの理性を磨き、感性を研ぎ澄ましながら、心の中に教えを乞う、次の旅に出かけることにしよう。

謝辞（Acknowledgements） ―思い出とともに

　もともと学者になるなど思いもよらなかった私が、まだまだ未熟ながら
も、何とかここまで歩んでこられたのは、ひとえに多くの尊敬し敬愛する
師や同僚の先生方との出会いに恵まれたことによる。振り返れば、自分自
身の力など、ほんとうに僅かなもので、人との出会いのおかげで、自分の
道が導かれてきたことがよく分かる。

　広島大学で学部時代にお世話になった森下忠先生は、私の最初の師であ
り、2年次からの刑法、3年次からの刑事政策の授業やゼミを通じて、は
かり知れないほど多くのことを学ばせていただいたが、先生の比較法や外
国法、とりわけ大陸法に関する膨大な智識には圧倒された。先生からは、
研究者にとって外国語能力が必須であること、若いうちにそれを修得して
おくことが望ましいことなどを教えられた。当時すでに先生は、フランス
刑法、イタリア刑法、スペイン刑法などを翻訳されており、何も知らない
私は、英語すら満足にできない自分が研究者になれることは一生ないであ
ろう、とその時思ったものである。私の記憶違いでなければ、森下先生は、
法制審議会の少年法部会の委員をされており、これが少年法に興味を持つ
ようになったきっかけであったと思う。そして、その頃執筆された『イタ
リア刑法研究序説』（法律文化社、1985）は、私にイタリア刑法研究の魅力
を十分に教えてくれ、現在に至るまで私のイタリア刑法に対する関心の礎
になっている。森下先生は、その後私がフランス留学中に、インターポー
ルを視察に来られ、ご厚意で同行させて頂いたこともあった。就職後は、
国際社会防衛会議に何度か誘ってくださり、レッチェ会議、リスボン会議
などに同行させていただいた。

　大学卒業後、東京の臨床検査研究所や経済研究所などで働いた後、刑法
学や刑事政策学をもう一度勉強したいと思うようになり、島根大学の大学
院修士課程に入り、三宅孝之先生のもとで刑法はもとより、刑事政策、少

年法を研究する機会に恵まれた。三宅先生からは、コモンロー、特にイギリス法に関するご指導を受けることができ、大陸法とは異なる発想に、大げさにいえば、一種のカルチャーショックを受けた。刑法学の比較研究と言えば、今も昔もまずもってドイツ法であり、「日本の刑法学が英米法から学ぶものなどあるのか」と嘯く先生もおられたが、今でもなお、コモンローは、その奥深さという点において、英知の泉のように思われる。三宅先生からは、広島大学に就職後も、地元の研究会等を通じてご指導を賜っている。また、当時三宅先生の同僚でいらっしゃった門田（秋野）成人先生からは、刑法ゼミへの参加を認めてくださり、アメリカ刑法の基本やその発想を教えて頂いたこともあって、現在も英米法に対する興味は尽きることがない。その後門田（秋野）先生とは、広島大学で同僚として働かせていただく幸運に恵まれ、いつまでも未熟な私に、折に触れてあたたかいご指導をいただいている。

　リヨン第Ⅲ大学の大学院に留学中は、イヴ・マヨー教授（Prof. Yves Mayaud）から、フランス刑法及び少年司法に関する研究のご指導を賜ることができ、マヨー先生からは、特に少年に対する保護観察制度について直接ご指導をいただいたが、その時教えていただいたフランス法らしい発想の基本は、今でも私の貴重な財産となっている。三宅先生のほか、この留学への背中を押してくださった、民法学の田村耀郎先生、川角由和先生の両先生からは、民法学らしいバランス感覚を教えて頂いた。フランス留学中に在外研究にお越しになった田村先生からは、私の人生にとっていくつもの決定的なお言葉をいただき、また同時期にドイツに在外研究されていた川角先生からは、チュービンゲンのご自宅に招いていただき、奥様の手料理を御馳走になりながら、ドイツ法に関する興味深いお話などを聞かせて頂いた。そして、当時やはり東北大学から在外研究に来られていた民訴法学の山本和彦先生からは、フランス語やフランス法、生活全般に至るまでお世話になり、当時硬くなったフランスパンをかじりながら、ピカソ「青の時代」の「貧しき食事」さながらの生活をしていた私の状況をみかねて、よくレストランでの食事に誘ってくださった。先生からは、フラ

ンス法、特に訴訟法学の考え方について本当に多くのことを学ばせていただいた。そして、田村先生と山本先生から、研究者への道を薦めていただくことが無ければ、帰国後に大学院後期課程への進学を決意することはなかったであろうと思う。さらに、フランス留学中に訪問した、ケンブリッジ大学犯罪学研究所では、瀬川晃先生、守山正先生に大変お世話になり、ロレーヌ・ゲルソルプ教授（Prof. Loraine Gelthorpe）からは、イギリス少年司法に関する私の未熟な質問に対し、丁寧にお答えくださったほか、フランスに帰国後も詳細な説明を記したお手紙を頂戴した。

　帰国後、三宅先生からのご推薦をいただいて進学した一橋大学大学院の博士課程後期では、福田雅章先生のご指導を賜ることができた。ハーヴァードで学んだ福田先生のアメリカ法の発想は、まことにリベラルなもので、大学院の授業を通じて大変刺激的な時間を過ごすことができた。当時の私は、フランスでの留学経験が濃密であったこともあり、日本的な謙譲の美徳や、周りの空気を読むといったことが苦手で、ずいぶん失礼な自己主張をしていたと反省している。福田先生は、こうした私の非礼に対しても、大きな心で受け止めてくださり、あたたかく指導してくださった。同じ時期には、村井敏邦先生からも、刑事訴訟法はもとより、イギリス法、スコットランド法などについて貴重なご指導を賜ることができた。村井先生のことは、学部時代に勉強した緊急避難の法的性質に関して、『論争刑法』という本の中で、責任阻却事由を原則とする二分説を採る森下先生の説に対して、違法性阻却事由説の立場から論じておられ、最後に日本の民話の例を紹介されていたことが非常に印象に残っていたので、大変ご縁を感じたものである。また、先生の親友であったピーター・イーリィ教授が亡くなられたときは、研究室に呼んでくださり、お二人の思い出を聞かせていただいたこともあった。

　福田先生から推薦状を書いていただき、一橋大学の派遣留学生として、ドイツのトリア大学に留学する機会に恵まれた。受け入れていただいたハンス・ハイナー・キューネ（Prof. Hans-Heiner Kühne）先生の刑事訴訟法や少年法の授業には欠かさず出席したが、折に触れて、教科書には記載さ

謝辞（Acknowledgements）―思い出とともに　259

れていないようないわば活字の裏側にあるお話なども含め、先生からは大変貴重なご指導をいただくことができた。大学院生に過ぎない私をご自宅にも招いていただき、奥様の手料理をいただいたことも忘れられない思い出である。そして、キューネ先生は、かつて広島大学の筑間正泰先生の在外研究中の受け入れ教授でいらしたご縁もあり、ドイツ帰国後ほどなくして、筑間先生から「母校に戻ってこないか」とお誘いを受けることができた。なお、この留学では、トリアに留学されながら、犯罪被害に遭って無念の死を遂げられた綾野睦子さんの遺志を継ぐために創設された奨学基金のご支援を受けた。綾野睦子さんの御霊を悼み、同奨学基金に対し、心より感謝申し上げたい。

　広島大学に奉職後は、筑間先生から直接、刑事訴訟法の基礎理論についてご指導を賜ることができた。筑間先生からは人生に関して様々な薫陶を賜ったが、柳生家の家訓である、「小才は、縁に出会って縁に気づかず、中才は、縁に気づいて縁を生かさず、大才は、袖すり合った縁をも生かす」という名言を教えていただき、以後、人とのご縁を大切にしたいと思う気持ちが高まったように思う。また、同僚であった、甲斐克則先生の医事刑法の授業に出席させていただき、また広島医事法研究会への参加もお認めいただいたほか、医療社会学の非常勤講師にご推薦頂き、さらに弁護士、検察官、研究者で組織する「広島少年法研究会」にもお誘いくださり、実務と研究を架橋するための、大変貴重な機会を得ることができた。小田直樹先生からは、研究会等を通じて、理論刑法に関するハイレベルなお話をいつも伺うことができたことも、非常に刺激的であった。大久保隆志先生の、鍛え抜かれた実務感覚とシャープな論評にはいつも感銘を受けていたが、むしろ、その朗らかで、あたたかいお人柄を忘れることができない。甲斐先生の後に着任された松生健先生からは、人間と法が、具体的生活の中でどう関わるべきかを含め、学者としての生き方を教えていただいたように思う。

　そして、中四国法政学会や瀬戸内刑事法研究会などのリージョナルな研究会を通じて、多くのコリーグ達と、虚心坦懐に学問的な議論をすること

ができたことにも感謝している。全ての方々のお名前を挙げることはできないが、とりわけ、神例康博先生や成田秀樹先生とは、いつもほとんど喧嘩に近い議論をしていたような気がする。上田信太郎先生、大塚裕史先生、内山良雄先生、北川佳世子先生、松原芳博先生、柳川重規先生、達には、いつも微笑んで私のつまらない話を聞いていただいていた。その後、今村暢好先生、大山徹先生、岡田行雄先生、岡部雅人先生、河村有教先生、佐川友佳子先生、田川靖紘先生、松原英世先生、明照博章先生、渡邊卓也先生など、多くの先生方からは、現在に至るまで、日頃から何かとご指導をいただくことができている。また、ここ数年は、佐藤元判事の主催される中四国刑事判例研究会にも参加させていただき、台湾を含む国内外の気鋭の研究者や、現役裁判官の先生方と闊達な議論ができる機会に恵まれている。ここで得られる知見は、論文等に文字化されないが、しかし、判決を導く上で、クルーシャルであると思われる事項に及び、書斎派の学者にとっては、目から鱗の連続である。

　全国的には、これまで、澤登俊雄先生や高内寿夫先生から、比較少年法研究会や少年法研究会、それにパターナリズム研究会にお誘いいただいた。また、甲斐先生から企業犯罪に関するCOEグループに入れていただいたご縁で、高橋則夫先生、田口守一先生、松澤伸先生など、早稲田大学の諸先生方と親しくさせていただいた。当時早稲田の大学院生だった方々の多くが、現在立派な研究者になっておられ、とても感慨深い思いがする。さらに、明照先生からのご紹介で、川端博先生から大変貴重なお話を直接伺うことができたことも忘れることができない。そして、ここ数年は、町野朔先生、山本輝之先生、丸山雅夫先生から、幸運にも精神医療法研究会や少年司法研究会に誘っていただき、とりわけ精神医療と少年法が交錯する領域に関心を持って勉強させていただいている。同研究会では、飯野海彦先生、岩井宜子先生、岩瀬徹先生、柑本美和先生、城下裕二先生、平野美紀先生、水留正流先生、山中友理先生、吉岡眞吾先生、渡邊一弘先生など、これまた多くの著名な法学者や精神科医の先生方から貴重なお話を伺うことができており、これらの先生方に、日頃のご指導やご親切に対して、

謝辞（Acknowledgements）―思い出とともに　261

心より感謝申し上げたい。

　私の研究傾向には、欧州中心の見方があり、この偏りを修正する意図も
あって、またもともと東洋思想に関心があったことも手伝って、中国語を
学び始め、最近は中国の各地で講演や集中講義等を行う機会も多く、華東
政法大学学長の葉青教授、上海社会科学院の尹琳博士、金永明教授、魏昌
東教授、劉長秋教授、杜文俊博士、中国政法大学の呉宏耀教授、山東大学
の李道軍教授、大連大学の何燕侠教授、王愛群博士、呉勇武博士、楊大偉
博士、広東警官学院の肖呂宝博士、など、多くの先生方にお世話になって
おり、また、台湾やブラジルの多くの先生方との交流を毎年のように続け
ているが、これら全ての先生方に特別感謝を申し上げたい。

　そして、もう20年来の親友でもあるジョージ・ムスラキス教授（Prof.
George Mousourakis）からは、ギリシャ法、ローマ法、コモンロー、そし
て刑法や法哲学に関する膨大な学識に根ざした有意義な話をいつも伺うこ
とができ、常に学問的刺激を与えていただいている。彼は、正に知の巨人
というに相応しい博学な研究者であるが、何といってもその素晴らしい人
格・人柄に、真の法学者・哲学者の姿を見る思いである。彼に出会うこと
がなければ、今の自分はなかっただろう。オークランド大学に在外研究中
にも、何から何までお世話になった。また、共通の友人であるパルマ大学
のアルベルト・カドッピィ教授（Prof. Alberto Cadoppi）には、イタリア
刑法調査や研究会において、大変お世話になっている。彼の、あたたかく、
飾らない人柄は誠に魅力的で、生ハムとともに、毎年のようにパルマが恋
しくなる。さらに、日頃、大学も自宅も近所でお世話になっている、アン
ドレアス・シェラー教授（Prof. Andreas Scheller）にも感謝申し上げたい。
シェラー先生のご専門は行政法やスポーツ法であるが、日本語は日本人以
上に堪能である上、かつて広島大学では英語による日本法の授業などもご
担当いただき、また、国際シンポジウム開催の際などでも、いつも助けて
いただいている。

　故人にも感謝したい。島田聡一郎先生とは、早刑研で何度かお話しさ
せていただいたことがあり、最初に出会ったときに、「先生にお会いした

かった」と言ってくださったことは大変光栄に感じた。お亡くなりになる前年の暮れの忘年会でご一緒したのが最後となった。切れのある論評と愛らしいお人柄が忘れられない。ヨアヒム・フォーゲル教授（Prof. Joachim Vogel）とは、同い年でもあり、国際社会防衛学会のリスボン会議で意気投合していらい親交があり、当時彼の勤めていたチュービンゲン大学を何度か訪れたが、私一人のために、わざわざ駅まで愛車で迎えにきてくれたり、院生・学生を連れての訪問をあたたかく歓迎してくれたりした。天才肌なところがあり、その発想力は本当に素晴らしいものがあった。新しい時代のドイツ刑法学者であり、自身もドグマティカーでありながら、ドイツ刑法学の国際化ということに関心があり、刑法ドグマに対する批判的視点を持っていたように思う。渡辺直行先生とは早刑研や地元の研究会でお世話になっていたほか、定期的に酒を酌み交わす友人でもあり、師でもあった。自分の刑事訴訟法の授業で先生の御著書を教科書として使用させていただいたこともあり、刑事訴訟法上の論点について、よく質問をさせていただいた。私の愚問にも嫌な顔一つせず、慈父のごとき微笑みをたたえながら、議論を楽しんでおられたように思う。生ある者として、これら故人となられた先生方の学恩を忘れず、御遺志を継いで、怠けずに研究を続けなければならないと思っている。

　私のゼミ生や元ゼミ生達にも、感謝したい。私自身は、大した研究もできず、ただ何年か教員生活をやらせていただいているだけであるが、毎年卒業生は、それぞれの世界で立派に活躍してくれている。刑事法ゼミということで、警察、検察、裁判所に就職した者や、弁護士になった者、法務教官、保護観察官になった者、大学教員になった者など色々だが、職種に拘わらず、全てのゼミ生は私の誇りである。大学が教育の場であるなら、少なくとも、教育面についてだけは、人並みのことをやってこられたのではないか、という気がする。

　そして、出版事情が厳しい中、飛び込みでお願いした私の話を真剣に聞いて下さり、長い間原稿があがらない私を辛抱強く待ち続け、あたたかく見守っていただいた渓水社社長木村逸司氏には心より感謝申し上げたい。

謝辞（Acknowledgements）―思い出とともに　263

文化不毛地帯と言われた広島の地で、学術振興のために使命感を持ってお仕事をされ続けている姿について、偶然に新聞記事で知ったことがあり、自分の研究書を出せるならば、是非とも木村社長のところでお願いしたいと常々思っていた。被爆者である両親を持つ私自身、主食はお好み焼き、車はマツダ、野球はカープ、そして大学は広島大学、という風土で生まれ育った。広島という地方からでも、学問は発信できるということを、もっと応援したい気持ちがあった。未熟な内容の本書に対し、出版助成を認めて頂いた、広島大学法学部後援会と同僚の先生方にも感謝申し上げたい。

　最後に、私事にわたるが、私をこの世に送り出し、育ててくれた、父英之、母冨喜子と、いつもそばで私を支えてくれた、妻直子に感謝したい。そして、長男焦一、次男一期にもありがとうと言いたい。子育ては自分育てともいうが、子どもが家庭で育つということが、少なくとも、こむずかしい理論でどうにかなるという問題ではなくて、まずは愛おしく思う心、大切にしたいという気持ちが一番であることを、彼らは私に気づかせてくれた。この20年間、子ども達の成長とともに、私自身が僅かながらでも人間として成長できたとしたら、それは、これまでお世話になった全ての人達と、いつもそばにいてくれた家族のおかげであると思う。

初出論文一覧

プロローグ　─少年法を語ることの悩み（書下ろし）

序章　　本書の特徴と構成（書下ろし）

第1章　「少年法の現代的意義」（書下ろし）

第2章　'Historical Analysis of the Juvenile Justice System in Japan' 広島法学20巻3号（1997）翻訳。

第3章　「パレンス・パトリエ思想の淵源」広島法学30巻1号（2006）。

第4章　「少年非行と少年法」広島法学21巻4号（1998）。

第5章　「非行少年処遇における保護処分の意義」広島法学28巻4号（2005）。

第6章　「少年保護観察の理論」広島法学20巻3号（1997）。

（第6章補論）„Eine kleine Reflexion über die Erziehungsbeistantschaft" 一橋研究20巻4号（1996）翻訳。

第7章　「少年の共犯となる成人刑事事件の事物管轄」広島法学20巻4号（1997）。

第8章　「少年法の起訴強制手続について」広島法学22巻1号（1998）。

第9章　「少年刑事裁判」刑法雑誌56巻3号（2017）。

第10章　「少年刑法の理論」『川端博先生古稀記念論文集〔下巻〕』（成文堂、2014）。

第11章　「少年刑法における責任概念」『町野朔先生古稀記念刑事法・医事法の新たな展開　下巻』（信山社、2014）。

第12章　「改正少年法と被害者の権利拡大」現代刑事法24巻（2001）。

第13章　'Recent Changes in Youth Justice in Japan' 広島法学33巻4号（2010）翻訳。

終章　　「少年処遇制度のデザイン」（書下ろし）

エピローグ　─少年法を語ることの難しさ（書下ろし）

索　引

【あ行】
愛の法律　36
悪意　19
新しい再統合モデル　87, 94, 245, 246, 247
新しい社会復帰モデル　86, 94
意見表明権　82, 163
一般予防　73
医療モデル　84
インフォームド・アセント　95
エクイティ　44, 47, 48, 51, 52, 56, 57, 58, 59, 60, 164, 165

【か行】
海外移送　54
改善指導　94
改善モデル　84
開放的処遇　79
科学主義　86, 88, 163, 171, 249
可塑性　4, 5, 18, 28, 175, 239
過大代表　80-81, 85
関係論的成長発達権　166
関連事件　122, 123, 125, 126, 127, 128, 131
帰罪性　198
帰責性　197, 198, 199, 200, 201, 202, 205, 209, 210
起訴強制　137, 138, 145, 149, 151, 152, 167
救貧制度　53, 54, 55
救貧法　54, 55
教育援助処分　100, 101, 102, 103, 104, 108, 109, 113, 114, 115, 116
行刑の社会化　83
矯正処遇　80, 82

緊張理論　76
国親　43, 55, 56, 253
刑罰許容性　203, 204, 205, 206, 210
刑罰の亡霊　75
ケースワーク　87, 88, 94, 102, 114
健全育成　163
行為規範　72,
衡平法　43, 55, 58, 60, 164
子どもの発見　20
個別化、社会化、私事化　82

【さ行】
最善の利益　82, 88
成長発達権　82, 163
裁判員裁判　162, 163, 166, 170
裁判規範　72
施設内処遇　79, 82, 83
施設内処遇から社会内処遇へ　82
実質的責任能力　196
司法的処遇　26, 80
司法福祉モデル　87
司法モデル　231, 234
社会記録　161, 168
社会統制理論　72
社会内処遇　79, 83, 98
社会内処罰　83
ジャスティス・モデル　85
十二表法　19
修復的司法　12, 83, 222, 227-228, 232
受刑在院者　94, 250
準刑事裁判モデル　177, 178, 184, 250
情状鑑定　162, 168, 169
少年院収容受刑者　78, 92, 94
少年刑法　8, 11, 12, 31, 38, 40, 173, 174, 175, 176, 177, 180, 181, 182, 185, 188,

267

190, 193, 195, 204, 243, 244, 247, 252
少年裁判所　18
少年司法　31, 40, 170, 171, 178, 184, 189,
　192, 205, 210, 231, 232, 233, 238, 242,
　245, 254, 255
少年非行概念の登場　20
少年非行の発明　21
少年保護観察　97, 98, 99, 101, 104, 107,
　108, 109, 117
処遇　18, 26, 78, 79
処遇法　241, 243, 250
請願裁判所　52, 55, 56
成人矯正院　24
責任化　202, 203, 204, 209
前刑事裁判モデル　178, 184, 189, 250,
　251

【た行】
対策法　241, 243, 250
大法官府裁判所　47, 48, 52, 53
答責性　195, 208, 209, 210

【は行】
博愛　56
パレンス・パトリエ　38, 43, 44, 45, 46,
　49, 50, 51, 52, 53, 55, 56, 57, 58.59, 61,
　176, 253
判決前調査センター　24

被害者参加（人）制度　166, 232
被害者等　221, 225, 246, 247
非行中和技術理論　72
福祉犯　124, 126, 127, 128, 129, 130, 131,
　133, 134
福祉モデル　85, 231, 234
併合管轄　122, 125, 126, 127, 128, 129,
　130, 131, 132, 133
併合審判　122, 123, 124, 125, 126, 127,
　128, 129, 133
保護（処分）相当性　169, 170
保護処分前置主義　179, 210
保護処分優先主義　86, 175
保護的処遇　81, 82
保護手続前置主義　210

【ま行】
未決在院者　169
無効の波及論　144
無秩序な少年　21

【や行】
有権的ケースワーク　88
有責性　195, 197, 198, 199, 200, 202, 205,
　209
要保護性解明度　170
予防モデル　234

著者紹介

吉中　信人（よしなか　のぶひと）

1963年　広島市に生まれる
1987年　広島大学法学部第Ⅱ部法学科卒業
1991年　フランス国立リヨン第Ⅲ大学大学院留学
　　　　（*Diplôme d' Études Approfondies*）
1993年　島根大学大学院法学研究科修士課程修了
1994年　ドイツ国立トリア大学法学部留学　（綾野睦子基金奨学生）
1996年　一橋大学大学院博士後期課程中退

1996年　広島大学法学部助手
1997年　広島大学法学部助教授
2004年　広島大学大学院社会科学研究科助教授
2005年　ニュージーランド・オークランド大学法学部客員教授
2006年　広島大学大学院社会科学研究科教授　（現在に至る）
2016年　中国政法大学法学部客員教授　（現在に至る）

主要著書
・『刑事政策』（青林書院、1998）分担執筆
・『高齢社会を生きる』（成文堂、2008）分担執筆
・『ビギナーズ少年法』（成文堂、2009）分担執筆
・『現代社会と刑法を考える』（法律文化社、2012）分担執筆

少年刑法研究序説

平成29年4月28日　初版第一刷　発行

著　者　吉中　信人
発行所　株式会社溪水社
　　　　広島市中区小町1-4（〒730-0041）
　　　　電話082-246-7909　FAX 082-246-7876
　　　　e-mail: info@keisui.co.jp
　　　　URL: www.keisui.co.jp

ISBN978-4-86327-407-5　C3032